中公新書 2667

会田大輔著

南北朝時代

——五胡十六国から隋の統一まで

中央公論新社刊

はしがき——新たな中華世界の誕生

「どの時代を研究しているんですか?」

初対面の方に「中国史を研究しています」と自己紹介した際、よく聞かれる質問である。このとき「五〜六世紀の南北朝時代の研究をしています」と正直に答えると、ほぼ間違いなくポカンとされてしまう。そのため、いつも「『三国志』と隋《ずい》・唐《とう》の間で、日本でいうと倭の五王から聖徳太子ぐらいの時期です」と言葉を補うことにしている。

原泰久《はらやすひさ》の人気漫画『キングダム』の舞台である秦《しん》、司馬遼太郎《しばりょうたろう》の『項羽《こうう》と劉邦《りゅうほう》』や中島敦《あつし》の『李陵《りりょう》』などで有名な漢《かん》、『三国志』でおなじみの三国時代、遣隋使・遣唐使を通じて古代日本と密接な関係にあった隋・唐と比べると、南北朝時代の知名度は低いといわざるを得ない。

では、実際のところ南北朝時代とはどのような時代だったのだろうか。時期としては、北《ほく》魏《ぎ》が華北統一を事実上果たした四三九年から、隋が中華を再統一する五八九年までを指す。

北朝（北魏・東魏《とうぎ》・西魏《せいぎ》・北斉《ほくせい》・北周《ほくしゅう》）、南朝（宋《そう》・斉《せい》・梁《りょう》・陳《ちん》）ともに王朝が目まぐるしく交替したため、戦塵《せんじん》にまみれた不安定な時代という印象をもたらしてしまう。

現に北魏と南朝（宋・斉・梁）の戦争や、北魏後期の六鎮《りくちん》の乱、東魏の高歓《こうかん》と西魏の宇文《うぶん》泰《たい》の死闘、南朝の梁に大打撃を与えた侯景《こうけい》の乱、『三国志』を髣髴《ほうふつ》させる北周・北斉・陳の三つ巴といった戦乱のほか、仏教弾圧（北魏の太武帝《たいぶてい》と北周の武帝）や南北両朝における「暴君」の専制など、安寧とはほど遠いエピソードに事欠かない。

しかし、世界史の観点から見ると、別の一面が浮かび上がってくる。まず南北朝時代と同時期のユーラシア大陸西部に目を向けると、四世紀のヨーロッパでは東方から移動してきた遊牧民のフン族の影響で、ゲルマン民族の大移動が始まり、ゲルマン系王国が各地で成立した。三九五年にはローマ帝国が東西に分裂し、四七六年には西ローマ帝国が崩壊した。そして五世紀以降、徐々にフランク王国が強大化していった。

ユーラシア大陸中央部でも、四世紀中頃からエフタルやキダーラといった遊牧集団が押し寄せ、五〜六世紀にはバクトリア（現在のイラン北東部・アフガニスタン・ウズベキスタンなどの一部）やソグディアナ（現在のウズベキスタン東部）を支配した。このうちエフタルは、イランのサーサーン朝に侵攻し、大打撃を与えている。サーサーン朝は六世紀に復興を果たしたものの、ついで七世紀にアラビア半島で勃興したイスラーム勢力に敗れて滅亡した。

ユーラシア大陸東部では、後漢《ごかん》崩壊後、三国時代を経て西晋《せいしん》（二六五〜三一六年）が中国統一を果たした。しかし、四世紀初に匈奴《きょうど》・鮮卑《せんぴ》・氐《てい》・羌《きょう》などの遊牧・牧畜民が挙兵し、西晋を崩壊に導いた結果、いわゆる五胡十六国が黄河流域を支配し、長江流域に亡命政権である東晋《とうしん》（三一七〜四二〇年）が成立した。続く五〜六世紀には、遊牧民（主に鮮卑）政権である北朝と漢人政権の南朝が並立する南北朝時代を迎えた。このうち北朝から隋唐帝国が生まれてくるのである。

ユーラシア大陸各地で類似の現象が起きたのは偶然ではない。中央大学の妹尾達彦《せおたつひこ》によれば、二世紀後半の匈奴の西方移動と二〜三世紀頃に始まった地球全体の寒冷化（年平均気温の低下と乾燥化）を契機に、遊牧・牧畜民（西：フン族・ゲルマン民族、中央：エフタル、東：匈奴・鮮卑など五胡）が大移動を始め、四世紀には既存の古典文化圏（西：ローマ帝国、中央：サーサーン朝、東：漢文化を継承する晋）に大打撃を与えた。その結果、遊牧・牧畜民と農耕民が衝突・融合を繰り返し、遊牧地域と農耕地域を包含する新たな農牧複合国家が生じたと説明している（妹尾達彦、二〇〇一）。近年では、南川高志編（二〇一八）のように、古代帝国（ローマと漢）の秩序崩壊を歴史の転換期として描く概説書も刊行されている。すなわち南北朝時代とは世界史の画期にあたっているのである。

次に中国史の観点から見ると、南北朝時代は遊牧民と漢人の衝突・融合を経て、新たな制度・社会・文化が生み出された時代として位置づけられる。北朝では、もともと遊牧的制度が施行されていたが、五世紀末の北魏の孝文帝《こうぶんてい》期にいわゆる中国化政策が断行された。ただし、遊牧民が一方的に中国化したわけではなく、このときすでに漢人と遊牧民の文化は融合しつつあった。日常生活を例にとると、鮮卑服が流行して中国的服飾に影響を与えたほか、食生活でも遊牧民由来の羊料理や乳製品などが普及した。女性の行動の活発化も遊牧民の影響と指摘されている。

他方、南朝は、漢文化をそのまま継承したとこれまで考えられてきた。しかし、実際には西晋崩壊後の戦乱で多くの文化が失われたため、南朝において国家儀礼やその際に用いる音楽などが「伝統」文化として創出されている。

そのほか、南北朝時代にはソグド人などの貿易商人によって西方の文化（香辛料・服飾・楽器など）も流入した。このようにして南北朝時代に新たな官制・兵制・法制・税制・都城・礼楽・学術・芸術・宗教・服飾・風習などが生み出され、隋唐帝国に発展的に継承された。さらに朝鮮半島や日本列島などにも伝播し、大きな影響を与えた。この点でも南北朝時代の意義は大きいといえよう。

その一方で、多くの国が興亡した南北朝時代には、北魏前期の「子貴母死」や北周の宣帝《せんてい》が創始した天元《てんげん》皇帝、侯景の称した宇宙大将軍のように、一時的に実施されたにすぎない制度も数多く存在する。これらは後世に与えた影響が少ないという理由で等閑視《とうかんし》されがちであった。しかし、そうした制度や政策も遊牧民と漢人の衝突・融合のなかで生じた試行錯誤の表れとして評価することができよう。また、こうした「未発の可能性」に着目し、あり得たかもしれない別の世界に思いを馳せることで、一人一人の行動や選択の積み重ねが歴史を動かしていることを実感できるのではないだろうか。本書では、できるだけ同時代の人々の視点に立ち、様々な選択肢のなかから道を選びとっていく過程を見ていきたい。

本書は、これらの世界史の画期・新文化の形成・未発の可能性の三つの観点を踏まえ、最新の研究成果を取り上げつつ、南北朝時代について紹介していく。その主な舞台となる空間は次の四つである。一つ目は、有史以来、王朝が存在し続けた黄河流域（華北《かほく》）。二つ目は魏晋期以降に生産力が拡大した長江流域（江南《こうなん》）。乾燥している黄河流域の主要作物は小麦や粟などであり、湿潤な長江流域は稲作中心といった違いはあるが、両地域とも農耕社会である点は共通する。続いて三つ目は、遊牧民が支配する草原地帯（主に北緯四〇度以北のモンゴル高原）。そして四つ目は華北と草原地帯の境界地帯である。この地域は、農耕社会と遊牧社会が混在し、近年、農牧接壌地帯や農牧境界地帯とも呼ばれ、歴史をたびたび動かしてきた重要な地域として注目を集めている。

従来の概説書は記述が複雑になるのを避けるため、南朝全体を取り上げてから、北朝全体を紹介する傾向にあった。しかし、本書は同時代性を感じてもらうため、序章において西晋の崩壊と北魏の前身である代《だい》国の興亡を紹介した後、南北朝時代が始まった五世紀、南北両朝で改革が行われた六世紀前半、南北両朝が混乱状態に陥った六世紀半ば、三国が鼎立《ていりつ》した六世紀後半で区切り、北朝（第1章・第3章・第4章・第6章）と南朝（第2章・第5章・第6章）を交互に取り上げた。そして終章では、それまでの叙述を踏まえた上で、南北朝時代のダイナミズムについて述べていく。

近年、墓誌（死者の事績を石に刻んだもの）や造像銘といった出土史料の増加や、文献史料の検討（史料批判）の深化、研究分野の多様化などにより、南北朝時代の新しい姿が次々に明らかになっている。本書を通じて南北朝時代の魅力の一端を感じていただければ幸いである。

なお、巻末に主要人物の紹介をまとめた。本書を読むなかで人名に混乱した際は、こちらをご覧いただきたい。

目次

はしがき——新たな中華世界の誕生　i

序章　西晋の崩壊と代の興亡——五胡諸政権……1
1　西晋の崩壊と漢の勃興　2
2　代国の成立と滅亡　8

第1章　北魏の華北支配——北朝Ⅰ……25
1　拓跋珪の北魏建国　26
2　太武帝の華北統一と崔浩の蹉跌　34
3　太上皇帝の誕生　44
4　鮮卑を結んだ遊牧的官制と祭天儀礼　50

第2章　新たな「伝統」を創った宋——南朝Ⅰ……63
1　劉裕の宋建国　64

2　「伝統」の創出と粛清の嵐　76
3　宋・斉の文化　91

第3章　孝文帝の中国化政策の光と影――北朝II……101
1　馮太后の諸改革と華北支配の浸透　102
2　孝文帝の中国化政策――洛陽遷都・礼制・官制・習俗　108
3　洛陽の栄華と門閥政治　121

第4章　東魏と西魏の死闘――北朝III……133
1　六鎮の乱と爾朱栄の専横　134
2　東魏の権臣高歓の苦悩――勲貴と漢人貴族の狭間で　145
3　西魏の権臣宇文泰の復古政策――遊牧的官制と『周礼』制　156

第5章　皇帝菩薩蕭衍と波乱の男侯景――南朝II……171
1　梁の建国と天監の改革　172
2　皇帝菩薩の光と影　181

3　侯景の乱と梁の崩壊　192

第6章　もう一つの三国時代（北斉・北周・陳）――北朝Ⅳ・南朝Ⅲ……207
1　北斉――激化する権力闘争　208
2　北周――華北統一への道程　221
3　陳――南朝最後の王朝　237

終　章　南北朝時代のダイナミズム……247

あとがき　261
参考文献　266
主要人物紹介　276
年　表　286

図表作成◎ヤマダデザイン室

凡　例

・引用した史料は、筆者による現代語訳である。旧字体は新字体に改めた。
・引用文中の〔　〕は筆者による補足である。
・年齢は数え年で表記した。

序　章　西晋の崩壊と代の興亡――五胡諸政権

　南北朝時代は、五世紀前半の北魏の華北統一によって始まった。しかし、南北朝時代を知るためには、中国はなぜ南北に分裂したのか、そもそも北魏を建国した拓跋《たくばつ》氏とは何者なのかを見ていく必要がある。そこで、序章では三世紀後半に中国統一を果たした西晋が皇族による激しい権力闘争と遊牧民の挙兵によって四世紀初めに崩壊し、中国が南北に分裂する過程から見ていくこととする。そして、西晋崩壊後に華北を支配した五胡諸政権（遊牧・牧畜民の政権）のうち、北魏の前身である代の興亡について概観する。

1　西晋の崩壊と漢の勃興

八王の乱

三世紀の中国は、華北を支配した魏、四川《しせん》を支配した蜀漢《しょくかん》、長江下流域を支配した呉《ご》がしのぎを削った三国時代であった。このうち魏は徐々に司馬懿《しばい》とその子の師《し》・昭《しょう》に実権を奪われた。なかでも司馬昭は二六三年（景元《けいげん》四年）に蜀漢を滅ぼして帝位に近づいたが、一歩及ばず、二六五年（咸熙《かんき》二年）に病死した。かわって帝位についたのが、司馬昭の子の炎《えん》（武帝）である。同年十二月十七日、彼は魏の元帝《げんてい》（曹奐《そうかん》）から禅譲を受けて晋を建国し、洛陽《らくよう》を都とした。この王朝は、後に建康《けんこう》（現在の南京《なんきん》）を都とした東晋と区別するため、西晋と呼ばれている。西晋は二八〇年（咸寧《かんねい》六年）三月に呉を滅ぼして、約九十年ぶりに天下統一を果たした。しかし、その安寧は短かった。

武帝は西晋の安定を企図し、皇族を各地の王に封建し、軍事力を備えて要地に派遣した。しかし、二九〇年（太熙《たいき》元年）四月に武帝が五十五歳で没し、皇太子の司馬衷《ちゅう》（恵帝《けいてい》）が即位すると、その思惑は完全に裏目に出てしまう。恵帝は凡愚で知られており、後に飢饉《ききん》で餓死者が出た際に、「〔穀物がないなら〕なぜ肉粥《にくがゆ》を食べないのか」（『晋書』巻四恵帝紀）と無邪気に尋ねてしまうような人物だったと伝えられている。当然、その政務能力は低く、即位後、ただちに西晋の実権をめぐる争いが発生した。それが皇族諸王による権力闘争、いわゆる八王《はちおう》の乱（二九一〜三〇六）である。彼らは西晋領内に居住する遊牧民（匈奴・鮮卑・烏桓《うがん》など）を兵力に利用して激しく争った。最終的に八王の乱は、三〇六年（永興《えいこう》三年）に終息したが、乱の最中に匈奴の劉淵《りゅうえん》が漢を建国して自立したほか、漢人・非漢人を問わず、大小様々な反乱が各地で発生し、西晋は急速に傾いていった。

永嘉の乱

三〇六年（永興三年）十一月、恵帝が四十八歳で没すると、皇太弟の司馬熾《し》（懐帝《かいてい》）が即位した。しかし、西晋の衰退は止めようがなく、三一一年（永嘉《えいか》五年）六月、漢によって洛陽は陥落してしまった。拉致《らち》された懐帝も三一三年（永嘉七年）二月に殺されてしまった。享年三十。この事件は当時の年号をとって永嘉の乱と呼ばれている。

洛陽陥落は、ソグド商人のナナイヴァンダクが、サマルカンド（現在のウズベキスタン東部の都市）にいる協同事業者のナナイスヴァーールらに送った手紙（ソグド語文書「古代書簡」の第二書簡）にも記されている。

ご主人様方、最後の天子は――人々が言うところでは――飢饉のために洛陽から逃亡し、宮殿と〔洛陽〕城には火が放たれ、宮殿も城も焼けました。洛陽も鄴《ぎょう》ももうだめです。〔中略〕ご主人様方、私たちには、残った秦人（中国人）が長安《ちょうあん》から、秦の地（中国）から、フン（匈奴）を追い払うことができたのか、或いは残りの国々を取り返したのかわかりません。〔以下略〕（影山悦子、二〇一九の翻訳を参考にした）

手紙には、天子が逃げ出したといった誤報も含まれているが、洛陽が匈奴（フンと表記）によって壊滅状態に陥ったことが生々しく描かれている。シルクロードを通じて活発に交易活動を行っていたソグド人にとっても、永嘉の乱は大きな衝撃だったのである。

懐帝没後、長安で司馬鄴《ぎょう》（愍帝《びんてい》）が皇帝に即位したが、西晋の退勢を挽回することはできなかった。三一六年（建興《けんこう》四年）十一月、長安を包囲された愍帝は漢に投降し、翌年十二月に殺害された。享年十八。名実ともに西晋は滅んだのである。晋の残存勢力の司馬睿《えい》（司馬懿の曽孫）は、三一七年（建武元年）に長江下流域の建康で晋王を称し、三一八年（太興《たいこう》元年）に皇帝（元帝）に即位した。以後、晋は東晋と呼ばれ、長江流域で四二〇年（元熙《げんき》二年）まで存続する。この一連の動乱の結果、黄河流域は遊牧民が支配し、長江流域は漢人が支配する南北分断の状況が生じたのである。なお、東晋の興亡については第2章で紹介する。

漢の建国

このように西晋は、匈奴が建国した漢に滅ぼされた。では、なぜ遊牧民の匈奴が西晋領内に居住していたのだろうか。秦漢時代（前三〜一世紀）にモンゴル高原・中国北辺で活動していた遊牧民の匈奴は、四八年（後漢の建武《けんぶ》二十四年）に南北に分裂した。このうち北匈奴は西方に移動し、二世紀半ばを最後に中国側史料から姿を消す。この北匈奴と四世紀にヨーロッパに現れたフン族を同族とみなす説がある。決定的証拠はないものの、影響関係にあったとみなされている。

一方の南匈奴は後漢に服属し、現在の山西《さんせい》・河北《かほく》省北辺で遊牧生活を送りつつ漢人と混住した。魏晋期（三世紀）には分割統治され、政治的中心を失った状態で、百万人以上が山西各地で半農半牧生活を送っていた。このころ、遊牧民の移動が相次ぎ、関中《かんちゅう》（現在の陝西《せんせい》省中部）には羌・氐が、中国北辺（遼西《りょうせい》・山西北辺・河西《かせい》・隴西《ろうせい》）には鮮卑が居住するようになっていた。

三世紀後半、匈奴の一部は、漢人に影響力を持つため、前漢の公主（皇帝の娘。実際に嫁したのは皇族の娘など）が匈奴の単于《ぜんう》（君主の称号）に嫁いだことを理由に劉姓をなのった。このころ、南匈奴の一部を統括したのが劉豹《りゅうひょう》である。その子の劉淵は、『春秋左氏伝』『孫子』といった中国の古典を習得し、さらに文武両道を目指して武芸も体得した。劉豹没後に地位を継承した彼は、匈奴内での存在感を高めるため、南匈奴の単于の孫を称した。

八王の乱を目の当たりにした彼は自立を考え、三〇四年（永興元年）八月に山西で大単于を称して衆五万を集めた。十月には「匈奴は漢皇帝の甥《おい》であり、兄弟の契《ちぎ》りもかわした。兄が滅んだら弟が継ぐのは当然ではないか」（『晋書』巻一〇一劉元海載記《りゅうげんかいさいき》）と述べ、匈奴と漢の関係を強調し、漢王朝を継ぐべきであるとした。さらに、このとき皇帝即位を勧められた劉淵は、

いま晋は存在しており、四方もまだ定まっていないので、高祖《こうそ》の初期の称号に従って漢王をなのり、ひとまず皇帝号は止め、天下を統一してから再度議論すべきである。（『太《たい》平御覧《へいぎょらん》』巻一一九所引『十六国春秋』前趙録）

と述べ、自身を項羽と覇権を争った際に漢王を称した高祖劉邦になぞらえ、天下統一後に皇帝を称すべきだとした。そこで漢王を称して漢を建国したのである。このとき前漢の初代皇帝である劉邦や後漢を建国した劉秀《りゅうしゅう》（光武帝《こうぶてい》）らを祀《まつ》って、蜀漢の劉禅《りゅうぜん》（後主《こうしゅ》）を孝懐帝《こうかいてい》と追尊している。すなわち劉淵は、漢（前漢・後漢・蜀漢）の後継者であることを標榜《ひょうぼう》し、

匈奴を中心とする遊牧国家ではなく、漢人と匈奴の双方を統べる王朝の樹立を目指したのである。

漢の興亡

勢力拡大を図った劉淵は、当時、奴隷から身を起こして河南《かなん》・山東《さんとう》付近を荒らしまわっていた羯《けつ》人の石勒《せきろく》を傘下に収めた。さらに権威を高めるため、三〇八年（永鳳《えいほう》元年）十月に皇帝に即位し、中国的官制を整えた。しかし、彼は洛陽を落とせないまま、三一〇年（河瑞《かずい》二年）七月に六十歳前後で病没してしまった。

後継者争いに勝利を収めて即位した劉聡《そう》（劉淵の子）は、河北・山東に領土を拡大した。そして三一一年（漢の光興《こうこう》二年）六月に洛陽を落として懐帝を捕え、三一六年（漢の建元《けんげん》二年）十一月には、長安の愍帝を降伏させて西晋を滅ぼしたのである。これにより漢は華北の主要地域を支配することになった。しかし、三一八年（漢の麟嘉《りんか》三年）七月に劉聡が没すると再び後継者争いが起きてしまった。即位を果たした劉曜《よう》（劉淵の遠縁）は長安に遷都し、国号を趙（前趙《ぜんちょう》）に変更したが、その間、石勒も大単于・趙王（後趙《こうちょう》）をなのって自立したため、華北は前趙と後趙の対立状態に陥ってしまったのである。

以上、西晋を滅ぼした漢について見てきたが、漢とその後に続く五胡諸政権には多くの共通点がある。なかでも重要な制度が漢人と遊牧民を分治する二元統治体制である。劉淵は西晋と同様に地方行政を掌《つかさど》る州・郡・県を設置して漢人を統治する一方で、遊牧民由来の部族を統率するために単于台を設置した。すなわち、生業も文化も歴史も異なる漢人と遊牧民に対して、別々の統治体制をとったのである。こうした二元統治体制は、それまでの中国諸王朝・遊牧国家には存在していなかった。匈奴と漢人双方の支配を目指す漢だからこそ創出できたのである。

また、遊牧民の世界では、君主の地位は世襲であると同時に実力が問われたため、後継者争いが多発したが、漢・前趙でもカリスマ君主の死後に、激しい後継者争いが発生している。その後の五胡諸政権でも同様の事態が見られる。そのほか華北の統治を安定化させるため、中国的官制を整備し、漢人の登用に努めた点も共通点にあげられる。漢・後趙に積極的に仕えたのは寒門《かんもん》層（中下級官僚を輩出した豪族層）であって、魏晋期に高官を輩出した漢人貴族は仕官に消極的であった。しかし、中国的官制の整備が進んだ五胡諸政権には漢人貴族も仕えている。漢はいわば五胡諸政権の雛形となった王朝なのである。

2　代国の成立と滅亡

「五胡」「十六国」とは何か

三〇四年（永興元年）に劉淵が漢王をなのった時点で、その後約一四〇年間続く「五胡十六国」時代が始まったとされる。この「五胡」は、一般的には匈奴・羯・鮮卑・氐・羌を指す。しかし、この時期には丁零《ていれい》・烏桓・巴《は》・蛮《ばん》なども活動しており、民族状況はより複雑であった。そもそも「五胡」は、四世紀半ばに登場した言葉であるが、具体的な民族名は定まっておらず、三〜五世紀に活動した非漢人の総称として使われていた。そこで本書でも「五胡」を非漢人の総称として用いる。

また、「十六国」とは、成漢《せいかん》・前趙（漢を含む）・後趙・前燕《えん》・前涼《りょう》・前秦《しん》・後秦《こうしん》・西秦《せいしん》・後燕《こうえん》・南燕《なんえん》・北燕《ほくえん》・夏《か》・後涼《こうりょう》・南涼《なんりょう》・北涼《ほくりょう》・西涼《せいりょう》とされている。しかし、この時代には、そのほかにも冉魏《ぜんぎ》・西燕《せいえん》・翟魏《てきぎ》や、北魏の前身である代などが存在しており、独自の年号を立てた勢力は、いわゆる「十六国」を含めて三一にも及ぶ。このように「十六国」という言葉は、当時の実態に合っていないのである。そこで本書では、四〜五世紀に主に「五胡」が諸政権を立てたことを踏まえ、「五胡諸政権」（便宜的に漢人政権も含む）を用いることとする。

しかし、五胡諸政権を一つ一つ丁寧に紹介していくと、それだけで新書一冊になってしまう。そこで図0-1に概要を示すのみとし、拓跋氏が建国した代に焦点をあてていきたい。この代こそが北魏につながる政権だからである。

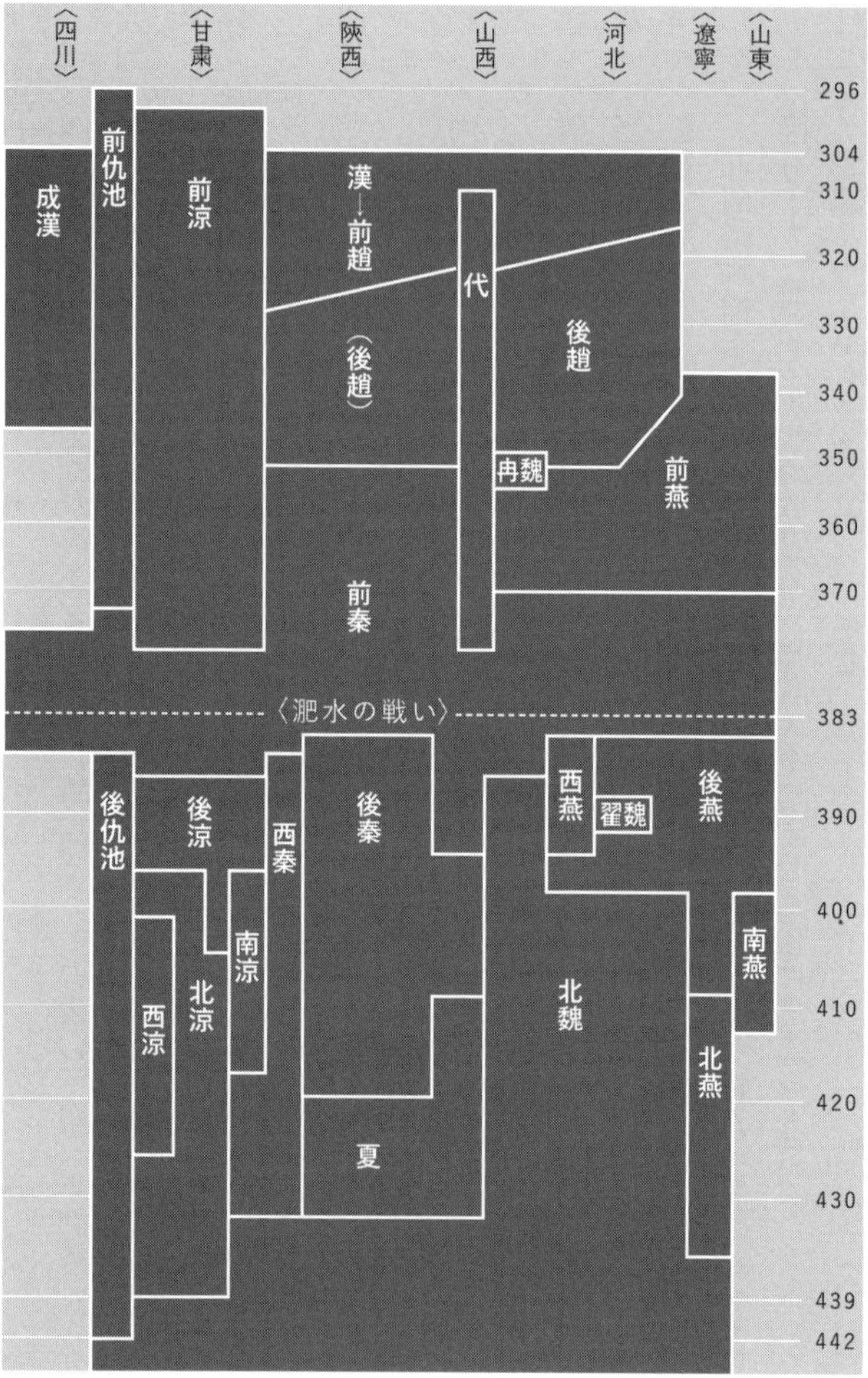

図 0-1●五胡諸政権興亡概念図

出典：三﨑良章 2012、51 頁をもとに作成

拓跋鮮卑の南下

代を建国した拓跋氏は、騎馬遊牧民の鮮卑の一部族である。もともと鮮卑は、前漢時代にはシラムレン川（遼東《りょうとう》半島の北方・内モンゴル自治区の東部）以北に居住していたが、後漢時代に遼東に南下した。さらにモンゴル高原の覇者であった匈奴が一世紀半ばに分裂すると、その隙をついた鮮卑は徐々に勢力を拡大し、モンゴル高原南部一帯にも進出した。

鮮卑のうち拓跋部は、もともと大興安嶺《だいこうあんれい》（黒竜江省《こくりゅうこう》北部から内モンゴル自治区北東部に伸びる山脈）北部に居住していたとされている。北魏の太武帝が先祖の原住地付近の洞窟に作らせた石刻文《せっこくぶん》が、一九八〇年に大興安嶺北部の嘎仙洞《かっせんどう》で発見されたからである（第1章参照）。しかし、その原住地や南下過程については諸説あり、はっきりしたことはわからない。ただ、少なくとも後漢後期（二世紀後半）には、匈奴にかわってモンゴル高原で大規模部族連合を形成した鮮卑の檀石槐《だんせきかい》や軻比能《かひのう》の傘下に入り、「匈奴之故地」＝陰山《いんざん》地方（内モンゴル自治区南部）に移住したと考えられている。

拓跋部も含めた鮮卑の南下には、モンゴル高原の覇者の交替（匈奴→鮮卑）だけでなく、気候変動も関係している。遊牧生活を支える家畜は、気温の変化に弱いため、寒冷化の被害を受けやすい。そのため地球全体が寒冷化し始めた二世紀に、鮮卑はさらなる南下を開始し

図 0-2 ●鮮卑源啤酒。拓跋推寅（右・南下開始時の伝説上の首長）と拓跋什翼犍（左）（2018 年筆者撮影）

たのである。はしがきで述べたように、この遊牧民の移動によって、ユーラシア大陸全体が激動の時代を迎えることとなる。

なお、筆者は二〇一八年八月末に嘎仙洞のあるホロンバイル市（内モンゴル自治区東部の街）を訪れたが、その際、歴代の拓跋部の首長がラベルに描かれた鮮卑源啤酒《ビール》という地ビールがそこかしこで売られているのを発見した（図0-2）。下戸の筆者も含め、調査隊一同、痛飲したことはいうまでもない。

鮮卑の風習

では、このころの鮮卑はどのような風習を持っていたのだろうか。日常面では、遊牧生活を送り、肉や乳製品を好み、毛皮を用いて衣服を作った。戦闘能力が一族の盛衰に関わることから、老人よりも若者を尊び、父や兄でさえも殺すことがあった。しかし、母方の親族を慮って、母を殺すことはない。

また、数百人から千人単位で一部族にまとまっていた。本書では○○部（例：拓跋部）という表記は、この部族を指すときに用い、首長の一族を指すときには○○氏（例：拓跋氏）と表記する。もともと鮮卑では、訴訟をうまく処理できる勇健な者が部族長（大人）となっており、世襲制はとられていなかった。しかし、二世紀後半の檀石槐以降、徐々に大人の世襲が広まった。ただし、その後も首長には能力やカリスマ性が求められた。

婚姻は、まず恋愛関係を持ったのちに略奪の形をとって同居し、半年ほどすぎたころ、媒酌人を立てて牛・馬・羊などを結納として贈り、妻の家に二年ほど仕えたのち、夫婦で独立する。夫婦の住まいや財物は妻の家から出るので、戦闘以外は婦人の計に従った。そのため女性の発言力が大きく、その地位も低くはなかったのである。一方、父や兄が死ぬとその妻（生母は除く）を娶る習慣もあった（レヴィレート婚）。宗教は、北アジアに広く流布しているシャーマニズムであり、鬼神を敬い、天地・日月・星辰・山川とともに勇名を馳せた祖先の大人も祀った。

これらの風習は、農耕民である漢人と大きく異なっている。その多くは過酷な遊牧生活を生き抜くために生み出されたものであり、匈奴などの遊牧民とも共通する。鮮卑と中国諸王朝との交流が密になるにつれ、徐々に風習は変化していった。しかし、その多くは南北朝時代になっても根強く残っていた。このことは各章で言及する。

拓跋力微による部族連合

話を拓跋部に戻そう。二三五年（三国魏の青龍《せいりゅう》三年）に魏の派遣した刺客によって軻比能が殺害されると、各地で鮮卑の諸部族が自立した。拓跋部も陰山北部で勢力を伸ばした。このころ首長であったとされているのは拓跋力微《りょくび》（始祖神元皇帝《しそしんげん》）である。彼は代・北魏の始祖に位置づけられており、拓跋部の首長であった父が狩猟中に天女と出会い、その間に生まれた男子とされている。北アジア諸民族の間には、神や獣と人との交合伝説がしばしば見えるが、力微の出生もその一種に数えられよう。

北魏の歴史をまとめた『魏書』巻一序紀は、力微が首長となった年を「庚子《こうし》」（二二〇年）、すなわち後漢が滅び、魏が成立した年とし、その治世は五八年、享年を百四とする。これらは事実ではなく、即位年を後漢の滅亡・魏の建国としたための数合わせと考えられている。なぜ魏の建国に合わせたかについては、第1章で論じることとする。また、このころには可《カ》汗《ガン》を首長の称号としていた可能性が指摘されている。

力微は徐々に勢力を拡大し、二五八年（三国魏の甘露《かんろ》三年）に諸部を糾合して部族連合を確立した。しかし、二七七年（西晋の咸寧三年）に力微が没すると、拓跋部は弱体化し、三世紀末には事実上三勢力（東部・中部・西部）に分裂してしまった。

代の成立

中部（山西北部）を支配していた拓跋猗㐌《いい》（桓《かん》皇帝：力微の孫）は、八王の乱や劉淵の挙兵によって西晋が混乱に陥ると、多くの漢人を受け入れた。また西晋の救援要請を受けて劉淵の軍勢を打ち破った。そこで西晋は、猗㐌を大単于に仮任命したが、三〇五年（永興二年）に猗㐌は三十九歳で没してしまった。続いて三〇七年（永嘉元年）には東部（河北東北部）を支配する拓跋禄官《ろくかん》（昭《しょう》皇帝：力微の子）も没したので、西部（内モンゴル自治区南部の盛楽《せいらく》周辺）を支配していた拓跋猗盧《いろ》（穆《ぼく》皇帝：力微の孫）が拓跋部の再統一を果たした。猗盧は西晋の并州《へいしゅう》刺史《しし》（現在の山西省《さんせい》太原《たいげん》周辺の地方長官）劉琨《りゅうこん》と義兄弟の誓いを結んで漢と戦い、その功績によって三一〇年（永嘉四年）十月に西晋の懐帝から大単于・代公に封じられた。すなわち、代の成立である。その後も彼は劉琨とともに漢と戦い、三一五年（建興三年）二月には愍帝によって代王に封じられている。

この代王封建は、当時においては破格の待遇であった。同時期に遼東を支配していた鮮卑の慕容廆《ぼようかい》は、晋を支援していたにもかかわらず、昌黎《しょうれい》・遼東二国公にとどまり、王ではなかった。そもそも中国の官職・爵位は、領域外の諸民族に与える外臣と、領域内（郡県制の範囲内）の官僚に与える内臣に分類できる。例えば、邪馬台国《やまたいこく》の卑弥呼《ひみこ》に与えられた親魏倭《しんぎわ》王《おう》は外臣であり、領域内の地域名を冠した王爵（西晋の東海王など）は内臣に位置づけられる。しかし、魏晋時代から、王朝の干渉を受けない地方政権の首長（漢人）にも内臣が与えられるようになった。

それでも猗盧の代王封建以前、西晋は遊牧民の首長に内臣の王爵を与えることはなかった。猗盧の代公封建ですら、劉琨は「戎狄《じゅうてき》を華郡（中国の郡）に封じることは、誠に礼義に反していますが、窮地を救うためです」（『資治通鑑《しじつがん》考異』巻四に引かれた劉琨「与丞相牋」）と述べている。しかし、追い詰められた西晋は、徐々になりふり構わなくなり、漢打倒の期待を込めて、猗盧を代王に封建したのである。以後、五胡諸政権・南北朝において、非漢人政権に内臣の王爵が贈られるようになった。

こののち代は、西晋崩壊後に江南に成立した東晋による冊封《さくほう》を拒否し、独自の年号を建てて、名実ともに独立することになる。しかし、それでも先に西晋から封じられた「代王」を称して、「皇帝」をなのることはなかった。五胡諸政権のうち、王にとどまった政権は、いずれも中原《ちゅうげん》（黄河中下流域）を支配できずに、従属的立場にあった周辺の政権である。代は、猗盧没後に後趙に従属した時期もあり、中原に進出していない段階では皇帝をなのるべきではないと判断したものと思われる。彼らの複雑な国家意識がうかがえる。

代の混乱

さて代王に封じられた拓跋猗盧であったが、末子の比延《ひえん》を後継者にしようとしたため、長子の六脩《りくしゅう》と対立してしまった。三一六年（建興四年）に六脩に敗れた猗盧は、落ち延びる最中に没した。六脩もいとこの普根《ふこん》（猗㐌の子）に殺され、以後、短期間での君主交替が続くこととなる（図0-3）。さらに内乱発生後、旧人と呼ばれる力微時代から仕えている諸部大人と、新人と呼ばれる猗㐌時代に仕えた漢人らとの対立が表面化した。その結果、漢人の多くは劉琨のもとに移ってしまった。

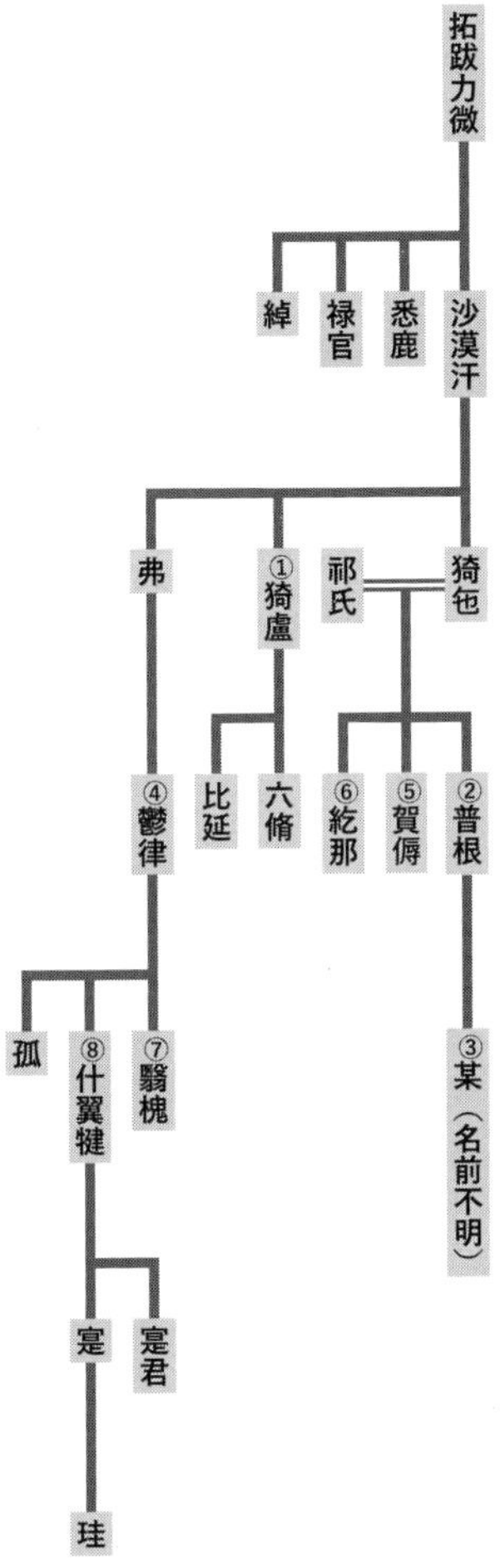

図0-3●拓跋氏系図（代王）
出典：筆者作成

六脩を倒した普根とその子が一年以内に立て続けに没したため、三一七年に猗㐌・猗盧の甥の鬱律《うつりつ》（平文帝《へいぶんてい》）が即位した。彼は前趙・後趙が和親を求めてきても拒絶し、東晋による冊封も拒否した。さらに華北侵出を図ったが、三二一年に猗㐌の妃の祁《き》氏によって暗殺されてしまった。祁氏は自分の子を擁立して実権を握ったので、当時の人々は代を女国と呼んだといわれている。以後、猗㐌の子（恵帝賀傉《がじょく》・煬帝紇那《こつな》）と鬱律の子（烈帝翳槐《えいかい》）が激しく争った。翳槐は、前趙を滅ぼした後趙に人質として弟の什翼犍《じゅうよくけん》を送り、さらに紇那が復権した際には後趙に亡命し、その支援を受けて復位を果たした。

このように代でも、カリスマ君主であった猗盧亡き後、後継者争いが発生してしまい、後趙に従属するほど弱体化してしまったのである。その一因には世襲が定着しつつも、勇健なるものが君主となるべきであるという意識が拓跋氏に残っていたことがあげられよう。

拓跋什翼犍の即位と奇表

三三八年に翳槐が没すると、什翼犍（昭成帝《しょうせいてい》）が後趙から帰国して同年十一月に即位した。この後、代は政治的安定をとり戻し、勢力を拡大していくことになる。代に安寧をもたらした什翼犍の容貌について、『魏書』巻一序紀は次のように記している。

身長は八尺（約一九二センチメートル）、鼻筋が高くて眉の骨が盛り上がっており（隆準《りゅうせつ》龍顔《りゅうがん》）、立ちあがっても髪が地面に届き、横たわった際には乳房が垂れて敷物に至った。

あまりに異様な姿であるが、中国では創業の君主が常人と異なっていることを示すため、奇表（奇怪な容貌）を描くことが多い。

例えば五胡諸政権の君主の身長は、前趙の劉曜が九尺三寸（約二二三センチメートル）、後秦の姚襄《ようじょう》と夏の赫連勃勃《かくれんぼつぼつ》が八尺五寸（約二〇四センチメートル）、漢の劉淵と後涼の呂光《りょこう》が八尺四寸（約二メートル）であった。事実であれば驚くほど高身長の君主ばかりいたことになってしまう。しかし、これは中国の聖君（舜《しゅん》・周の文王など）が高身長だったという伝説に由来しており、事実ではない。また、劉曜・前秦の苻堅《ふけん》・後燕の慕容垂《ぼようすい》などは、腕を垂らすと膝をすぎた（垂手過膝）と記されている。この奇表は、蜀漢の劉備《りゅうび》・西晋の武帝にも見え、魏晋期には帝王の相とされていた。同様に什翼犍の「隆準龍顔」も、前漢の初代皇帝劉邦の容貌として知られている。また、地面まで届く髪も三国魏の明帝《めいてい》（曹叡《そうえい》）や西晋の武帝と一致する。ただし、垂れさがった乳房については、出典が見当たらず、その意味はわからない。

五胡諸政権と同様に拓跋氏も、帝王としての正統性を確保するため、中国の伝統的歴史叙述を踏まえて、過去の記録を参考に什翼犍の奇表を描いたのである。おそらく、その時期は北魏建国後であろう。このような奇表は、什翼犍以前の代の君主には見えず、北魏における什翼犍の重要性がうかがえる。このことは五胡諸政権（北魏含む）が、中国支配の正当性を得るため、中国の政治文化を積極的に受容したことを示している（胡鴻、二〇一七）。

什翼犍の支配体制

什翼犍は建国という年号を制定し、独立を明確にした。後趙との親交を維持する一方で、前燕の君主である慕容氏とも通婚して関係を深めた。什翼犍は慕容皝《こう》の妹を王后とし、彼女が没すると、今度は慕容皝の娘を王后に迎えたのである。後趙が弱体化すると、氐族の苻氏が建てた前秦とも通交した（図0－4）。また、モンゴル高原に割拠していた遊牧民の高車《こうしゃ》を撃破して勢力を拡大した。

次に什翼犍の支配体制を見てみよう。代では部族体制を維持していた。その中核は、十姓と呼ばれる人々であった。その内訳は拓跋部を筆頭に、拓跋部の首長から枝分かれしたとされる九姓（抜抜《ばつばつ》・達奚《たっけい》など）が続く。また、力微のときに服属した諸部族（内入《ないにゅう》諸姓）や同盟関係にある諸部族（四方《しほう》諸姓）が存在し、各部族は諸部大人が支配していた。部族制の最大の欠点は、諸部大人の権限が強く、君主権を強化できないことである。また、中国文化の受容や君主権強化をめぐって、保守的な諸部大人と対立することもあった。

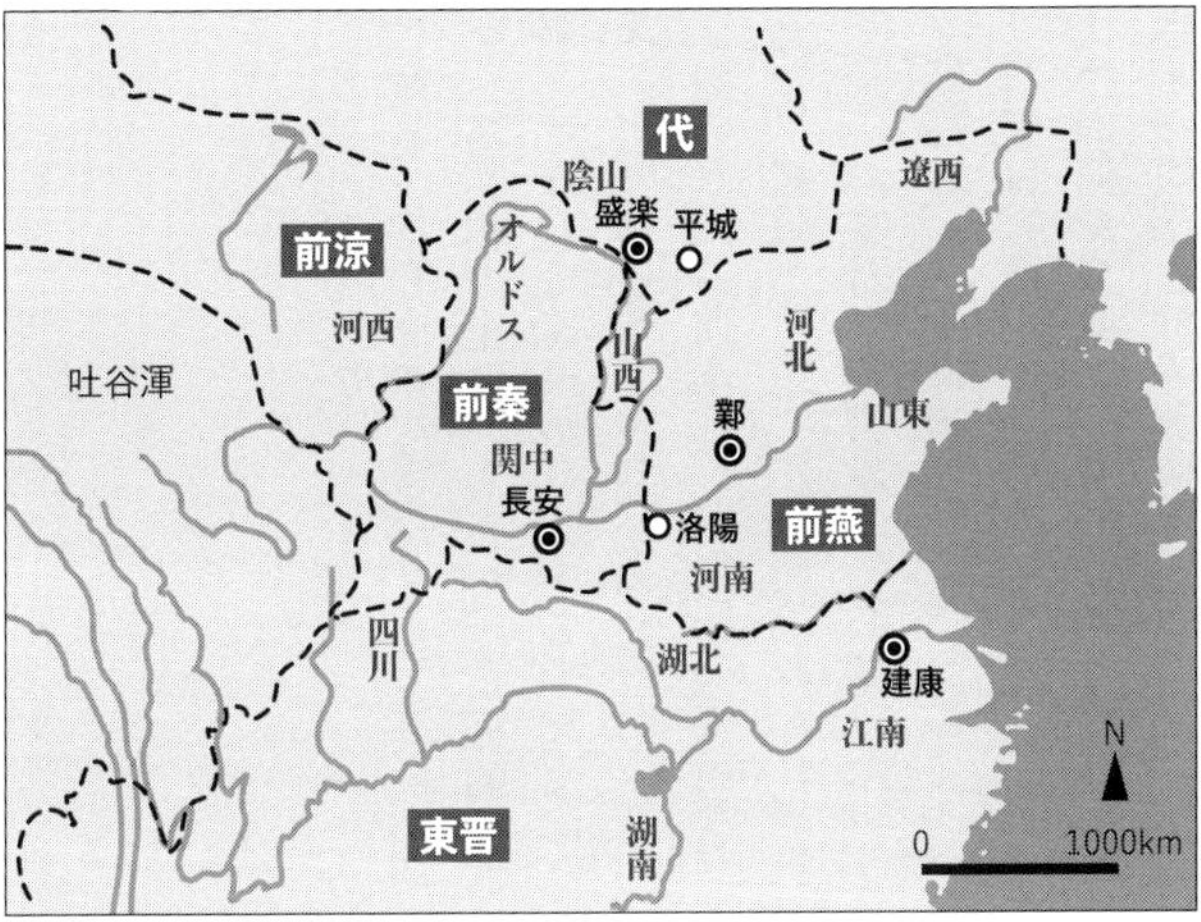

図 0-4 ● 4 世紀後半略図
出典：佐川英治 2018、89 頁をもとに作成

そこで什翼犍は、君主権強化を図って制度整備を進めた。西晋の官制の一部を採用し、ごく少数ながら漢人をブレーンに登用した。その一方、諸部大人・有力者の子弟から有能な人物を近侍に登用した。彼らは禁中で勤務し、詔勅《しょうちょく》や命令を伝達した。近侍には定員がなく、百人以上存在した。さらに新たに服属した勢力を統括する南部・北部大人を置き、弟の孤《こ》を北部大人に、子の寔君《しょくくん》を南部大人とした。このような部族統治機関は、五胡諸政権（漢・前燕・後燕など）にも設置されていた。什翼犍は、それまでの緩やかな部族連合体から脱却し、代王による支配を強めるために、近侍の制度と南北二部大人制を採用したのである。し

かし、南北二部大人制は、新来勢力の統括組織であり、旧来の部族体制は依然として存在していた。

代の滅亡

勢力を拡大した拓跋什翼犍であったが、代に服属していた匈奴鉄弗部《てっふつ》の劉衛辰《りゅうえいしん》が前秦に亡命し、その支援を得たことを境に、徐々に国勢が傾くこととなる。前秦は三代目君主の苻堅と名宰相の王猛《おうもう》のもとで、積極的な拡大政策を展開し、三七〇年（前秦の建元六年）に前燕を滅ぼして遼東から関中までを支配した。さらに三七一年（建元七年）に前仇池《ぜんきゅうち》（氐の楊《よう》氏）を服属させ、三七六年（建元十二年）には前涼（漢人の張氏）を滅ぼした。

勢いに乗る前秦は、劉衛辰の要請を受け、同年十月に北伐《ほくばつ》を開始して三十万の大軍を派遣した。緒戦で敗退して病に倒れた什翼犍は、後継者候補から外されて粛清されると思い込んだ長子の寔君に殺害されてしまった。享年五十七。その死を知った前秦軍は、ただちに攻撃を開始し、代を滅ぼした。これによって前秦は華北統一を果たしたのである。

苻堅は寔君を不孝者として憎み、前秦の首都の長安に連行して車裂の刑に処した。そして代の旧領を分割し、黄河以西を匈奴鉄弗部の劉衛辰に、黄河以東を匈奴独孤《どっこ》部の劉庫仁《りゅうこじん》に、さらに東部を鮮卑賀蘭《がらん》部の賀蘭訥《とつ》（『魏書』では賀訥）に委ねたのである。

＊

拓跋部は北方から陰山周辺に南下し、三世紀後半の力微の時代に部族連合を結成し、八王の乱や劉淵の挙兵で西晋が混乱するなか、三一〇年に猗盧が西晋から代王に封建された。代は四世紀半ばの什翼犍に至って最盛期を迎えたが、前秦の苻堅によって滅ぼされた。遊牧世界に軸足を置きつつ六六年続いた代は、短命政権が多い五胡諸政権のなかでは、長期間続いたといえる。しかし、君主継承の安定化と諸部大人の抑制を達成できないまま、滅亡してしまった。これらの課題は北魏に持ち越されることになる。次章では北魏の建国と華北統一についてみていきたい。

第1章　北魏の華北支配——北朝Ⅰ

西晋の崩壊によって、中国は分裂状態に陥り、華北には遊牧・牧畜民が支配する五胡諸政権、長江流域には漢人が支配する東晋（ついで南朝）が成立した。拓跋氏の建国した代は、五胡諸政権の前秦によって滅ぼされた。しかし、前秦崩壊後、拓跋什翼犍の孫の拓跋珪《けい》が北魏を建国し、華北に侵出した。三代皇帝の太武帝に至って華北統一を果たし、長江流域を支配する南朝と対峙することになる。では、拓跋氏は、漢人と鮮卑・匈奴などの遊牧民が混住する華北をどのようにまとめあげたのだろうか。本章では北魏による華北統一の過程と、その国家体制について見ていきたい。

1　拓跋珪の北魏建国

北魏の建国

三七六年（前秦の建元十二年）の代滅亡時、拓跋什翼犍の孫の珪（鮮卑名は渉珪《しょうけい》）は、わずか六歳であった。そのため母の賀蘭氏に連れられて、賀蘭部に身を寄せ、ついで旧代国の東半を任された匈奴独孤部の劉庫仁（什翼犍の姻戚《いんせき》：図1-1）のもとに移った。三八三年（建元十八年）十一月、中国統一を狙って東晋に侵攻した前秦の苻堅は、淝水《ひすい》の戦いで東晋に大敗を喫した。その結果、前秦に服属していた諸民族が次々に自立を目指し、華北は分裂状態に陥った。この余波を受け三八四年（建元十九年）に劉庫仁が殺されてしまった。後継者の劉顕《りゅうけん》に命を狙われた拓跋珪は、再び賀蘭部に身を寄せた。

苻堅が三八五年（建元二十年）八月に羌族の姚萇《ようちょう》に殺されると、もともと代に服属していた諸部大人は、拓跋珪を王に推戴することにした。珪が什翼犍の孫であり、代復興の旗頭にふさわしかったからである。三八六年正月、十六歳の珪は代王に即位し、鮮卑固有の祭天儀礼を行い、年号を登国《とうこく》とした。そして四月に魏王と改称した。すなわち、北魏の建国である。

この魏王改称については、三国魏を継承することで西晋・東晋の正統性を否定したという説がある。しかし、序章で見た漢の劉淵と異なり、拓跋珪は魏の皇帝を尊崇（祭祀・追尊など）していない。そこで佐藤賢《まさる》（二〇〇七）は、北魏建国当初の匈奴との対立状況を踏まえ、漢とのつながりを意識していた匈奴劉氏から、鮮卑拓跋氏に政権が移ったことを明示するために後漢の次の王朝である魏を称したとする。興味深い仮説である。いずれにせよ、拓跋珪に西晋から封じられた「代」を否定する意識があったことは間違いない。

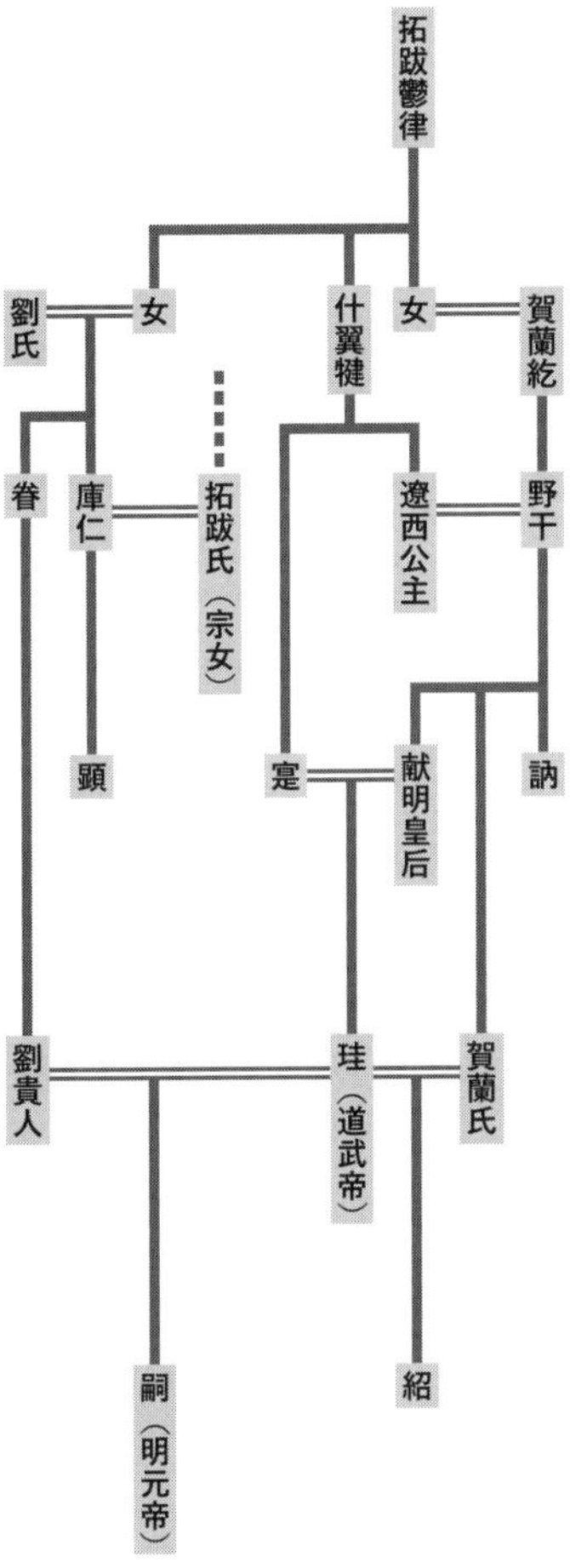

図1-1●拓跋・賀蘭・独孤部関係系図
出典：筆者作成

参合陂の戦い

北魏を建国した拓跋珪だったが、旧代国の西半を支配していた匈奴鉄弗部や、因縁深い匈奴独孤部に圧迫され、その領域は首都の盛楽（現在の内モンゴル自治区和林格爾《ホリンゴル》県土城子《どじょうし》遺跡）周辺に限られていた。さらには拓跋部の内紛も続いた。そこで彼は、五胡諸政権の一つで河北を支配した後燕の初代皇帝慕容垂に遣使し、その支援を受けた。強力な後ろ盾を得た拓跋珪は、独孤部や鉄弗部を打ち破っただけでなく、モンゴル高原に勢威を張っていた遊牧民の高車・柔然《じゅうぜん》なども撃破した。

しかし、北魏の勢力拡大にともない、後燕との関係は徐々に悪化し、ついに衝突する日がきてしまった。それが参合陂《さんごうは》の戦いである。この戦いは知名度こそ低いものの、北魏の華北侵出の契機となった重要な戦いである。

三九五年（登国十年）七月、後燕の慕容垂は、太子の慕容宝《ぼようほう》を派遣して、十万の兵で北魏に侵攻した。拓跋珪はオルドスに退き、黄河を挟んで後燕軍と対峙する一方で、別働隊を派遣して慕容垂と慕容宝の連絡路を断った。このため慕容宝は十月に参合陂（盛楽の東方）に撤退した。病に臥している慕容垂が亡くなったのではないかと不安に駆られたからである。拓跋珪は追撃を図ったが、渡河するための船が足りずに実現しなかった。しかし、その状況は十一月に黄河が氷結したことによって一変する。珪は精鋭二万騎を率いて凍った黄河を渡って参合陂に向かった。十一月十日早朝、参合陂東の山麓で野営していた後燕軍に対し、珪は山上から急襲した。その結果、後燕は皇族・将軍を含め六万人を失い、北魏と後燕の力関係は逆転することになる。

翌年三月、慕容垂は、病をおして自ら北魏を攻撃して勝利を収めた。しかし、参合陂で遺《い》骸《がい》の山を弔った際に、死者の父兄が号泣したのを聞いて吐血し、病死してしまった。享年七十一。後燕は慕容宝が継いだものの内紛が発生し、その勢力は急速に衰えていった。この隙をついて拓跋珪は華北への侵攻を開始し、三九八年（皇始《こうし》三年）までに、山西・河北の重要拠点を次々に落とし、後燕を事実上崩壊に追い込んだ。このころ拓跋珪は、慕容宝の娘を後宮に入れ、四〇〇年（天興《てんこう》三年）に皇后に立てている。その後、遼西・遼東のみを領有した後燕は、朝鮮半島北部を支配する高句麗《こうくり》の侵攻や内紛によって四〇七年（天賜《てんし》四年）に滅亡した。

拓跋珪の皇帝即位

華北支配への道を踏み出した拓跋珪は、三九八年（皇始三年）六月に国号を正式に魏に決定し、七月に平城《へいじょう》（現在の山西省大同《だいどう》市）に遷都した。そして、十二月二日に皇帝に即位し、天興《てんこう》と改元した。諡《おくりな》（死後に送られる称号）にちなみ、道武帝《どうぶてい》と呼ばれている。道武帝は、歴代の首長の諡を定め、直系の先祖である力微・鬱律・什翼犍に廟号《びょうごう》（死後に祀られる際の称号）も贈った。力微は始祖、鬱律は太祖《たいそ》、什翼犍は高祖である。

北魏の徳運も決定した。徳運とは、王朝と五行（木・火・土・金・水）は対応し、五行相《ごぎょうそう》生《しょう》の順序（木→火→土→金→水）によって循環するという考え方である。漢は火徳、魏は土徳、西晋は金徳である。一見、些細《ささい》なことのように見えるが、北魏という王朝が西晋を継ぐのか、五胡諸政権を継ぐのかという王朝の正統性と深く関わる大きな問題なのである。西晋を継ぐ場合は、晋（金）に続く水徳を採用すればよく、五胡諸政権を継ぐのであれば晋（金）→前・後趙（水）→前秦または前・後燕（木）に続く火徳を採用すべきである。

しかし、道武帝は、そのどちらでもなく、土徳を採用した。一体、なぜだろうか。その理由について、西晋・東晋の正統性を否定するために、曹魏とのつながりを主張して魏を国号とし、土徳を採用したという説が唱えられている。すなわち、漢（火）→魏（土）＝北魏（土）である。しかし、先述のように道武帝は三国魏の皇帝を尊崇しておらず、姓を曹に改めることもしていない。ここから魏＝北魏という図式は成立しがたい。

この謎を解く鍵は、道武帝が力微（始祖）・鬱律（太祖）・什翼犍（高祖）に廟号を贈ったことにある。佐藤賢（二〇〇七）は、力微が後漢滅亡の年（二二〇）に即位し、鬱律が東晋成立の年（三一七）に即位したとされていることを踏まえ、次のような新説を提唱した。後漢滅亡後、正統性は三国魏と拓跋氏（力微）の双方に引き継がれ、魏を継いだ西晋が崩壊したことによって、拓跋氏（鬱律）こそ唯一の正統政権となり、什翼犍によって国造りが進められ、その基盤を継承することで北魏は華北に侵出できたという歴史観が形成された。すなわち道武帝は、正統性を確保するために、漢（火）→北魏（土）という正統観を生み出したのである。これを佐藤は「もうひとつの漢魏交替」と呼ぶ。当時は華北に五胡諸政権が、長江流域に東晋が存在していた。西晋でも五胡諸政権でもなく、漢から正統性を受け継いだことにすれば、正統性の面で彼らを超越できるのである。

道武帝期の諸政策

道武帝は、皇帝即位後、徐々に中国的制度（官制・爵制・儀礼・律令など）を導入し、華北の一部に州・郡・県を設置した。これらの制度整備に活躍したのが後燕から降った漢人である。なかでも魏晋以来の名門漢人である崔宏《さいこう》が重用された。しかし、中央の高官や爵位（特に王・公）は、鮮卑を中心とする遊牧系（以下、北族）が多数を占め、漢人の地位は低かった。また、遊牧民由来の制度を廃止したわけではない。むしろ遊牧的制度こそ北魏を支えていたともいえる。この点は第４節で詳細に述べたい。

道武帝は首都平城の人口を増やすため、たびたび徙民《しみん》（強制移住）を行った。例えば旧後燕領の漢人を平城付近に徙民し、戸口を把握した後、土地を給付して農耕を行わせた。これを計口受田《けいこうじゅでん》と呼ぶ。さらに道武帝は、北族の諸部族の力を弱めるため、部族解散を行った。諸部族は、平城近郊に移住させられ、牧畜を行いつつ、北魏の軍事力を担った。道武帝は代国時代に果たせなかった君主権強化の端緒を開いたのである（詳細は第4節）。

特異な制度としては「子貴母死」があげられる。序章で述べたように鮮卑の間では妻や母の発言力が大きく、代国時代の祁氏のように権力を握ることもあった。そこで道武帝は皇帝の実母や外戚による権力掌握を防ぐため、後継者の決定後にその生母を殺す「子貴母死」を創出したのである。このような制度は遊牧民にも中国諸王朝にも見えないが、先例がないわけではない。それは前漢の武帝が行った皇太子弗陵《ふつりょう》（後の昭帝）の実母（鈎弋《こうよく》夫人）殺害である。道武帝は、この前代未聞の制度を作るにあたって、前漢の故事を典拠としたのである。四〇九年（天賜六年）七月に拓跋嗣《し》（鮮卑名は木末）が皇太子に選ばれると、この政策は実行された。生母の劉氏（独孤部出身）を殺された嗣は、哀しみのあまり日夜号泣して道武帝の怒りを買ってしまい、一時的に平城から逃亡するはめに陥った。

道武帝の死

軍事・内政に努めた道武帝だったが、寒食散《かんしょくさん》を常飲したため、徐々に精神の均衡を崩してしまった。寒食散とは、五種類の鉱物を用いた薬であり、不老長生をもたらすとされていた。しかし、実際には中毒死する者が後を絶たない毒薬である。道武帝は四〇九年（天賜六年）には、終日独り言をつぶやき、感情も不安定となって、臣下に不信感を懐き、顔色や言動がいつもと違っているだけで、不満を抱いているとみなし、自ら殴打する有様であった。

同年十月には、道武帝の妃の賀蘭氏（『魏書』では賀氏）も幽閉されて殺されそうになった。逃亡した拓跋嗣のかわりに賀蘭氏の子の拓跋紹《しょう》（鮮卑名は受洛抜《じゅらくばつ》）を皇太子とするため、「子貴母死」を実行しようとしたのではないかという説もある。しかし、賀蘭氏が救出を求めたので、紹は夜に宮殿に忍び込み、道武帝の寝込みを襲った。道武帝は「賊至る」の声を聞いて目を覚ましたが、武器をとる間もなく、紹に殺されてしまった。享年三十九。

賀蘭氏は、道武帝の叔母（母の妹）であり、道武帝が賀蘭部に赴いた際に見初めて、その夫を殺して妻に迎えたと伝えられている。北魏成立前後の状況を踏まえると、単なる好色ではなく、賀蘭部との関係を深めるために通婚したと考えられるが、史書は因果応報譚として描いたのである。

2 太武帝の華北統一と崔浩の蹉跌

明元帝と赫連勃勃

父を殺害した拓跋紹は、翌日、群臣を集めて、「私には叔父も兄もいるが、公卿は誰に従うことを望むのか」（『魏書』巻十六清河王伝）と問い、紹に従うとの言質をとって皇帝即位を図った。北京大学の羅新（二〇一九）は、同様の問答が後の契丹《きったん》やモンゴルにも見えることから、遊牧民の即位儀礼の名残ではないかとする。一時的に実権を握ったかに見えた紹であったが、拓跋嗣が戻ってくると、たちまち北族の重臣がなびいてしまい、衛士によって捕えられてしまった。嗣は紹とその母賀蘭氏に死を賜い、皇帝（明元帝《めいげんてい》）に即位した。このころ北魏の周囲には、遼東・遼西を支配する北燕（鮮卑化漢人とされる馮《ふう》氏）、山東を有する南燕（鮮卑慕容氏）、関中の後秦（羌族の姚氏）、そして赫連勃勃が建国した夏が存在していた（図1-2）。このうち明元帝は後秦の姚興《ようこう》の娘を妃に迎えて同盟を結んだ。

北魏にとって最大のライバルとなったのは赫連勃勃である。彼は代国滅亡のきっかけ（序章参照）を作った匈奴鉄弗部の劉衛辰の子である。劉衛辰自身は北魏初めに道武帝を苦しめたものの、三九一年（登国六年）に道武帝に敗れて没した。しかし、その子の勃勃は後秦に

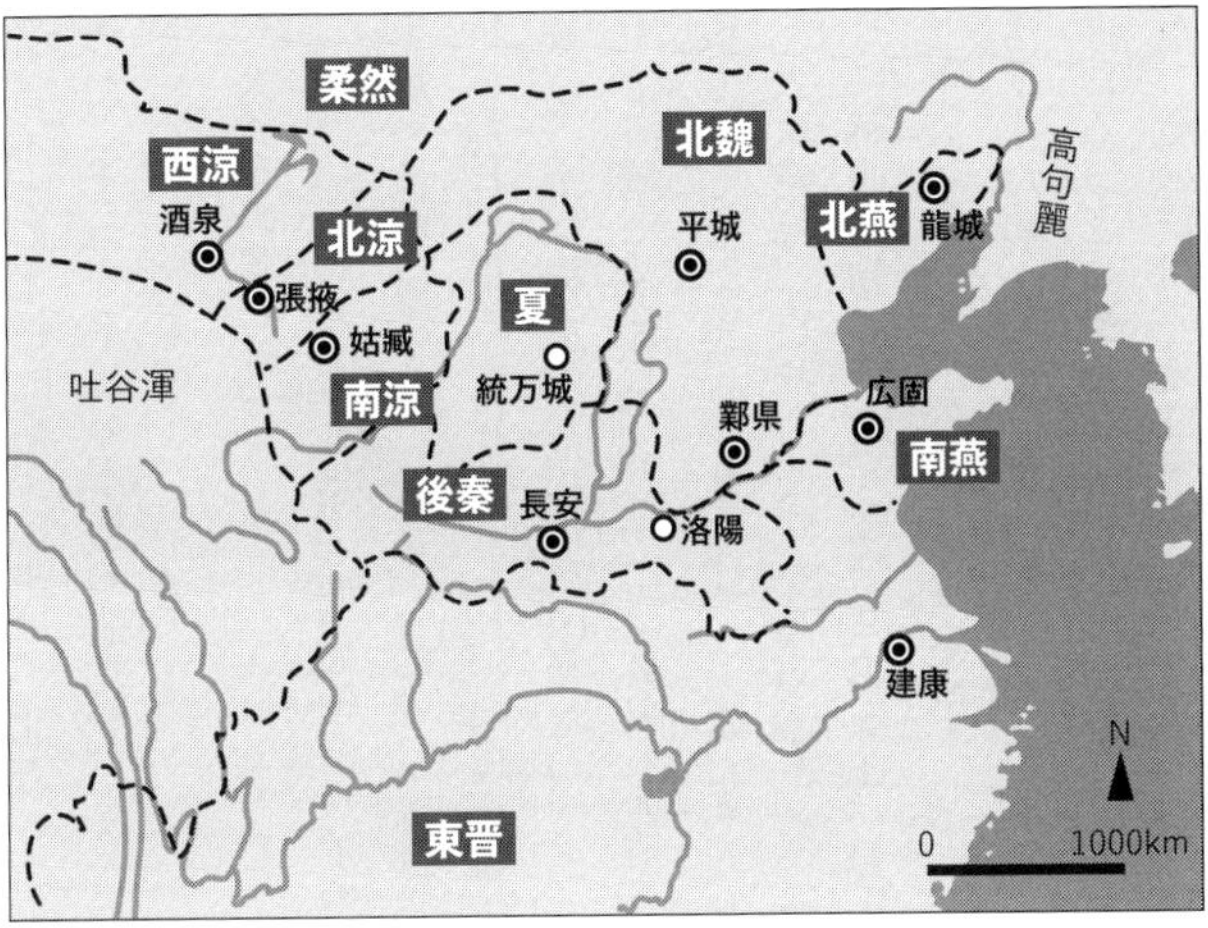

図 1-2●明元帝期の勢力図
出典：佐川英治 2018、203 頁をもとに作成

逃れ、四〇七年（夏の龍昇《りゅうしょう》元年）にオルドスで自立して夏を建国したのである。四一三年（龍昇七年）に勃勃は、匈奴であることを強調するため、劉から赫連（匈奴語で天の意）に姓を改め、四一八年（夏の鳳翔《ほうしょう》六年）に東晋から長安を奪うと皇帝に即位した。匈奴を主な軍事力とする夏は、明元帝期に急成長をとげていたのである。

さらに長江流域では、東晋の実権を握った劉裕《りゅうゆう》が南燕・後秦を滅ぼし、四二〇年（宋の永初《えいしょ》元年）に宋を建国した。南朝の始まりである（第2章参照）。北魏は漢人王朝である南朝とも国境を接することになったのである。

そこで明元帝は、勢いのある夏や東

晋・宋との本格的衝突は避け、北方の高車・柔然討伐に力をそそぎ、周辺諸部族の吸収に努めた。また、平城の本格的造営や、漢人の登用に励み、華北新領地の経営に努めた。

太武帝の華北統一

四二〇年（泰常《たいじょう》五年）、明元帝は長子の拓跋燾《とう》（鮮卑名は仏狸伐《ふつりばつ》）を後継者に決定し、その生母の杜《と》氏（漢人）に賜死した。「子貴母死」を実行したのである。そして四二二年（泰常七年）五月、正式に皇太子とし、内政を委任した。これを太子監国という。道武帝の事例を踏まえ、帝位継承の安定化を図ったのである。同年、宋の劉裕が没した隙に乗じて宋領の黄河中下流域に親征し、翌年には洛陽を獲得した。しかし、南征の最中に病にかかり、十一月に没してしまった。享年三十二。ただちに拓跋燾が十六歳で皇帝に即位した（太武帝）。

太武帝は、自身の権威を高めるため、華北統一を目指した。まず四二五年（始光《しこう》二年）八月に赫連勃勃が四十五歳で没すると、太武帝は群臣の反対を押し切って夏に侵攻した。四二七年（始光四年）六月には、堅城として知られる夏の首都の統万城《とうまんじょう》（現在の陝西省靖辺《せいへん》県）を落とすため、あえて自ら軽騎三万で進撃して油断させ、野戦に持ち込み、流れ矢が太武帝にあたるほどの激戦を制して占領した。その後も太武帝は夏の重要拠点を次々に落としていった。その結果、夏は衰退し、四三一年（神䴥《しんか》四年）六月に吐谷渾《とよくこん》（青海《せいかい》を支配していた遊牧民）

の攻撃をうけて滅亡した。なお太武帝は夏に侵攻する過程で赫連勃勃の娘を捕えて後宮に入れ、四三二年（延和《えんわ》元年）に皇后としている。

西方の憂いがなくなった太武帝は、四三六年（太延《たいえん》二年）に北燕を滅ぼした。さらに四三九年（太延五年）九月には、自ら大軍を率いて河西を支配していた北涼（盧水胡の沮渠《そきょ》氏）を滅ぼした。事実上の華北統一である。最後に残った甘粛南部の後仇池《ごきゅうち》（氏の楊氏）も、北魏と宋に挟まれて進退窮まり、四四二年（太平真君《たいへいしんくん》三年）に北魏に降った。こうして太武帝が華北統一を果たしたことによって、北朝と南朝が対峙する南北朝時代に突入したのである。また、親征を重ねて華北統一を果たした太武帝の権威は高揚し、親征に反対した北族の重臣の発言力は低下することとなった。

柔然との死闘

この間、太武帝は遊牧民の柔然とも激しく戦っている。柔然は、南朝では「芮芮《ぜいぜい》」、北魏では「蠕蠕《ぜんぜん》」と呼ばれ、後に北魏に降った柔然人自身は「茹茹《じょじょ》」と称しているが、その原義は不明である。もともと柔然は拓跋部や高車に服属していたが四世紀後半に自立を果たした。北魏の攻撃を受けた首長の社崙《しゃろん》は、四〇二年（天興五年）にモンゴル高原北部に移動して高車を撃破して勢力を拡大し、草原の覇者となった。そこで社崙は、鮮卑の君主号であった可汗を取り入れて丘豆伐可汗《きゅうとうばつかがん》を称した（在位四〇二～四一〇）。その後、柔然は後秦や北燕と結んで、北魏と対立したのみならず、西方に勢力を伸ばし、タリム盆地のオアシス諸国家にも影響力を持つようになった。

三代目君主の牟汗紇升蓋可汗《ぼうかんこつしょうがいかがん》（本名は大檀《だいだん》：在位四一四～四二九）は、たびたび北魏に侵攻した。そこで太武帝は、四二九年（神䴥二年）に柔然親征を敢行し、その根拠地を急襲し、大量の家畜を獲得し、柔然に服属していた高車の部族の多くを降伏させた。

その後、柔然と北魏は関係改善を進め、四三四年（神䴥七年）には北魏の公主を柔然の勅連可汗《ちょくれんかがん》（四代目君主・本名は呉提《ごてい》：在位四二九～四四四）に嫁し、太武帝自身も可汗の妹を後宮に迎えた。しかし、柔然はすぐさま北魏と対立し、四三八年（太延四年）には北伐してきた北魏軍に大打撃を与え、翌年には太武帝の北涼親征の隙をついて、平城附近に攻めこんでいる。この時、的確な指示を出して撃退に成功したのは、皇太后の竇《とう》氏である。実は彼女はもともと太武帝の保母であり、皇帝の夫人ではなかった。太武帝は即位後、彼女を「保太后」とし、四三二年（延和元年）に「皇太后」としたのである。

さて、太武帝は四四五年（太平真君《たいへいしんくん》六年）に柔然の影響下にあった鄯善《ぜんぜん》を、四四八年（太平真君九年）に焉耆《えんき》（いずれもタリム盆地のオアシス国家）を占領して支配を固めて柔然の力を削いだ。さらに四四九年（太平真君十年）には柔然に親征して打撃を与えた。以後、柔然と北魏は対立と和親を繰り返すこととなる。

太武帝の廃仏と崔浩

さて華北統一を成し遂げた太武帝のブレーンが崔浩《さいこう》である。彼は道武帝・明元帝に仕えた崔宏の子で、経学・史学・天文学に通じ、自らを漢の劉邦に仕えた張良《ちょうりょう》になぞらえていた。明元帝の参謀として活躍し、太子監国の際には補佐役の一人に選ばれた。太武帝即位後、親征に対する群臣の反対意見を論破して太武帝に信任され、華北統一と帝権強化に大きく貢献した。その間、太武帝は四三一年（神䴥四年）に崔浩を司徒（最高位の官職）に抜擢し、「徴士の詔《みことのり》」を出して、名門漢人の本格的登用に踏みきった。これを機に名門漢人が積極的に北魏に仕えるようになっていく。

北魏の中国化を目指す崔浩は、仏教を外来宗教として嫌悪し、中国で生まれた道教（新天師道）の寇謙之《こうけんし》と手を組んだ。このころの仏教は、道武帝・明元帝期に道人統（僧侶の監督官）となった僧侶の法果《ほうか》が、皇帝を如来として礼拝する「皇帝即如来」という思想を打ち出したことによって、国家への隷属を強め、皇帝の権威を支える役割を果たしていた。しかし、崔浩と寇謙之は、仏教にかわり道教によって北魏皇帝の正当性を強化しようとしたのである。

寇謙之は太武帝を道教の救世主である「真君」と同一視し、その権威づけを図った。太武帝も崔浩の影響を受け、道教を信仰するようになり、北涼平定後の四四〇年（太延六年）六月に太平真君と改元した。寇謙之が過去に受けた「北方泰平真君を補佐せよ」との神託を年号に採用したのである。そして四四二年（太平真君三年）正月には、寇謙之から符籙《ふろく》（神々の名などを書いた文書）を授けられ、道教皇帝たることを示した。

さらに崔浩は、中国社会が衰退したのは仏教の流行が原因であるとし、太武帝に廃仏を提案した。タイミング悪く、四四五年（太平真君六年）に関中で発生した蓋呉《がいご》の乱鎮圧のため、太武帝が長安に駐留した際、城内の一寺院から武器が発見されてしまった。太武帝は仏教寺院と蓋呉が通謀していると判断し、四四六年（太平真君七年）三月に廃仏の詔を発布した。仏像・経典・寺院を焼き払い、僧侶の殺害を命じる徹底的な廃仏に対し、やりすぎであるとして寇謙之でさえも反対したが、太武帝と崔浩は断行した。はしがきでも、南北朝時代の混乱・強権政治を象徴する出来事として仏教弾圧をあげたが、その一回目にあたる。中国史上の著名な四つの仏教弾圧事件、いわゆる「三武一宗《さんぶいっそう》（北魏太武帝・北周武帝・唐武宗・後周世宗）の法難」の一つ目である。

崔浩の誅殺

太武帝に多大な影響力を持っていた崔浩だったが、四五〇年（太平真君十一年）六月、突如、誅殺《ちゅうさつ》されてしまった。享年七十。一体何が起きたのだろうか。これには北魏の史書編《へん》纂《さん》が関連している。北魏では道武帝期に、拓跋氏の歴史を鮮卑語で歌った「代歌」をもとに『国記』が作られた。四三九年（太延五年）に北涼平定を記念し、『国記』を継ぐ『国書』の編纂が始まると、崔浩はその総責任者となった。四四九年（太平真君十年）ごろに『国書』が完成すると、崔浩は部下の勧めで、それを石碑にして平城の西の郊天壇（祭天儀礼場）近くの街路に並べた。その結果、内容に対して群臣から批判が巻き起こり、太武帝も激怒して崔浩を筆頭に『国書』編纂に関わった官僚百二十余人を処刑し、崔浩の親族・姻戚も誅殺するに至った。

従来、崔浩の誅殺は、拓跋氏の先祖や遊牧的風習をありのまま書き、漢人と対立していた北族の怒りを買ったためだと考えられてきた。しかし、当時、遊牧的風習はタブー視されておらず、ありのままに書いても問題なかった。そもそも崔浩は明元帝・太武帝期の編纂を担当しており、先祖や代国時代については担当していなかったのである。また、崔浩誅殺後も漢人官僚は活躍しており、漢人と北族との対立は激しくなかったことが判明している。

そこで松下憲一《けんいち》（二〇一〇）は新説を提唱した。『国書』編纂にあたって、太武帝にありのままに書くよう命じられた崔浩は、中国の史書編纂の伝統を踏まえ、国家の得失や同時代に対する部分的批判を加えた。この時点では問題にならなかったが、『国書』を石碑に刻んで公開したため、崔浩と衝突していた北族や漢人が『国書』の皇帝批判は大逆不道（皇帝を誹謗する行為）にあたると告発したのである。その結果、太武帝の信頼を失った崔浩は誅殺・族滅されてしまった。すなわち崔浩の行動は、帝権強化を進める太武帝の権威を損なうものとみなされたのである。なお、国史事件の余波で、こののち北朝で編纂された史書には、同時代批判の要素がみえなくなる。

太武帝と皇太子晃の対立

崔浩誅殺の翌年（四五一年）六月、将来を嘱望《しょくぼう》されていた皇太子の拓跋晃《こう》（鮮卑名は天真）が二十四歳の若さで急死した。ここにも太武帝の影がさしている。その死に至る経緯を見てみよう。四五〇年（太平真君十一年）九月、太武帝は南朝の宋に向かって親征を始め、十二月に長江北岸の瓜歩山に至った。宋の都である建康は目と鼻の先である。しかし、翌年正月、太武帝は突如撤退した。南朝側の史書（『宋書』巻九十五索虜伝）には、このとき拓跋晃が太武帝の殺害を計画したため、急遽撤退し、その途上で没したと偽って晃をおびき寄せて殺害したと記されている。あくまで伝聞情報であるものの、『魏書』も各所で婉曲的に晃の死が正常でなかったことを記しており、真っ赤な嘘でもなさそうである。今となっては実際の状況は知りようもないが、平城で問題が発生したという情報を聞いて撤退した太武帝は、寵愛する宦官《かんがん》の宗愛《そうあい》の意見を聞き入れて、晃を死に追いやった可能性が指摘されている。

では、なぜ晃は殺されたのだろうか。四四四年（太平真君五年）に太子監国として行政を任された晃は仏教信者であった。彼は廃仏の際に僧侶の脱出を助けたため、太武帝との関係が悪化していた。この状況を打破するため、晃は政変を準備していたのかもしれない。少なくとも信望を集めていた晃が太武帝にとって目障りな存在になってしまったことは間違いない。晃の死は、太武帝の帝権強化が招いた悲劇といえよう。

話はこれで終わらない。晃の殺害を進言した宗愛が、晃の死を悔やむ太武帝を恐れ、四五二年（正平《せいへい》二年）二月に太武帝を暗殺したのである。享年四十五。宗愛は、太武帝の子の拓跋余《よ》（鮮卑名は可博真《かはくしん》）を擁立して実権を握った。しかし、十月に宗愛は余も殺してしまった。余が宗愛排除を図ったためである。この混乱の隙をつき、北族の重臣である源賀《げんが》や歩六《ほりく》

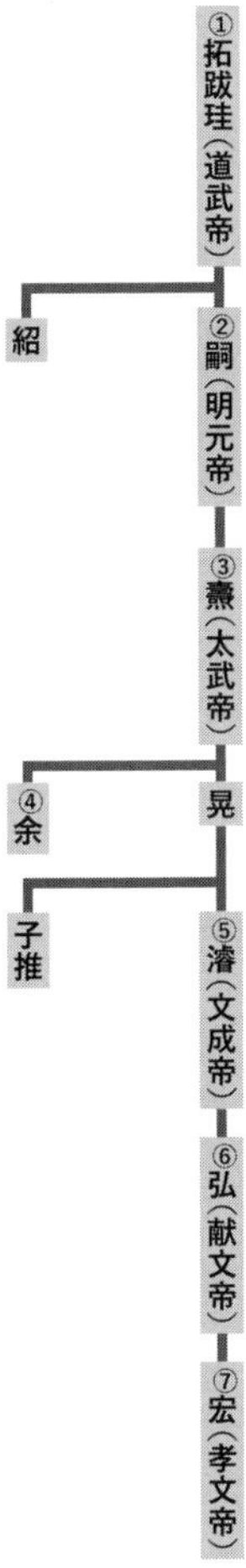

図1-3●北魏前期皇帝系図
出典：筆者作成。皇帝の代数は窪添慶文 2020 に依拠した。

孤伊麗《こいれい》（『魏書』では陸麗）などが、晃の長子で十三歳の拓跋濬《しゅん》（文成帝《ぶんせいてい》。鮮卑名は烏雷直勤《うらいちょくきん》）を皇帝に擁立した（図1-3）。

3 太上皇帝の誕生

文成帝の治世

文成帝は、宗愛とそれを支えた重臣を粛清し、政権の安定化を図った。歩六孤伊麗・源賀に代表される北族の重臣だけでなく、多くの漢人官僚に支えられ、その治世は安定した。対外政策でも、南朝の宋のほか、東北アジアの高句麗（二十三年ぶりの朝貢）・契丹、中央アジアの于闐《コータン》・エフタル・サーサーン朝など五十国以上から使節が来ており、このころの北魏がユーラシア大陸東部で大きな存在感を持っていたことがうかがえる（図1-4）。ただし南朝に遣使していた百済《くだら》や倭国の名は見えない。

また文成帝は、即位後、ただちに仏教を復興した。ただし、仏教は王朝の統制下に置かれ、今まで以上に皇帝と王朝に奉仕することとなる。例えば文成帝期（四六〇年頃）に開削が始まり、五世紀末まで大型石窟の建造が続けられた雲岡《うんこう》石窟は、そうした北魏仏教の性格をよく表している。五つの大型石窟には、北魏の歴代皇帝を象《かたど》ったとされる巨石仏が五体配置

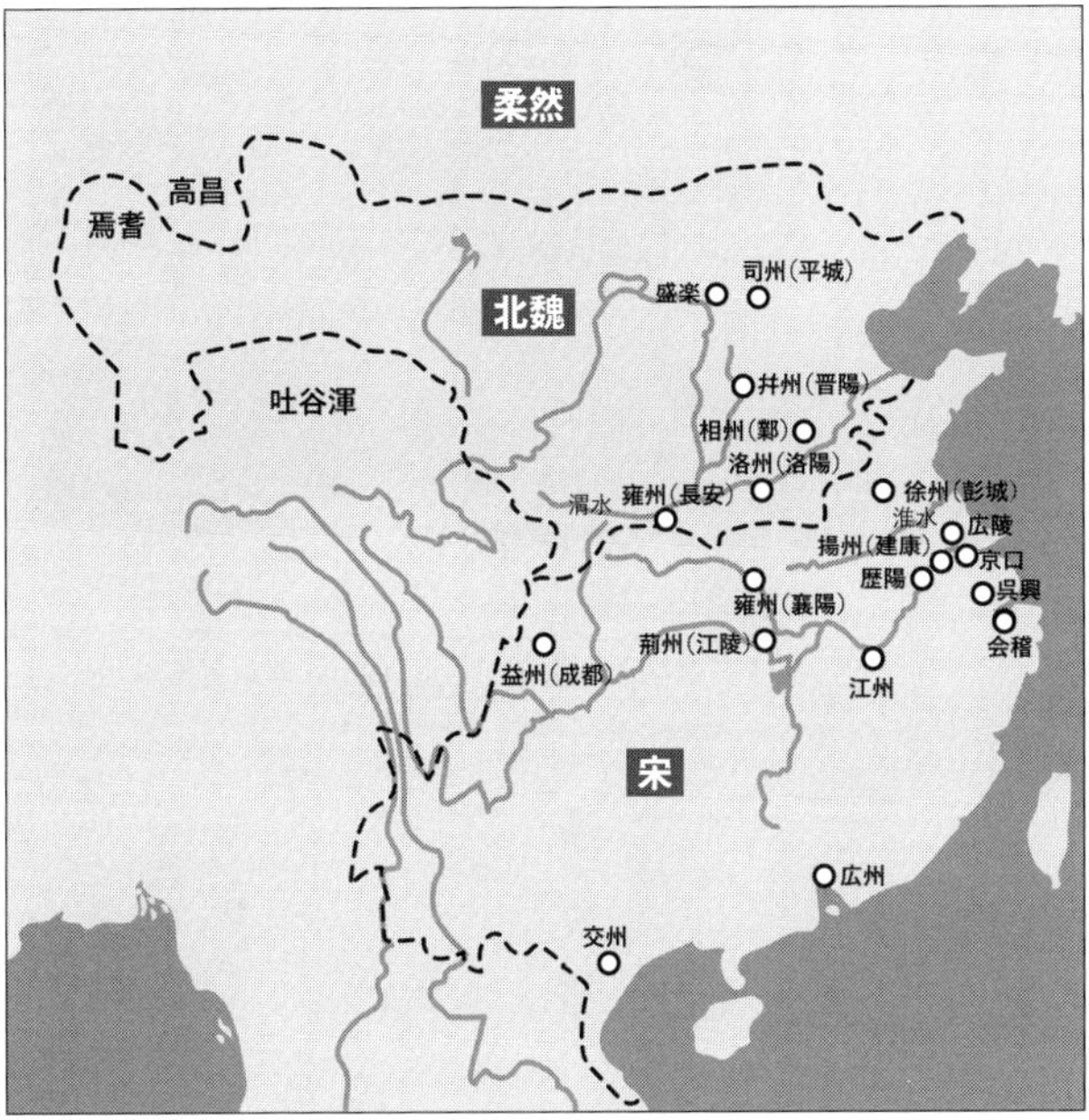

図 1-4●北魏・宋（449 年）
出典：『中国歴史地図集　第四冊』をもとに作成

されており、いまなお人々を眺めている（図1-5）。

　そのほか、興味深い政策としては、太武帝と同様、保母の常《じょう》氏を保太后、ついで皇太后としたことがあげられる。これは中国諸王朝にも遊牧民にも見えない独自の政策であり、北魏でも太武帝と文成帝しか実施していない。明らかに儒教の礼から逸脱した行為であるが、「子貴母死」によって皇帝の実母が存在しないため、その代替として養育係で信頼厚い保母を皇太后

図 1-5 ●雲岡石窟第二〇窟（2004 年筆者撮影）

にしたものと思われる。保母は身分も低く、親族も少ないことから危険性は少ないと考えたのであろう。常氏の親族も高官にとりたてられたが、文成帝は彼らに実権を掌握させることはなかった。はしがきにおいて、遊牧民と中国文化が接触するなかで一時的に実施された制度について言及したが、これもその一つにあげられよう。

馮太后の臨朝

文成帝は四六五年（和平《わへい》六年）五月に二十六歳の若さで没してしまった。跡を継いだのは、皇太子の拓跋弘《こう》（献文帝《けんぶんてい》。鮮卑名は第豆胤《だいとういん》）である。彼はわずか十二歳で即位したため、文成帝の皇后で、献文帝即位後に皇太后となった馮氏（馮太后）が群臣に支えられて政務を執った（第一次臨朝）。

馮氏は五胡諸政権の北燕の二代目君主馮弘《こう》の孫である。通説では馮氏を鮮卑化した漢人とするが、鮮卑説もある。北燕滅亡後、馮弘の子の朗《ろう》は北魏に仕えたが、弟が柔然に亡命したため誅殺され、朗の娘の馮氏もわずか二歳で後宮に入れられてしまった。幸いにも太武帝夫人となっていた伯母に養育され、十四歳で文成帝の夫人となり、さらに皇后となった。北魏では皇帝の徳の広がりを示すため、道武帝以来、他国の君主の血縁者を皇后としてきたが、馮氏もその一例である。四六五年（和平六年）の文成帝死亡時、彼女はまだ二十四歳であった。

四六七年（皇興《こうこう》元年）八月に献文帝に男児（後の孝文帝拓跋宏《こう》）が生まれると、その養育にあたるため馮太后は実権を返上した。四六九年（皇興三年）には、はやくも生母の李氏（漢人）に賜死し、拓跋宏を皇太子としている。文成帝の乳母の常氏が皇太后として尊崇されたのを踏まえ、生母にかわって後継者を養育することが政治的権力を生む源泉になると考えたのである。馮太后の実子ではない献文帝がいずれ自立してしまうことを見据えた行動である。

献文帝の譲位

この間、南朝の宋では内紛が発生し、皇族の劉昶《りゅうちょう》や豪族などが北魏に降り、淮北《わいほく》（淮水以北。現在の江蘇省北部・安徽省北部）の重要拠点が北魏領となった（第2章参照）。そこで馮太后・献文帝は山東・淮北に派兵し、四六九年（皇興三年）に獲得に成功した。献文帝は、平城近くに平斉《へいせい》郡を設け、占領地の民の多くを強制移住させた。彼らは平斉民と呼ばれ、苦しい生活を余儀なくされ、反乱や逃亡が相次ぐ一方で、その一部は才学を買われて官僚に登用され、孝文帝期に活躍することになる。また、このころ柔然が受羅部真可汗《じゅらぶしん》（六代目君主・本名は予成《よせい》：在位四五〇～四八五）のもと再び勢力を拡大し、タリム盆地のオアシス諸国家を服属させたことを受け、献文帝自ら柔然に親征している。

このように軍事的成果をあげた献文帝だったが、四七一年（皇興五年）八月に突如、叔父の拓跋子推《しすい》への譲位を言い出した。しかし、皇族・北族の重臣・漢人官僚・宦官が一斉に反対したため、皇太子の宏（孝文帝）に譲位した。北魏では明元帝・太武帝期に、太子に行政を委任する太子監国制が行われており、太子に権限を委譲しても違和感がない状況が生まれていた。献文帝の譲位もその延長線上に位置づけられよう。ただし、このとき献文帝は十八歳、皇太子宏はわずか五歳であったため、群臣は献文帝に対し、

古の三皇の治世は、無欲・無為だったので皇を称しました。それゆえ漢の高祖（劉邦）は皇帝を称した後、父を尊んで太上皇《たいじょうこう》とし、天下を統治しないことを明示しました。いま皇帝（孝文帝）は幼いので、陛下（献文帝）が政治の大権を統べた方がよろしいかと存じます。謹んで尊号の太上皇帝をたてまつります。（『魏書』巻六顕祖紀）

と述べて太上皇帝号をたてまつったので、献文帝は国政を執ることとなった。以後の中国諸王朝や日本・ベトナムなどに見える上皇の起源である。

ここで重要なことが太上皇と太上皇帝の違いである。これ以前、八王の乱の際に一時的に廃された晋の恵帝に太上皇が贈られている。この称号は漢の劉邦が皇帝即位後に父に贈ったことで知られるように、皇帝から尊崇されるものの国政には関与しないことを示す称号である。一方、太上皇帝は、五胡諸政権の後涼の呂光が嫡子に譲位した際に称しているが、光は譲位当日に病死したため政務はとっていない。すなわち譲位後に太上皇帝を称し、皇帝在位中と同様に国政全般を掌握する制度は、中国諸王朝にも遊牧民にも見えず、献文帝が初例なのである。中国において積み重ねられた政治文化（禅譲や「太上皇」）と遊牧民の合理的で柔軟な思考が接触したことによる意外な化学反応ということができよう。

では、そもそも献文帝はなぜ譲位したのだろうか。研究者の多くは献文帝と馮太后の権力闘争の結果、馮太后の圧力で譲位させられたと考えている。しかし、その根拠である『魏書』巻一百五之三天象志三の「上（献文帝）、太后に迫られ、位を太子に伝う」という記事は、『魏書』の原文ではなく唐代に編纂された別の史書で補った部分である。すなわち、あくまでも唐代の歴史理解であり、北魏の実態を示しているとはいえない。献文帝は譲位後も太上皇帝として実権を握っており、馮太后の圧力とすると矛盾が生じてしまうのである。

そこで、皇位継承の安定化を図って譲位したという説も唱えられている。また首都師範大学の張金龍（二〇〇八）は、献文帝が仏教・道教を篤く信仰していたことを踏まえ、世俗からの超脱を図って譲位したと記す『魏書』の記述が正しいとする。確かに譲位後の献文帝は修行に励んでいる。正直なところ、譲位の真相はよくわからない。ただ太上皇帝となった献文帝が軍事・行政を掌握していたことは間違いない。馮太后との間に軋轢《あつれき》があったことは確かなので、先手を打った可能性もあろう。その後、彼は柔然に親征したほか、淮河上流に派兵して領土を広げたが、四七六年（延興《えんこう》六年）六月に二十三歳の若さで亡くなった。徐々に群臣に影響力を広げた馮太后が毒殺したのではないかといわれている。

4　鮮卑を結んだ遊牧的官制と祭天儀礼

嘎仙洞と南巡碑の発見

第４節では北魏前期（道武帝〜献文帝）の国家体制について、皇帝と北族を強く結びつけた遊牧的制度・儀礼を中心に見ていきたい。北魏前期の遊牧的制度については、「嘎仙洞石刻祝文」と「文成帝南巡碑」という二つの石刻史料の発見によって急速に研究が進むようになった。

序章でも言及した「嘎仙洞石刻祝文」は、一九八〇年に大興安嶺北部の嘎仙洞（所在地は内モンゴル自治区ホロンバイル市）という洞窟で発見された石刻史料である。太武帝期に中国東北部の烏洛侯《うらくこう》国が遣使した際、拓跋氏の先祖が祀っていた廟があると報告してきたので、太武帝は四四三年（太平真君四年）に官僚を派遣して祝文を刻ませた。その内容は『魏書』に記されているが、嘎仙洞内からも同様の文章が発見されたのである。

しかし、「嘎仙洞石刻祝文」には『魏書』に見えない語句がいくつか存在していた。なかでも重要なのが拓跋氏の先祖に対して「可寒」・「可敦」という語を用いていたことである。これまで可汗（可寒：遊牧民の君主の称号）・可賀敦《かがとん》（遊牧民の君主夫人の称号）は柔然が初めて称したとされてきた。しかし、拓跋氏は、柔然よりも早く可汗を用いていたのである。以後、可汗は突厥《とっけつ》やウイグルなどに用いられ、モンゴルのカアンにつながっていく。

石刻祝文の発見後、北魏の皇帝も可汗を称していたのではないかと指摘されている。確かに代国・北魏で可汗号が使用されていた可能性は高い。ただし、現時点では北魏の皇帝が可汗を称したという記述は発見されておらず、皇帝・天子と可汗の使い分けについても定説はない。筆者は厳密な使い分けはされておらず、漢語では皇帝・天子、鮮卑語では可汗と呼ばれていたのではないか、さらにいえば鮮卑の首長時代から続く可汗号よりも、中華世界を統べる皇帝号の方が重視されていた可能性もあると考えている。

さらに北魏の遊牧的性格に関する研究を深めるきっかけになったのが「文成帝南巡碑」の発見である。この碑は四六一年（和平二年）三月に文成帝の巡幸中に建立された。一九八〇年代に山西省霊丘《れいきゅう》県で発見され、一九九七年に碑文の内容が公開された。碑陰には巡幸に同行した二百名以上の官僚の氏名・官爵が列挙されていた。そこには『魏書』に見えない内朝官（遊牧的官制）の官名が多数記されていたのである。この内朝官は北魏の皇帝と北族を強く結ぶ役割を果たしていた。そこでやや詳しく紹介したい。

北魏の内朝官

北魏は、魏晋以来の尚書省（主に行政）・門下省《もんかしょう》（主に顧問対応）・中書省（主に文書作成）などの中国的中央官制（外朝）と、北魏独自の制度である内朝官を併設した。内朝官の由来は、序章で紹介した什翼犍が置いた近侍官（諸部大人等の子弟から有能な人物を近侍に登用する制度）であり、北魏成立後に次第に拡充していった。内朝官は皇帝に仕える侍臣であり、上位の構成員は国政に参与した。職掌は多岐にわたり、武官は皇帝や宮室の警備を担当し、侍従的職務（食事や衣服の世話）を行い、親征にも従軍した。文官は、詔命の出入、皇帝の下問への応答、外朝や地方の監察などの多様な任務を分担した。

官名は、主に内行長・内侍長・内阿干《あかん》・内行内小といった「内」がつく「内某官」や、鮮

表1-1●北魏の鮮卑語官名とケシクテン官名の比較

鮮卑語官名	職務	『元史』中のケシクテンの官名
比徳真	文書官	必闍赤（ビチクチ）
胡洛真・曷剌真・斛洛真	護衛官	豁兒赤・火兒赤（コルチ）
折潰真・折紇真	伝奏官	扎里赤・扎魯花赤（ジャルグチ）

卑語の比徳真《ひとくしん》（文書官）・斛洛真《こくらくしん》（護衛官）などであった。官名末尾の「真」は、トルコ＝モンゴル系言語で「〜の人」（事物を掌る者）を表す＋či、あるいは＋činという接尾辞の音写と考えられている。構成員は、主に鮮卑・匈奴や来降した高車・柔然などの北族の高官子弟だが、徐々に漢人も増加した。内朝官は外朝の人材供給源であり、北族の高官子弟は原則として内朝官を経て外朝官となった。また内朝と外朝の高官を兼ねるケースも多い。北魏の皇帝は、内朝官を通じて行政・軍事の方針を決定し、外朝官は主に実務を担った。内朝官は、侍臣としての職務および出世コースとして機能することで、皇帝と北族の親近性を高める役割を果していたのである。

川本芳昭《よしあき》（二〇一五）は、内朝官の構造や官名がモンゴルのチンギス・カンの設置したケシクテンに類似することを指摘している（表1-1）。このような官制は、後に諸民族が建国した西夏《せいか》・契丹（遼）・後金《こうきん》（清《しん》）にも存在している。その共通点は、君主護衛を基本とする近侍官に、功臣・帰属勢力の子弟を就任させ、多様な職務（護衛・使者・家政・衣食など）を担当させ、幹部候補生として養成することである。すなわち北魏は、遊牧系諸国家と共通する制度を持っていたのである。ただし、前漢の郎官や古代日本の人制《ひとせい》・舎人《とねり》も同様の制度であり、遊牧民独特というわけではない。今後、本格的な比較研究が求められよう。

遊牧的儀礼・風習

内朝官のほか、祭天儀礼も皇帝と北族を結ぶ役割を果たしていた。中国諸王朝では、儒教に基づいて都の南の郊外で冬至に行う祭天儀礼（南郊祭祀）が最も重要な祭祀であった。しかし、北魏では、都の西の郊外において毎年四月四日にシャーマニズムに基づいて行われた祭天儀礼（西郊祭祀）が最も重要な祭祀とされていた。祭祀の際には、皇帝と並んで十姓（代国より前に枝分かれした拓跋氏の分家）が重要な役割を果たし、内朝官が皇帝の近くに参列し、外朝官や諸部大人はその外側で参観した。皇帝との距離が祭祀の空間に反映していたのである。

西郊祭祀が終わると、皇帝は四月後半から六月頃に大勢の臣下や家族を率いて陰山（内モンゴル自治区南部の山脈）付近に行幸し、遊牧生活を送った。これは「却霜《きゃくそう》」と呼ばれ、陰山における牧草の生長を願って、平城から暖気を持ち込んで霜を払うという意味が込められていた。そして七月七日前後に巡幸先で講武（軍事訓練）を行った。その際には馬射大会・

宴会・賞賜も行われ、北族の絆を深める役割も果たした。八月末から九月初めにかけて平城に戻ると、各地から北族が集まって馬射などの行事や祭祀が行われた。これらは、いずれも遊牧民の風習を受け継いだものである。

また、佐川英治《えいじ》（二〇一六）によって、首都平城の北に隣接する帝室庭園の鹿苑《ろくえん》が家畜の放牧地として機能していたことが明らかとなった。北魏は柔然・高車討伐による略奪や、陰山などからの貢納によって家畜を補充し、臣下に分け与えることで紐帯《ちゅうたい》を深めた。さらに平城付近に徙民された人々に計口受田（戸口の把握後に土地を給付）を通じて農耕用の家畜（牛）を配布し、農業生産力の向上にも努めていた。鹿苑は遊牧と農業をつなぐ役割を果たしていたのである。

こうした遊牧的官制・儀礼・風習は、道武帝期から文成帝期にかけて皇帝と北族を強く結びつける役割を果たしていた。しかし、献文帝期を境に徐々に変容し、孝文帝による改革を迎えることとなる。

部族解散

北魏は官制・儀礼などを通じて北族との紐帯を維持する一方で、部族長の弱体化を図って道武帝期から太武帝期にかけて、北魏隷下の諸部族や来降した柔然などに対して部族解散を

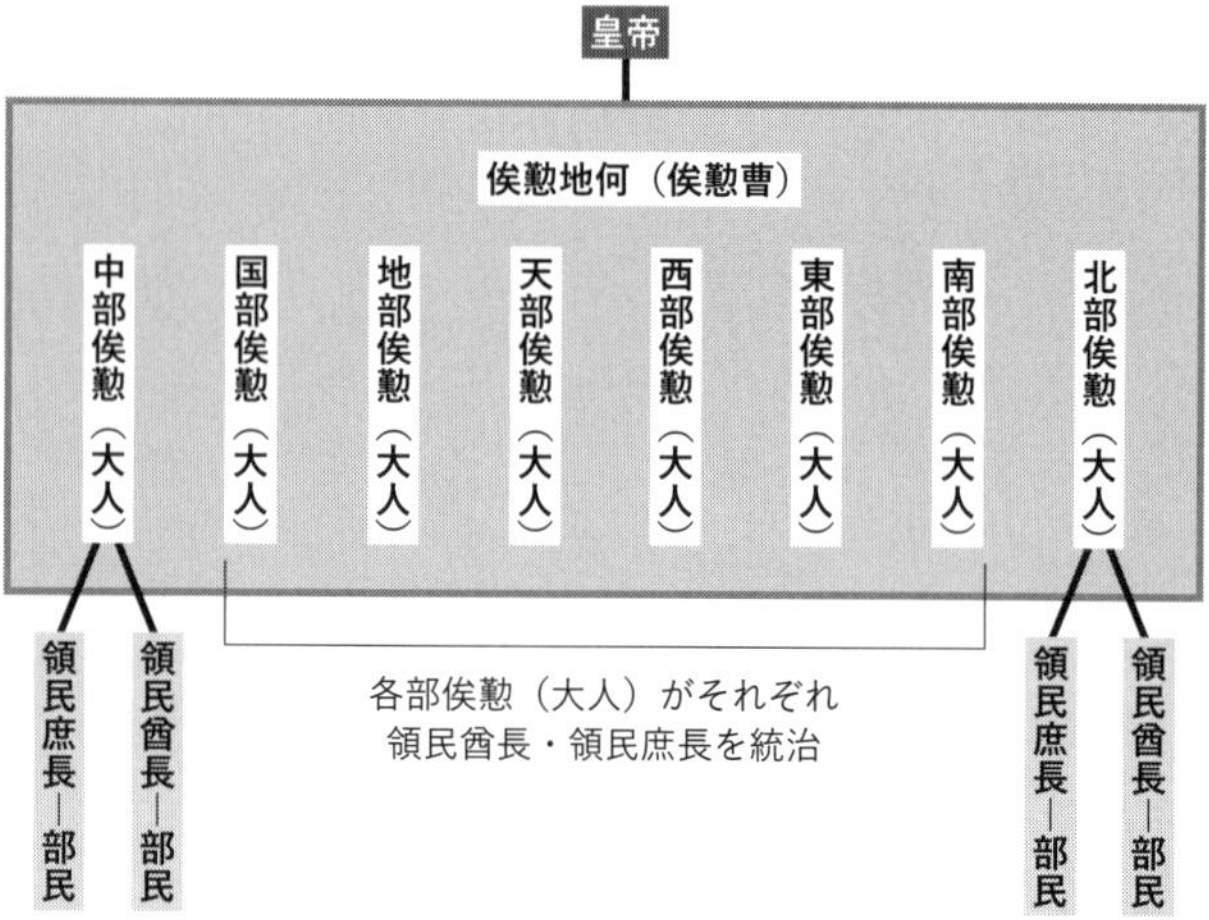

図 1-6●北魏前期の部族統括
出典：松下憲一 2014 をもとに作成

行った。その内容については諸説あるが、佐川英治（二〇一八）は次の三つの方策がとられたと指摘する。①部族を完全に解体して、一般民として郡・県の戸籍に編入する。②部族を維持させたまま中央集権的な支配の下に置く。③緩やかな部族連合の形をとる。このうち主に②の方策がとられた。

②について具体的に説明すると次のようになる。中小集団に分割された諸部族は、部族長に率いられて平城周辺に徙民させられた。北魏は部族の戸口を把握した上で、部族統括官の俟懃地何《いきんちか》（後に俟懃曹）のもと八部大人（後に六部）に管理させた（図1-6）。彼らは遊牧生活を送りつつ、北魏の軍事力を担った。ただ

し、社会組織としての部族は維持されたものの、部族の内部まで皇帝の権力が及んでいたと考えられる。実は②と同様の方策は、前秦でも実施されていた。前秦の苻堅は代を滅ぼした後、諸部族を分散して監督官を送り込み、兵役や租税を負担させ、移動の制限も課した。北魏はこれを参考にしたものと思われる。なお、部族統括官の「俟懃」は鮮卑語の官名で、柔然・突厥において部族長を意味する俟斤《イルキン》と同じものとされている。

③の方策は、道武帝期に服属した高車にのみとられたものである。高車は「附国」という形で自立を認められ、皇帝の権力が部族内部に及ばなかった。彼らは北魏と緩やかな部族連合の形をとり、太武帝期に漠南《ばくなん》（内モンゴル自治区南部一帯）に置かれた六鎮《りくちん》（六箇所の軍事拠点）付近に居住し、柔然対策にあたった。

北魏は部族解散後も、社会組織としての部族を維持し、部族統括官の管轄下に置き、地方行政組織である州・郡・県に属する漢人とは別に統治していた。すなわち、北魏も五胡諸政権の多くと同じように、北族と漢人を分治する二重統治体制を敷いていたのである。ただし、皇帝権力は部族内部にまで及んでおり、部族長の権力は弱体化していた。北族が不満を抱いてもおかしくないところだが、北魏は官制・儀礼面で皇帝と北族の紐帯を深め、北族の不満を解消したのである。これが五胡諸政権と異なり、北魏が華北統一を果たし、長期安定政権となった一因と考えられる。

北魏と漢人の関係

最後に北魏前期における北族と魏晋以来の名門漢人の関係についてみていきたい。五胡諸政権では、「五胡」と名門漢人は対立する傾向にあった。「五胡」は名門漢人に対して軍事的優越感を懐くとともに、文化的コンプレックスも感じていた。一方の名門漢人は、「五胡」に対して華夷観念に基づく文化的優越感とともに、華北支配という現実に起因する恐怖や屈辱感を懐いていた。ただし、中国化政策を進めた前秦や後燕には多くの名門漢人が仕えており、徐々に名門漢人と「五胡」の垣根が低くなっていった様子がうかがえる。

北魏も建国当初は五胡諸政権と同様の状況にあった。例えば名門漢人の崔逞《さいてい》は、後燕から北魏に降ったが、拓跋氏を夷狄《いてき》扱いして不興を買っている。さらに東晋の将と書状をかわした際に、道武帝から東晋の君主号を貶《おとし》めて返書せよと命令されたにもかかわらず、「貴主」と書いたため死を賜っている。一方で北魏も名門漢人を仕官させるために、強圧的な手段をとっていた。もともと後燕の官僚だった崔宏は、後燕崩壊時に逃亡したものの騎兵に捕縛《ほばく》されて余儀なく北魏に仕えた。しかし、こうした状況は次第に変化していく。中国的制度の導入や太武帝期に漢人官僚を積極的に登用した結果、徐々に北魏を正統王朝とみなし、忠誠心を懐く漢人官僚が増えたのである。

では、北族はどうだったのだろうか。彼らのなかには崔浩に批判的な人物もおり、諸手をあげて漢人官僚を歓迎したわけではない。しかし、北魏は内朝官や祭天儀礼などを通じて北族との紐帯を保ち、官爵面でも北族を優遇していた。例えば、前漢以来、中国では皇族のみに王爵を与えていたが、北魏では北族の功臣にも与えている。地方行政面でも州・郡・県を置く一方で、占領地域に鎮《ちん》・戍《じゅ》という軍政機構を置き、北族を派遣して統治させた。北魏の軍事を担っていたのも北族である。このように北族が北魏の中枢を占めていたため、漢人官僚との対立が激化することはなかった。また北族も遊牧的文化（服装・言語・風習など）を維持しつつ、中国文化を学習し、漢人官僚との交流を深めていた。

北魏の皇帝も中華皇帝を志向するようになった。初代皇帝の道武帝期に、早くも中国的官制や儒教に基づく儀礼を導入していることはその証左である。特に華北統一を果たした太武帝は、鮮卑としてのアイデンティティを維持しつつ、意識的に中華皇帝を目指した。道教への傾倒もその表れである。文成帝期には、皇子の名前を漢名のみとし、鮮卑名をやめている。風習面でも中国文化を取り入れつつあったのである。その流れは献文帝を経て孝文帝期に加速することとなるが、そのことは第3章で詳しく述べる。

こうした点がライバルであった遊牧民の柔然と大きく異なっている。柔然の初代可汗である社崙は、鮮卑の使用していた可汗号を君主の称号として採用しただけでなく、可汗の前に部衆を巧みに統御する意の「丘豆伐」という言葉をつけ加え、北魏の君主号（皇帝&可汗）との違いを示した。以後、柔然の可汗は自身の行為・才能などにちなんだ可汗号をなのっており、中華世界の君主号である「皇帝」をなのることはなかった。

また、柔然の基本的国制は、匈奴・鮮卑と同様に部族連合国家であり、中国的官僚制度は導入していない。儀礼面でも、シャーマニズムに基づく祭祀のみを行い、儒教的祭祀は行っていない。柔然も第六代君主の受羅部真可汗（本名は予成）の時代に「永康《えいこう》」（四六四～四八五）という年号を立てているように、中国の政治文化を完全に無視していたわけではない。少数ながら漢人も仕えており、外交文書の作成に関与した形跡がある。しかし、柔然の制度・儀礼・文化・風習面はほとんど中国化しなかった。モンゴル高原を支配し、遊牧生活を送る柔然にとって、中国化を進める意味がなかったからである。

＊

拓跋珪が建国した北魏は、華北侵出と中国的制度の導入を進め、太武帝期に華北統一を果たし、南朝と対峙するようになった。北魏の皇帝は部族解散を行って帝権強化に努めるとともに、太子監国制によって帝位継承の安定化を図った。また、官爵面で北族を優遇し、遊牧由来の内朝官や祭天儀礼などを通じて皇帝と北族の紐帯を維持した。その一方で漢人も取り込み、徐々に中国文化も受け入れていった。北魏前期には遊牧文化と中国文化が接することで意外な化学反応が発生し、「子貴母死」制や保太后、太上皇帝などの独自の政策が生み出された。では、同時期の南朝はどのような状況にあったのだろうか。次章で見ていきたい。

第2章　新たな「伝統」を創った宋──南朝Ⅰ

西晋の崩壊後、五胡諸政権が華北を支配したことは序章で述べた。一方、長江流域では、西晋の皇族である司馬睿が三一七年に東晋を建国した。東晋は五胡諸政権の攻撃を防いだものの徐々に衰退し、四二〇年には劉裕が帝位につき、宋を建国した。いわゆる南朝の始まりである。北魏・夏・北燕などの五胡諸政権が乱立していた華北に先んじて、新たな王朝が誕生したのである。しかし、四三九年には北魏が華北をほぼ統一し、南北朝が対峙することとなった。本章では南朝前半期に相当する宋・斉の興亡を概観した後、その社会や文化について見ていきたい。

1　劉裕の宋建国

貴族社会の形成

三一六年（建興四年）に西晋が滅亡すると、司馬氏の生き残りである司馬睿（司馬懿の曾孫）は三一七年（建武元年）に晋王を称し、三一八年（太興元年）に建康で皇帝（元帝）に即位した。洛陽（西晋の都）よりも東南の建康に都を置いたことから東晋と呼ばれている。東晋は名宰相の王導《おうどう》のもと、華北から逃れてきた名門漢人すなわち貴族を上位に置きつつ、江南土着の漢人豪族を巧みに統治した。以後、東晋南朝では、貴族が重きをなすようになる。なかでも王導をはじめとする琅邪《ろうや》（現在の山東省臨沂《りんぎ》）の王《おう》氏や、陳郡（現在の河南省太康《たいこう》）の謝《しゃ》氏は大きな影響力を持った。

この貴族こそ南朝社会を理解する鍵となる存在である。そこで東晋・南朝の話に入る前に、貴族について概観しておきたい。そもそも貴族とは一体何なのだろうか。貴族社会成立のきっかけになったのは、三国魏で制定された九品官人法《きゅうひんかんじんほう》である。これは一品から九品まで官職を九等にランクづけし（官品）、地方の人事官（州大中正・郡中正）が任官希望者に九ランク（九品）の郷品《きょうひん》を授け、その郷品に相応する官品の官職を与える制度である。初任官は起《き》

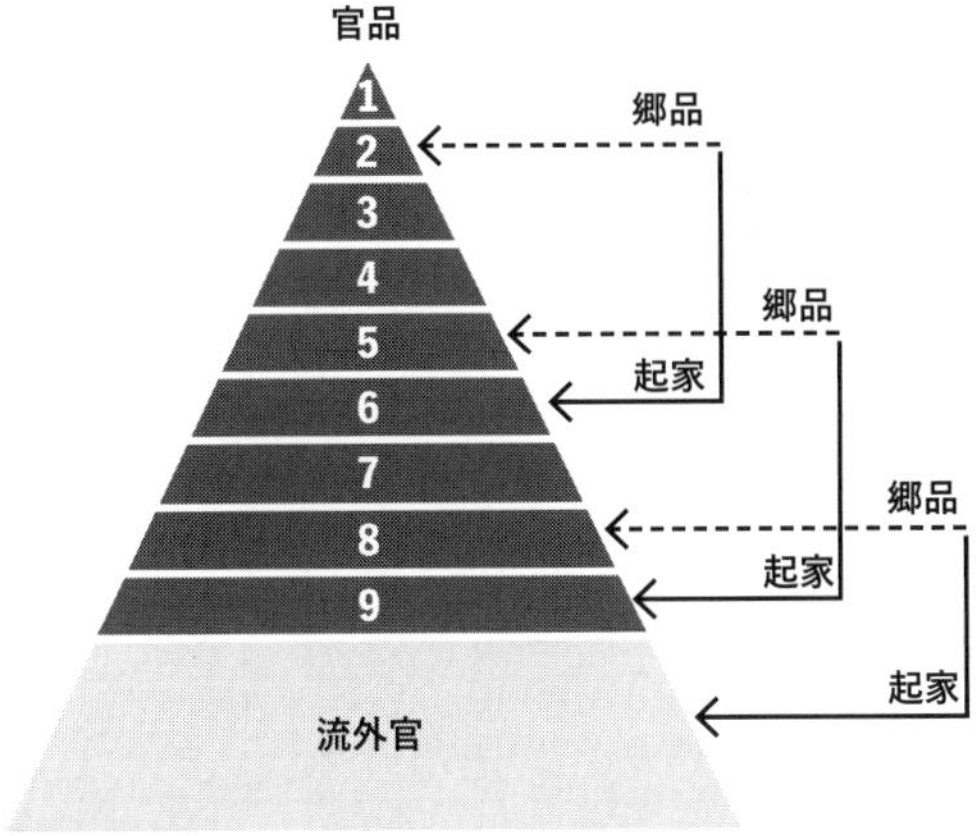

図 2-1●九品官人法
出典：筆者作成

家官《か》というが、その官品は郷品よりおおむね四品下がったものであった。例えば郷品二品の者は、六品官を与えられ、昇進を重ねて最終的には二品官に到達することができた（図2-1）。なお、郷品は、儒教の徳行に反する行為などがあった場合、途中で引き下げられることもあった。郷品は、個人の能力とその地方における名声・輿論《よろん》（郷論）を踏まえて決定することになっていたが、次第に父祖の官職や家柄が重視されるようになっていく。

西晋・東晋の頃には、事実上の最高ランクである郷品二品を特定の家柄が占めるようになった。当時、彼らは「甲族《こうぞく》」（門地《もんち》二品《にひん》とも）と呼ばれ、その下に中下級貴族の「次門《じもん》」、中下級官僚・軍人を輩出する豪族層の「寒門」「寒人」などが位置し、さらにその下に郷品とは無縁の「庶人」が存在していた。このうち「甲族」「次門」は「士人」と呼ばれ、任官・婚姻・文化などを通じて、ある程度の一体感が存在した。日本の学界では主にこの士人を「貴族」と呼んでいる。貴族は州・郡の中正官に就任し、貴族秩序の維持に努めた。

東晋では、華北から避難してきた王・謝・袁《えん》・褚《ちょ》・江《こう》・蔡《さい》氏などが甲族に該当した。江南豪族である呉郡《ごぐん》四姓（顧《こ》・陸《りく》・朱《しゅ》・張《ちょう》）や会稽《かいけい》四族（虞《ぐ》・賀《が》・孔《こう》・謝）、南遷が遅れた楊《よう》・崔《さい》氏などは次門に位置づけられた。本書では、甲族と次門・寒門などの区別をすぐにつけられるように、甲族に限って名前の下に本貫《ほんがん》（本籍地）を付すことにする。当時の中国では本貫が一族の発祥やルーツを示すものとして重要視されていたからである。

貴族たちは東晋・南朝において高官の地位を占め、政治的影響力を持った。その一方、徐々に官職のなかに郷品の高いものが就任する「清官《せいかん》」と、郷品の低いものが就任する「濁《だく》官《かん》」という区別が生じてきた。これには実務を忌避する当時の貴族の価値観が反映されており、図書や著述を掌る秘書郎《ひしょろう》・著作佐郎《ちょさくさろう》、皇太子の侍従（太子舎人《たいししゃじん》）、天子側近の顧問官（中書郎《ちゅうしょろう》・黄門郎《こうもんろう》）などは甲族の就く清官とみなされた。一方、行政事務官の尚書令史《しょうしょれいし》や詔勅の起草などを行う中書舎人《ちゅうしょしゃじん》といった実務官は、寒人・庶人層の就任する濁官とされた。このことは南朝の政治史を概観する際に再び触れることになろう。

東晋の興衰

さて、東晋の建国当初、華北からの避難民（僑民《きょうみん》）が続々と押し寄せてきた。東晋は、華北回復までの一時的措置として、この僑民を長江流域に新設した僑《きょう》州郡県に所属させた。僑州郡県とは実際の行政領域を持たず、主に僑民の管理を行った統治機構である。

なかなかイメージしにくいと思うが、現代日本に類似の状況に置かれた自治体がある。それは福島県双葉町《ふたばまち》である。二〇一一年三月十一日の東日本大震災の原発事故によって、双葉町の住民は避難を余儀なくされ、さらに双葉町全体が帰還困難区域に指定されてしまった。そこで双葉町は福島県いわき市に仮庁舎を設置し、行政を執ることにしたのである。もとの行政領域に入れないため別の地域に役所を置いたことや、住民も他の行政領域に居住している点が僑州郡県と共通していよう。

ただし、僑州郡県の場合は、既存の州郡県と区別するため、僑民の本籍地の州郡県名に南・東などを冠した名前がつけられた（例：南徐州《なんじょしゅう》・南豫州《なんよしゅう》）。また、僑民は一般の戸籍（名称は黄籍《こうせき》）とは別の戸籍（名称は白籍《はくせき》）につけられ、主に兵役を担った。建康の東の京口《けいこう》とその北の広陵《こうりょう》に僑民を中心とする軍団が置かれ、東晋を軍事的に支える役割を果たした。その長官が鎮北《ちんほく》将軍・征北将軍などに任ぜられたことから、「北府《ほくふ》」と呼ばれている。さらに建康の西南の歴陽《れきよう》・蕪湖《ぶこ》にも軍団が配置された。こちらは安西《あんせい》将軍などが赴任したことか

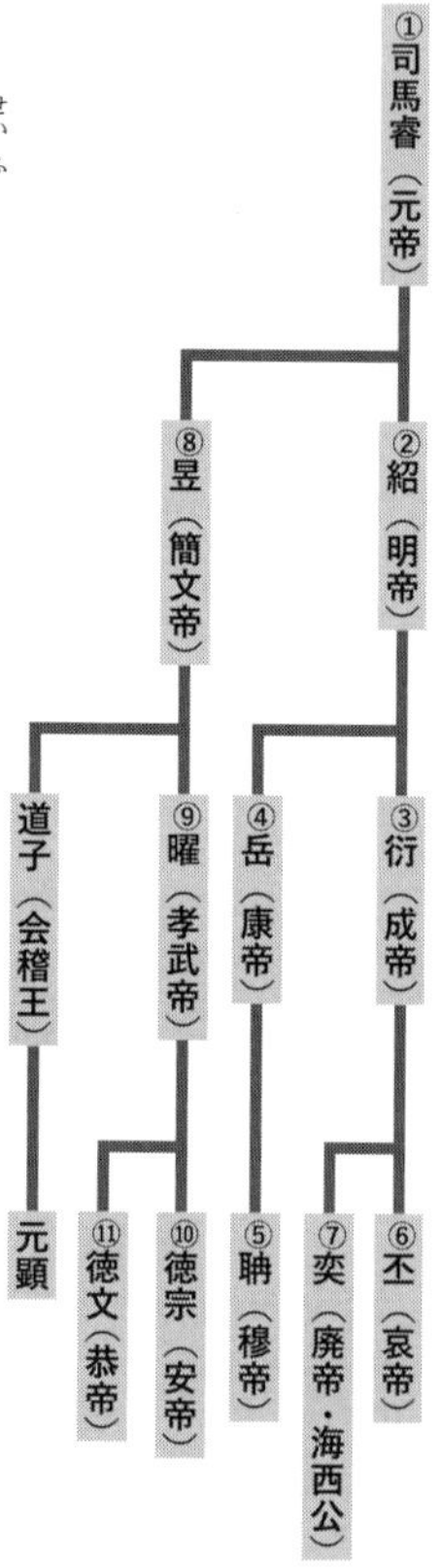

図 2-2●東晋皇帝系図
出典：筆者作成

ら「西府《せいふ》」と呼ばれている。

東晋では皇帝権力が弱く、北府と西府が主導権を奪いあった。西府軍団を率いる桓温《かんおん》は、三四七年（永和《えいわ》三年）に五胡諸政権の成漢を滅ぼして四川を獲得した。さらに三五六年（永和十二年）に北伐に成功して洛陽を占領した桓温は、その功績によって東晋の実権を握った。しかし、三六五年（興寧《こうねい》三年）に洛陽を前燕に奪われた桓温は、威信の回復を焦り、帝位簒《さん》奪《だつ》に動き出した。このとき八代皇帝の簡文帝《かんぶんてい》・九代皇帝の孝武帝《こうぶてい》（図2-2）を支えて時間を稼ぎ、禅譲をくいとめたのが貴族の謝安《しゃあん》（本貫は陳郡）である。結局、桓温は皇帝の座に登ることなく、三七三年（寧康《ねいこう》元年）に病死した。

名宰相の謝安のもと東晋は安定したが、三八三年（太元八年）十一月に前秦の苻堅が天下統一を狙って百万と号する大軍を率いて東晋に侵攻してきた。このとき苻堅が勝利を収めていたら、東晋は滅亡していたかもしれない。しかし、北府軍団を率いる謝玄《しゃげん》（謝安の甥）が淝水の戦いで苻堅を打ち破り、東晋はからくも生き長らえることができた。

謝安没後、孝武帝の末弟である司馬道子《どうし》とその子の元顕《げんけん》が孝武帝および十代皇帝の安帝《あんてい》のもとで専権を振るった。北府を率いる貴族の王恭《おうきょう》は、これに反発して挙兵したが、部下の劉牢之《りゅうろうし》に裏切られて処刑された。かわって北府軍団の長には、寒門出身の劉牢之が取りたてられた。また、三九九年（隆安《りゅうあん》三年）には五斗米道《ごとべいどう》（道教の一派）の孫恩《そんおん》が反乱を起こし、四〇一年（隆安五年）には建康も危機に陥った。このとき頭角を現したのが後に宋を建国する劉裕である。

劉裕の出自

では劉裕とは、どのような人物なのだろうか。彼の祖先は西晋末に彭城《ほうじょう》県（江蘇《こうそ》省徐州市）から長江南岸の京口に移った僑民である。祖父は郡太守（郡の長官）だったが、父は郡功曹《こうそう》（郡の書記官）であった。当時、高官を輩出する貴族に対し、中下級官僚や軍人を輩出する家柄を「寒門」といったが、劉裕はその寒門の出身だったのである。三六三年（興寧元年）三月十七日、京口の官舎において劉裕は生まれた。このとき母の趙氏が産褥《さんじょく》で亡くなってしまった。『宋書』巻四十七劉懐敬《かいけい》伝には、父は貧しかったので乳母を雇うことができず、高祖（劉裕）の養育を諦めようとした。高祖の伯母（母の姉）は劉懐敬を生んでまだ一年たっていなかったので〔母乳が出た〕、そこで懐敬の乳を断ち、自ら高祖を養った。

とあり、劉裕の父は貧しくて乳母を雇う金もなかったことが記されている。このとき劉裕の伯母が自分の子どもを卒乳させ、乳母となってくれたおかげで、劉裕は生き長らえたのである。十歳のときに父を亡くした劉裕は農耕に励み、ときには履物を売り歩いたと伝えられている。しかし、貧しいとはいえ、もともと中下級官僚の家柄だったため、北府の将軍の一人である孫無終《そんむしゅう》の司馬（次席幕僚）として仕官することができた。その官品は七品であり、寒門層の起家官として違和感はない。また、劉裕の妻の臧《ぞう》氏が寒門層であることをふまえると、庶民出身でないことは明白である。

孫恩の乱が発生すると、北府軍団を率いる劉牢之の幕僚となり、四〇一年（隆安五年）に孫恩が建康に迫った際には撃退に成功した。翌年、追い詰められた孫恩は自殺した。これで建康は危機を脱したかと思われたが、このころ荊州《けいしゅう》刺史の桓玄《かんげん》（桓温の子）が東晋の実権を握るため、首都救援を名目に掲げて建康に向かう動きを見せた。桓玄は北府軍団を率いる劉牢之を取り込んで建康を制圧し、司馬元顕を処刑して実権を握った。このとき劉裕は、劉牢之の甥の何無忌《かむき》とともに寝返りに反対したが聞き入れてもらえなかった。

桓玄の権力掌握に多大な功績をあげた劉牢之だったが、桓玄はその働きに報いるどころか、策略をめぐらして劉牢之を北府からひきはなした。怒りに震える劉牢之は桓玄襲撃を図るも、あえなく失敗して自ら死を選んだ。その後、孫無終をはじめとする劉牢之の部下も次々に処刑されてしまった。こうして劉裕は、隠忍自重の日々を過ごすこととなる。

劉裕の台頭

四〇三年（元興《げんこう》二年）十二月、ついに桓玄は安帝に禅譲させて帝位につき、国号を楚《そ》とした。ここに東晋はいったん滅亡したのである。しかし、そのわずか三か月後の四〇四年（元興三年）二月、劉裕を筆頭に、劉毅《き》・何無忌ら北府軍団の中堅将校がクーデターを起こした。彼らは京口・広陵を押さえた後、建康に攻めいった。迎え撃つ桓玄は、劉裕の巧みな戦術に大敗を喫して逃走し、五月に討ち取られた。これによって東晋の安帝は復位を果たしたが、今度は楚の残党に連れさられてしまった。

劉裕らは残党を征討し、翌年三月に安帝をとりもどした。彼らは楚の宰相となった貴族の王謐《おうひつ》（本貫は琅邪）を留任させ、徐州刺史に就任して北府軍団を掌握した劉裕と、豫州刺史となって西府軍団を押さえた劉毅が中央政府を支える形をとった。すなわち、皇族・貴族にかわって、寒門あがりの軍人が東晋の実権を掌握したのである。

このクーデター直後に劉裕に仕えた人物が劉穆之《ぼくし》である。彼は劉裕と同じく京口に住む僑民であった。参謀として劉裕に信任され、日常の挙止にもアドバイスを加えた。例えば字が下手な劉裕に、大字を書けば見栄えがすると進言したところ、劉裕は一枚の紙に六・七文字のみ書くようになったという。劉裕は幼少期に貧しい生活を送ったため、官僚に必須の書や文学の教養が不足していた。劉穆之はこうした劉裕の弱点を補ったのである。

四〇七年（義熙《ぎき》三年）十二月に宰相の王謐が没すると、劉裕は翌年正月に建康に入ってその後任に就任し、名実ともに中央政界のトップに立った。さらに劉裕はクーデター仲間との差を広げるべく、四〇九年（義熙五年）に山東半島を支配する五胡諸政権の南燕に自ら兵を進め、翌年二月に南燕を滅ぼした。

そのころ、孫恩の妹婿で反乱軍を継承した盧循《ろじゅん》が劉裕不在の建康に迫り、劉裕は急ぎ建康に向かった。旧北府軍団で苦楽をともにした盟友の何無忌は盧循に敗れて戦死し、手柄を立てようとして盧循征討になのりをあげた劉毅も大敗を喫した。建康は恐慌状態に陥ったが、建康に戻った劉裕自ら防衛にあたり、激闘の末に盧循軍を撃退し、四一一年（義熙七年）には盧循軍の殲滅に成功した。多大な軍功に加え、かつての盟友の戦死・敗北により、劉裕の地位はさらに突出したのである。

劉毅は翌年、劉裕の配慮で荊州刺史となったが、かつては同格だった劉裕との差を認めることができず、劉裕打倒のために人材や軍団の拡充に努めた。しかし、劉裕はその動きを見逃さず、王鎮悪《おうちんあく》を派遣して攻撃した。敗れた劉毅は、脱出に成功したものの、最期は一人さびしく縊死《いし》した。さらに劉裕はその勢いを借りて、四〇四年（元興三年）以来四川に割拠していた譙縦《しょうしょう》も滅ぼした。この王鎮悪は、前秦の苻堅に仕えた名宰相の王猛の孫である。前秦崩壊後に東晋に降り、南燕侵攻の際に劉裕の部下となった。彼は馬も弓も苦手だったが、戦術に通じており、劉裕のもとでたびたび功績をあげた。

晋宋革命への道

劉毅の敗死後、これまで劉裕と劉毅の対立を傍観していた貴族たちは、徐々に劉裕支持にまわることとなる。東晋の実権を掌握した劉裕は、四一三年（義熙九年）に、僑州郡県の多くを普通の州郡県に改めて、僑民の戸籍（白籍）を一般庶民と同じ戸籍（黄籍）にする「土断」を行った。土断自体はすでに東晋の桓温が部分的に行っており、劉裕はそれを踏まえて大々的に実施したのである。当時の年号から義熙土断と呼ばれている。小尾孝夫《おびたかお》（二〇一八）によれば、義熙土断は僑民の土着化を通じて、僑民を軍事基盤とする西府（豫州）の弱体化を図る政策であったという。これ以後、豫州にかわって、江陵《こうりょう》に拠点を置く荊州が西府と称されるようになった。なお、このとき劉裕は、北府の軍事力を担っていた晋陵《しんりょう》郡を土断の対象外としている。これは北府が劉裕の軍事基盤であったためである。

帝位簒奪に向けて、さらなる軍功を欲した劉裕は、四一六年（義熙十二年）に北伐を開始し、黄河沿いに西進し、五胡諸政権である後秦の領土を侵していった。先鋒の王鎮悪は、祖父以来仕えていた前秦を滅ぼした後秦に激しい敵愾心《てきがいしん》を持っており、劉裕が止めるのも聞かずに、同年十月には後秦の重要拠点である洛陽を落とし、さらに翌年八月には首都の長安を占領して後秦を滅ぼしたのである。これは中原恢復《かいふく》も夢ではないと思わせる壮挙であった。

しかし、十二月に入り、突如、劉裕は引き返してしまった。建康の留守を任されていた劉穆之が急逝《きゅうせい》し、不測の事態が起きるのを恐れたためである。長安に残された王鎮悪だったが、四一八年（義熙十四年）に内紛で殺されてしまい、長安も同年十二月に赫連勃勃率いる夏の侵攻を受け陥落してしまった。

ともあれ赫々たる軍功によって、劉裕の権威は大いに高まった。四一八年（義熙十四年）六月、劉裕は十郡の封土を持つ宋公に封ぜられ、相国《しょうこく》（最高官職）となり、九錫《きゅうせき》（皇帝から下賜《かし》される最高の恩賞）も授与された。これらは禅譲に至る第一段階である。さらに劉裕は十二月に安帝を暗殺して、その弟の司馬徳文《とくぶん》（恭帝《きょうてい》）を擁立した。そして恭帝の娘を跡継ぎの劉義符《ぎふ》の妻に迎えて自家の家格を高め、翌年七月には宋王に進んだ。

劉裕は禅譲の裏工作を進め、四二〇年（永初元年）六月に建康に入城し、恭帝に退位を迫った。恭帝は事前に用意された退位の詔を写しながら、「桓玄のときに、すでに天命は改まったけれども、劉公（劉裕）が二十年も延ばしてくれたのだ。今日のことは甘んじて受け入れよう」（『宋書』巻二武帝紀中）とつぶやいたとされている。同月十四日、ついに劉裕は恭帝から禅譲を受けて、皇帝（武帝）に即位し、国号を宋とした。南朝の成立である。このとき劉裕五十八歳。退位して零陵王となった恭帝は、翌年九月に殺された。享年三十六。

劉裕はなぜ恭帝を殺したのだろうか。漢魏革命・魏晋革命の際には、最後の皇帝は天寿を全うできた。しかし、寒門から皇帝にまで上り詰めた劉裕の場合、貴族層の支持が盤石とはいえなかった。また、劉裕は妻の臧氏との間に男子が生まれず、四〇六年（義熙二年）に妾の張氏が男子（劉義符）を産んだ。そのため彼の息子たちはまだ幼く、老齢の域に達しつつあった劉裕からすると、今後の不安の種である恭帝を生かしておくわけにはいかなかったのである。以後、中国では王朝交替後、禅譲した皇帝の殺害が通例化することとなる。

2 「伝統」の創出と粛清の嵐

元嘉の治の実態

四二二年（永初三年）五月、武帝は在位二年で病死した。享年六十。跡を継いだのは十七歳の皇太子義符である（少帝《しょうてい》）。武帝は遺詔で北府の長官には皇族・近親を、西府の長官には皇子をあてることを命じた。これによって、宋では皇族が大きな軍事力を持つようになる。劉裕の死を知った北魏は、宋領である河南に侵攻し、洛陽一帯を奪った。このような状況下、少帝は親政を図ったため、輔臣の手で四二四年（景平《けいへい》二年）五月に廃され、翌月、殺害された。享年十九。かわって武帝の第三子の荊州刺史劉義隆《ぎりゅう》が迎えられて即位した（文帝：図2－3）。文帝の治世は三十年に及び、貴族文化が花開いたことから、その年号をとって「元嘉《げんか》の治」と呼ばれている。

文帝は武帝以来の輔臣の粛清に成功し、弟の劉義康《ぎこう》を輔政の任にあたらせた。劉義康は、寒門・寒人を中心に能力本位の人材登用を推進し、貴族を尊重する文帝との軋轢《あつれき》が徐々に強まった。そこで文帝は四四〇年（元嘉十七年）に義康を左遷して実権をとり戻した。しかし、その後も寒門・寒人の間では義康推戴の動きがくすぶり続け、四四五年（元嘉二十二年）には寒人らによる義康擁立を目指す反乱未遂事件も起きている。最終的に義康は四五一年（元嘉二十八年）に自殺を命じられた。仏教信者であった義康は、自殺を拒否して殺害された。享年四十三。

このような状況下、寒門・寒人は様々な手段を講じて官界に入り、文帝も徐々に側近に登用するようになった。その様は四五〇年（元嘉二十七年）の北伐にもうかがえる。華北統一を果たした北魏の太武帝に危機感を覚えた文帝は北伐を敢行した。ここで注目すべきは、文帝が寒人出身の側近の徐爰《じょえん》を派遣して、北伐軍の行動を逐一中央より指令している点である。ここに文帝の専制志向と寒人重用がうかがえる。ところが北上した宋軍は、黄河流域に到達したものの、北魏の大反撃を招いて大敗を喫した。北魏は太武帝自ら大軍を率いて建康北岸

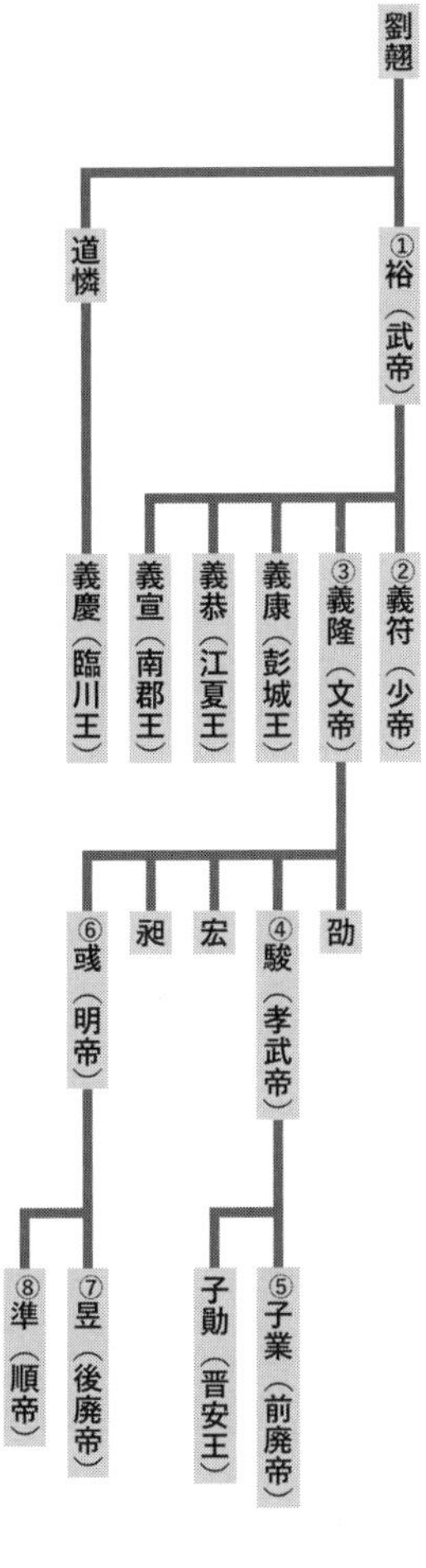

図2-3●宋皇帝系図
出典：筆者作成

の瓜歩にまで攻め込み、宋は一転して危機に至った。しかし、第1章で述べたように、このとき北魏で太武帝と皇太子晃《こう》の権力闘争が発生し、太武帝が撤退したため、宋はからくも滅亡の危機から脱することができた。

文帝は懲りずに四五二年（元嘉二十九年）にも北伐を断行して敗北し、その責任をめぐって文帝と皇太子劭《しょう》の対立が表面化した。鬼神信仰に溺れていた劉劭は文帝の呪殺を図り、ことが露見して廃位を免れないことを察知すると、翌年二月二十日にクーデターを起こして文帝を殺害した（享年四十七）。このとき文帝は側近と次の皇太子について徹夜で相談していたところだった。

孝武帝の礼楽改革

文帝が殺害されると、ただちに文帝第三子の江州刺史（現在の江西省の地方長官）劉駿《しゅん》が挙兵して皇帝（孝武帝）に即位し、劭を誅殺した。孝武帝は、文帝期にも増して皇帝権強化と寒人重用の動きを進めた。宰相の権限を縮小する一方で、官位が低く寒人が就任する中書舎人（詔勅起草・伝達を掌る：七品官）を重視し、商人出身の戴法興《たいほうこう》を中書舎人に登用して政務の顧問役とした。皇帝の恩顧によって実権を握る人々（主に寒人）を恩倖《おんこう》というが、戴法興はその代表的存在である。財政面でも、地方で徴税する際に中央から台使（寒人が就任）

を派遣して督促にあたらせた。軍事面でも、宋初以来進められていた北府の中央軍化を徹底し、寒門武人に担わせた。こうした寒門・寒人偏重の政策を展開した上に、叔父や弟の殺害といった皇族抑制策も実施したため、後世、恩倖寒人をのさばらせて独裁的政治を行った暴君という歴史像が定着している。

しかし、近年、礼と楽の観点から孝武帝期の再評価が進められている（戸川貴行、二〇一五・二〇一六）。「礼」とは、主に祖先を祀る「宗廟《そうびょう》」や天地を祀る「郊祀《こうし》」に代表される国家儀礼を指し、その際に演奏される音楽（雅楽）を「楽」という。後漢から魏晋期に整備された礼と楽であるが、その大部分は西晋末の混乱の際に失われてしまった。さらに東晋では、建康はあくまでも仮の都であり、中原を恢復するまでは国家儀礼や雅楽の整備を控えるべしとする者が多かった。そのため宗廟・郊祀自体は実施されたものの、ついに雅楽は整備されなかったのである。

こうした状況は、華北から来た僑民の子孫が江南に土着するにつれて変化し、宋の文帝期には建康を天下の中心と考える者が増えてきた。文帝の北伐（四五〇年）が失敗し、中原恢復の可能性が低くなると、孝武帝は建康を天下の中心とし、洛陽にかわる真の都にする動きを加速させた。建康とその周辺に、理念的に都の千里四方を指す「王畿《おうき》」という行政区を設置したのである。また、建康城の東南七里にあった祭天儀礼の施設（南郊）を建康城の中軸

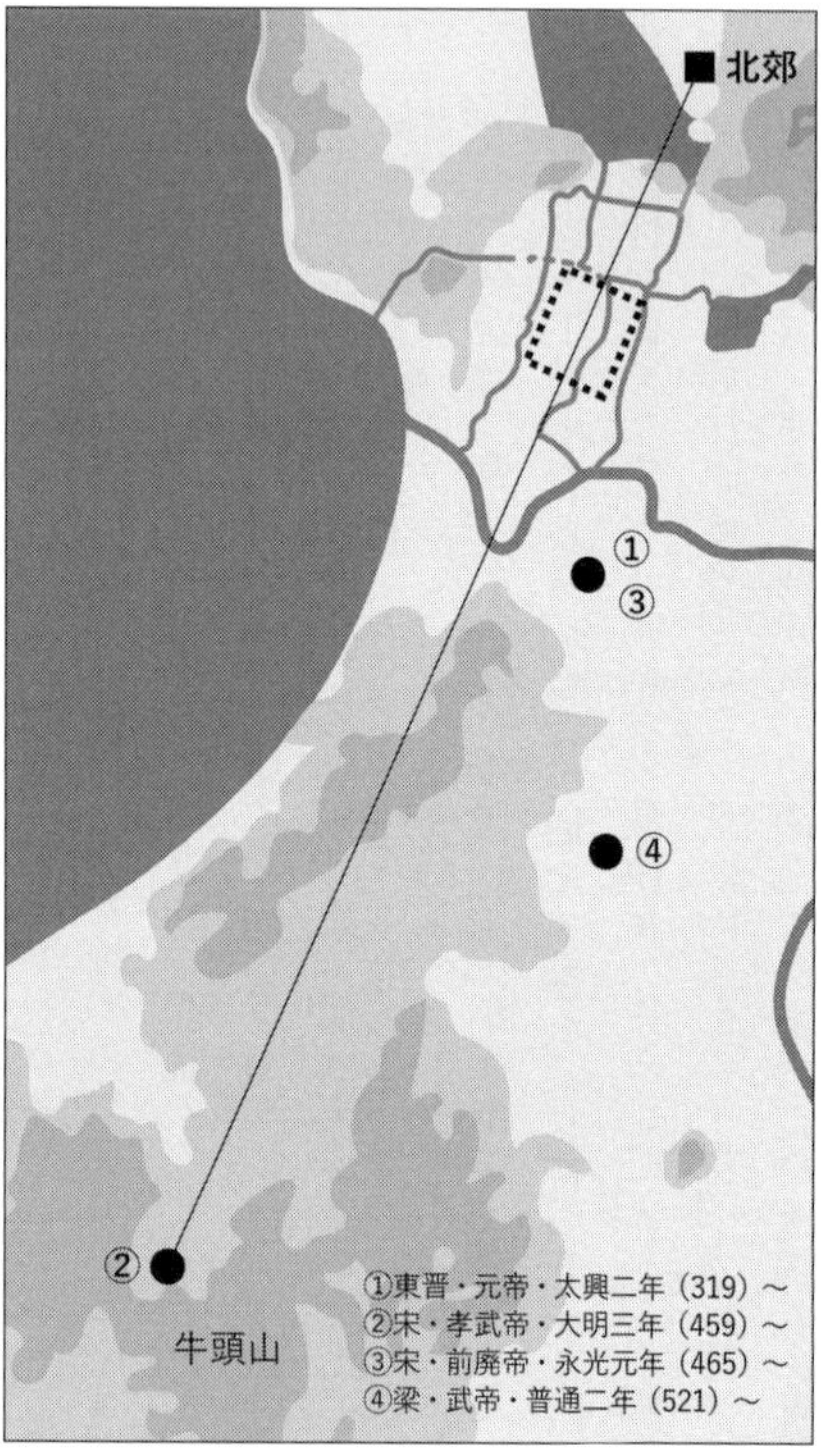

図 2-4●南郊移動図
出典：佐川英治 2016、213 頁をもとに作成

線上である西南四十里に移設するといった国家儀礼の整備を積極的に行った（図2-4）。

こうした諸改革のうち、後世に最も大きな影響を与えたのが、四五五年（孝建《こうけん》二年）に提議された雅楽整備である。西晋までは祖先を祀る宗廟と天地を祀る郊祀とでは、異なる雅楽を演奏していた。しかし、孝武帝は弟の劉宏《りゅうこう》の提案を採用し、同じ楽曲を演奏することにした。戸川貴行（二〇一六）によれば、これは音楽の共有によって、皇統（宗廟）と天（郊祀）を結びつけ、王朝の正統性を強化する試みであった。この雅楽通用という形式は、南朝・北斉・北周を経て隋・唐に継承され、新たな「伝統」として定着したのである。さらに孝武帝は、西晋の雅楽（楽曲・音程）が喪失・忘却されたため、雅楽整備の際に江南の民間音楽（俗楽）を取り入れている。これまで南朝には、漢代以来の「伝統」が伝えられていると考えられてきたが、実際には雅楽のように南朝で創出された「伝統」も含まれているのである。

宋の滅亡

孝武帝が四六四年（大明《だいめい》八年）に三十五歳で没すると、皇太子の劉子業《しぎょう》が十六歳で即位した（前廃帝《ぜんはいてい》）。孝武帝は遺詔で皇族の長老格である劉義恭《ぎきょう》（武帝の第五子）を補佐役に指名した。劉義恭は恩倖（戴法興ら）と協調して政治を行った。彼らは孝武帝に冷ややかな態度を示していた貴族層の輿論に配慮して孝武帝路線を継承せず、南郊の位置も元に戻している。

これに対し前廃帝は、親政を欲して劉義恭や戴法興などを殺害した。そのため恐怖に駆られた皇族の劉昶《ちょう》（文帝の第九子）は北魏に亡命している。しかし、前廃帝は貴族層の支持を得られずに孤立し、さらなる恐怖政治を展開し、叔父を次々に幽閉した。このとき幽閉された叔父の劉彧《いく》は、太っていたため「猪王《ちょおう》」と呼ばれ、裸にされて豚のように泥まみれで桶から食事させられるというひどい仕打ちを受けたが、その様子を見て前廃帝は爆笑したと伝えられている。あまりの無軌道ぶりに、劉彧の側近と前廃帝の側近がクーデターを共謀した。四六五年（景和元年）十一月、前廃帝は帝室庭園である華林園《かりんえん》の一画に鬼（幽霊）が出ると聞き、自ら射殺しようと出向いたところ、側近によって殺された。享年十七。

ただちに劉彧が皇帝に即位した（明帝）が、前廃帝の弟である劉子勛《しくん》も皇帝を称して反乱を起こした。各地の豪族が加担し、劉子勛の勢力は拡大したものの、明帝は豪族の取り込みに成功し、翌年（四六六）八月には鎮圧にこぎつけた。しかし、この混乱に乗じた北魏の献文帝に山東・淮北を奪われてしまった。また、明帝は孝武帝の子一六人を殺し、さらに重病にかかると幼い皇太子の将来が不安になり、功臣のほかに弟四人も殺害している。その結果、四七二年（泰豫《たいよ》元年）に明帝が三十四歳で没し、皇太子の昱《いく》（後廃帝《こうはいてい》）が十歳で即位したときには、皇帝を支えるべき皇族は激減していた。明帝は貴族の袁粲《えんさん》（本貫は陳郡陽夏《ようか》）と褚《ちょ》淵《えん》（本貫は河南陽翟《ようてき》）に後廃帝を託したが、宋の退勢は誰の目にも明らかだった。褚淵と袁粲は親友であったが、その後に選んだ道のりは対照的である。

このころ頭角を現したのが禁軍の指揮官であった蕭道成《しょうどうせい》である。彼は寒門出身で、将軍府の幕僚（中兵参軍：八品官）で起家した中堅武将にすぎなかったが、劉子勛の乱平定に活躍して淮南《わいなん》（淮水以南。現在の江蘇省南部・安徽省南部）の地方官となり、この地の豪族層を基盤として勢力を養い、軍閥を形成した。明帝没後には禁軍の指揮官となって、中央・地方の軍事力を背景に、徐々に実権を掌握し、四七七年（元徽《げんき》五年）には後廃帝を殺害（享年十五）し、その弟の劉準《じゅん》（順帝《じゅんてい》）を擁立した。このとき宋に見切りをつけた褚淵は、蕭道成に協力して皇帝の廃立を後押しした。これに対し、袁粲は宋を護持すべく挙兵したものの敗死した。後世、袁粲が忠臣として称賛されるのに対し、褚淵は明帝の恩に背いた変節不忠の臣として批判されることとなる。

蕭道成は、褚淵や王倹《おうけん》（本貫は琅邪）といった貴族の協力を得て、四七九年（昇明《しょうめい》三年）三月に斉公、ついで四月に斉王となり、その五日後に順帝から禅譲を受けて皇帝（高帝《こうてい》）に即位し、斉を建国した。このとき蕭道成五十三歳。十一歳の順帝をはじめ、宋の皇族は、高帝に徹底的に粛清された。約六十年続いた宋は、こうして終わりを迎えたのである。

斉の興亡

しかし、斉の命運はさらにはかないものであった（図2-5）。高帝は建国直後に起きた北魏の侵攻を防ぎきったのち、四八二年（建元四年）に五十六歳で没した。跡を継いだ皇太子の蕭賾《さく》（武帝）は、恩倖寒人を側近に登用したものの、治世は比較的安定し、貴族文化が栄えた。四八四年（永明《えいめい》二年）には王倹に儀礼の整備を命じている。これは斉では未完に終わ

図 2-5●北魏・斉（497）
出典：『中国歴史地図集　第四冊』をもとに作成

ったが、次の梁に引きつがれた。また王倹の私邸には、教育機関である学士館が開かれ、学術センターとして機能した。ただし、このころを境に貴族の積極的な軍事・政治活動は見えなくなる。皇太子に先立たれた武帝は、蕭昭業《しょうぎょう》を皇太孫とし、四九三年（永明十一年）に高帝の甥の蕭鸞《らん》に後事を託して没した。享年五十四。

実権を握った蕭鸞は、武帝の孫である蕭昭業（廃帝・鬱林《うつりん》王：享年二十二）と蕭昭文《しょうぶん》（廃帝・海陵《かいりょう》王：

享年十五）の二皇帝を廃立した上で、武帝の死からわずか一年後の四九四年（建武元年）に皇帝に即位した（明帝）。彼は政治家としては有能だったが、猜疑心《さいぎしん》が強く、高帝・武帝の子孫をほとんど殺害した。仏教信者であった彼は、粛清を決めるとまず焼香して嗚咽《おえつ》したので、周囲の人々はその夜に処刑が行われることを覚《さと》ったと伝えられている。

明帝即位後、斉は北魏の孝文帝の侵攻を受け、四九八年（永泰《えいたい》元年）には河南西南部を失った。同年に四十七歳で明帝が亡くなると、皇太子の蕭宝巻《ほうかん》（廃帝・東昏《とうこん》侯）が即位した。彼は南朝きっての非行型の少年天子であったとされている。東昏侯は快楽にふけり、高官を次々に殺害し、群臣・民衆を苦しめた。このとき立ちあがったのが蕭衍《えん》である。彼は蕭道成の曽祖父の代に枝分かれした一族で、五〇一年（永元《えいげん》三年）に東昏侯を倒し、翌五〇二年（天監《てんかん》元年）に梁を建国した。斉はわずか二三年で幕を下ろしたのである（図2-6）。この斉梁革命の詳細については第5章で述べたい。

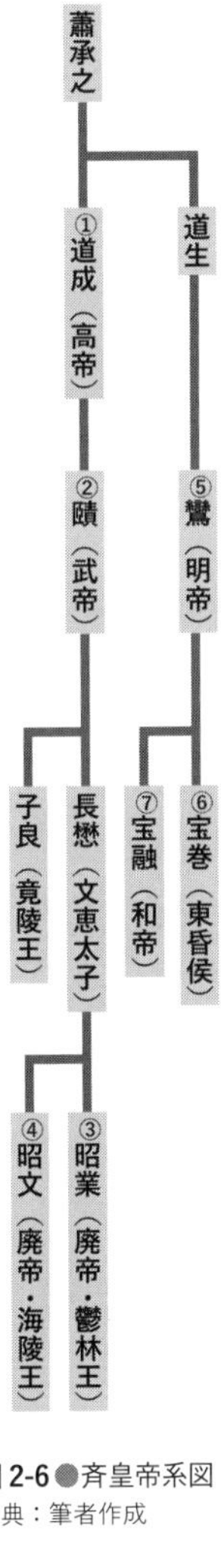

図2-6●斉皇帝系図
出典：筆者作成

宋・斉では、血で血を洗う粛清が繰り返された。その激しさは同時期の北魏を上回っている。従来、宋・斉の政情不安については、皇帝・恩倖寒人と皇族・貴族の対立構造で理解されてきた。しかし、川合安《やすし》(二〇一五)は、こうした構図は斉・梁に成立した沈約《しんやく》撰『宋書』や蕭子顕《しけん》撰『南斉書』が誇張したものであるとする。そして、帝権強化のために恩倖寒人が重用されたことは間違いないが、実際には皇帝のもとで貴族と恩倖寒人がともに政治を動かしていたことを指摘し、皇帝が皇族中の第一人者にすぎなかったため、帝位継承が不安定化し、そこに官僚同士の党争がからみあった結果、政情不安に陥ったとする。

貴族と皇帝権力

宋・斉の興亡を見ると、高官は貴族で占められていたものの、徐々に寒門武人や寒人が皇帝側近という形で重きをなすようになったことがわかる。また、政治を動かすなかで寒人と士人が結びつく場面も増えてきた。これに対して一流貴族たる甲族のなかには、「士人」と「寒人・庶人」の区別を厳格にすべきであると考える者もいた。宋の文帝に仕えた寒人の徐爰と名門貴族の王球《おうきゅう》(本貫は琅邪)の間には、次のような逸話が残されている。

当時、中書舎人の徐爰は皇帝(文帝)に寵愛されていた。皇帝はかつて王球および殷景《いんけい》仁《じん》に命じて、徐爰と交際させようとした。しかし、王球は辞退して「士庶の区別は、国のきまりです。臣はあえてご命令に従いません」と述べた。皇帝は顔色を正して謝罪した。（『南史』巻二十三王球伝）

また、斉の武帝期の中書舎人で、権勢を誇っていた庶人出身の紀僧真《きそうしん》が、武帝に対して士人になりたいと懇請したところ、武帝は当時の代表的甲族の江斅《こうこう》（本貫は済北《せいほく》）らに聞いてみよといった。そこで紀僧真は江斅のもとを訪ね、坐をともにしようとしたが、拒否されて坐を遠ざけられてしまった。皇帝側近の紀僧真であっても士人になれなかったのである。寒人層の官界進出に対する貴族の危機意識の表れといえよう。もともと寒門武人であった宋・斉の皇帝は、貴族社会の秩序に容易に介入できなかったのである。

では、貴族が皇帝・王朝の権威から完全に自立した存在であったかというと、そうともいえない。そもそも貴族の権威の淵源は、積み重ねられた教養や振る舞いのほか、何よりも高官を輩出し続けたことに求められる。当時は、官制のみが唯一の正当性と普遍性を持つ身分表示であり、そのなかに位置づけられることが貴族の公的な存在証明だった。しかし、川合安（二〇一五）によれば、南朝における官吏任用は、才能・親族関係などを考慮しつつ、主に任官希望者の父の官職を基軸に決定されていた。そのため甲族であっても、父の早逝などが理由で没落することがあった。逆に王朝交替の際に、寒門・寒人層から急激な上昇を果たし、貴族の一員に加わった事例もある。

貴族社会は家格によって固定されていたのではなく、思いのほか流動的であり、家門を維持するためには、過酷な政争を生き抜き、高官に上り詰める必要があった。貴族の形成・維持には、官制との関係が欠かせなかったのである。そのため、貴族（特に甲族）の多くは生き残りを図って政争から距離をとり、王朝交替の際には粛々と従っている。宋末の袁粲のように王朝に殉じた者は珍しいのである。

一方、皇帝も貴族社会を破壊しようとはせず、むしろ貴族との婚姻を積極的に行い、貴族社会の取り込みを図っている。例えば、宋の文帝の皇后は袁氏（陳郡）、孝武帝・明帝・斉の海陵王の皇后は王氏（琅邪）から迎えている。また、公主を貴族に降嫁させている。その理由については、高官を輩出していた貴族の支持が王朝維持に欠かせなかったことがあげられる。当時、政策は貴族や官僚が月二回開いていた「議」（会議）や重要案件を審議する「大議」でまとめられ、皇帝は提出された議文に可否の判断をくだす形がとられていた。そのため皇帝がスムーズに政策を進めるためには貴族の協力が欠かせなかったのである。また、魏晋以来の貴族社会の「伝統」を保つことが、国内外に南朝の正統性を示すことにつながったという可能性もあろう。

宋・斉の対外関係

さて、宋・斉にとって貴族社会の維持と並んで重要な課題だったのは、北魏との抗争を生き抜くことであった。そこで宋は北魏に対抗するために、夏・北涼・北燕といった五胡諸政権、青海を支配していた吐谷渾《とよくこん》、朝鮮半島北部の高句麗、モンゴル高原の覇者たる柔然と結んだ。五胡諸政権の滅亡後も、高句麗・吐谷渾・柔然と盛んに使者をかわしている。

一九九七年に新疆《しんきょう》ウイグル自治区のトゥルファンで発見された文書には、当時、トゥルファンにあった高昌《こうしょう》国を経由する外国使節の護送人数が記録されていた。ここには焉耆（カラシャール：新疆ウイグル自治区焉耆回族自治県）・子合（カルギリク：新疆ウイグル自治区カルギリク県）といった内陸アジアのオアシス国家のほか、宋の使者を意味する「呉客」の名が見える。

> 十年三月八日、呉客ならびに子合の使者を北山に送った。〔徴集された人員は〕高寧八十三人・白艻《ろく》二十五人の合計百八人、各自馬一頭を出した。〔闞《かん》氏高昌永寧九年・十年〔四七四・四七五〕送使出人・出馬條記文書〕

ここに見える「北山」とは、天山《てんざん》山脈東部のボグド・オラ連峰を指し、柔然の本拠地に向かうルート上に位置している。すなわち、宋の使者は高昌を経由して柔然に向かっていたのである。高昌に行き着くためには、まず、青海を支配していた遊牧民の吐谷渾の勢力範囲を通過しなければならない。宋から柔然に至るルートをまとめると、宋→吐谷渾→高昌→柔然ということになる。一見、北魏包囲網が形成されていたように見えよう。実際、蕭道成が斉建国の前年に柔然に遣使して北魏挟撃を持ちかけると、四七九年（建元元年）八月に柔然は北魏を攻撃している。しかし、吐谷渾や高句麗は、北魏とも通交する両面外交を展開しており、北魏包囲網が常に成立していたわけではない。

そのほか東方からは、朝鮮半島西南部を支配する百済と日本列島の倭（五王：讃《さん》・珍《ちん》・済《せい》・興《こう》・武《ぶ》）がたびたび宋に遣使して王号と将軍号（地位の高さを示す官号）などを求めている。百済や倭は、宋から官爵を得ることで、国内外に権威を示し、国家体制を整えようとしたのである。また、南方からは林邑《りんゆう》（ベトナム南部）・扶南《ふなん》（カンボジア）・呵羅單《からたん》（ジャワ島）といった東南アジア諸国も遣使している。ただし、林邑はたびたび宋の南端の交州《こうしゅう》（現在のベトナム北部）に侵入したため、四四六年（元嘉二十三年）に文帝の命で攻撃されている。

なお、日本では倭の五王に注目が集まるが、南朝における周辺国家の位置づけは、柔然がほぼ対等関係であり、宋から官爵を受けた国では高句麗―吐谷渾―百済―倭―林邑の順となっていた。

3　宋・斉の文化

花開く南朝文化

宋・斉は、皇帝・皇族の周囲に集まった人々を中心に、華北から南遷した魏晋の貴族文化を発展させた。ここではその代表格である玄学・史学・文学について紹介したい。

玄学とは、後漢末以降の動乱のなか、儒学に飽き足らなくなった知識人が生み出した思想である。儒学に老荘思想の要素を加え、『易経《えききょう》』『老子《ろうし》』『荘子《そうじ》』をもとに、「無」や「有」に着目して世界の根本について思索するものであり、三国魏の何晏《かあん》・王弼《おうひつ》らに端を発する。東晋や南朝でも儒学と老荘思想を調和融合する動きが進み、玄学は貴族の教養の一つとみなされた。また、玄学の影響を強く受けた清談（高尚な哲学的議論）も、西晋・東晋で流行した代表的な貴族文化である。宋では文帝のいとこの劉義慶《ぎけい》のサロンにおいて、清談に代表される当意即妙のやりとりや貴族の逸話をまとめた『世説』が編纂され、貴族社会の雰囲気を伝える書物として愛好された。

史学では、宋の范曄《はんよう》が後漢に関する史書を集約する形で『後漢書』九十巻を編纂している。

范曄は宋建国の功臣の子で、文帝に才学を認められて登用された。しかし、四三二年（元嘉九年）に文帝を輔政していた劉義康の不興を買い地方官に左遷された。この時期に范曄は『後漢書』の編纂を始め、四三七年（元嘉十四年）頃に完成した。渡邉将智《まさとも》（二〇一七）によれば、范曄は左遷を恨み、劉義康を文帝の跡継ぎとする動きに反対するため、『後漢書』のなかで帝位の非正統な継承を企図した人物を批判した。このように『後漢書』の叙述や人物評価には、南朝の政治・社会状況が反映されており、読む際には注意が必要である。なお、その後、范曄は劉義康の派閥に転向し、幕僚・中央官を歴任し、四四五年（元嘉二十二年）には劉義康擁立を目指す寒人の反乱計画に加担して処刑されてしまった。

また、斉の武帝期に沈約が撰した宋の史書である『宋書』百巻は、詔勅や公文書などを忠実に採録し、史料的価値が高い。その一方で沈約は、恩倖を重用する武帝の政治姿勢を批判するため、宋における皇帝独裁と恩倖の専権という歴史像を強調したことが指摘されている。また、『宋書』には北魏の事績もまとめられている。その名は「索虜《さくりょ》伝」。縄のような髪型をした野蛮人の伝記といった意味である。沈約は、北魏を非正統かつ野蛮な異民族として描き、南朝の正統性を強調したのである。ただし、『宋書』索虜伝にしか見えない貴重な記事も多く、北魏前期の研究を進める際に欠かせない史料となっている。

裴松之《はいしょうし》が西晋の陳寿《ちんじゅ》撰『三国志』につけた注釈も重要である。裴松之は宋の文帝の命を受け、歴史的教訓を伝えるために、四二九年（元嘉六年）に『三国志』注を作成した。彼は二百以上の文献を利用し、『三国志』の簡潔すぎる叙述を補った。ここには『三国志』に見えない興味深い逸話が満載で、現在まで『三国志』が読み継がれ、人気を博しているのも、裴松之のおかげといって過言ではない。例えば、実力を発揮する機会のないことを指す「髀《ひ》肉之嘆《にくのたん》」といえば、劉備が荊州の劉表《ひょう》のもとに身を寄せて数年たち、戦場に出る機会がなく、髀《もも》に贅肉《ぜいにく》がついたことを歎いたことに由来する。この逸話は『三国志』本文には見えず、裴松之の注に引かれた『九州春秋』に見えるのである。

文学では、宋の元嘉年間に謝霊運《しゃれいうん》（本貫は陳郡）が洗練された韻文を生み出した。彼は淝水の戦いで前秦の苻堅を破った謝玄の孫で、その作品は貴族文学の傑作と評されている。また、山水を題材とする山水文学というジャンルを開拓した。ただし、彼の山水詩には始寧《しねい》（浙江《せっこう》省紹興《しょうこう》市）にあった荘園内の眺めを詠ったものもあり、自然そのものを描いたものばかりではない。優れた詩人であった謝霊運だが、宋の処遇に不満を持ち続けたため、四三三年（元嘉十年）に謀反の疑いをかけられ、広州《こうしゅう》（広東《かんとん》省広州市）に流されて処刑されてしまった。そのほか劉義慶撰『幽明録《ゆうめいろく》』・祖沖之《そちゅうし》撰『述異記《じゅついき》』のように、様々な怪異を記録した志怪《しかい》が数多く編纂されている。なお、この志怪は、唐代までは史書として認識されていた。

文化を競った外交使節

南北朝時代には、この文化が外交の際に大きな意味を持った。北魏と宋・斉は、約八十年間に二十回ほど衝突しているが、戦争状態にないときは相互に使者をかわしていた。この外交使節の主な役割は、外交交渉そのものよりも、立ち居振る舞いや学術討論を通じて、文化面での優位性を示すことにあった。そこで南朝では、主に貴族が使者の選定にあたった。文化的な資質（儒学・文学・仏教など）のほか、血統や家柄など使者にふさわしい「家風」が使者に求められたためである。実際の討論内容を見ると、儒学の面では北朝がやや優れ、仏教はほぼ同じ水準、玄学・文学では南朝が優越していた。

また、使節交換の際には、国家間の物品の贈答も行われている。四五〇年（元嘉二十七年）に北魏の太武帝が大軍を率いて長江北岸に至った際の宋とのやりとりを見てみよう。

〔太武帝は〕太祖（宋の文帝）に駱駝《らくだ》・名馬を贈り、和を求めて通婚を願った。太祖は田奇《でんき》を派遣して珍味を贈った。拓跋燾（太武帝）は黄甘《おうかん》（柑橘《かんきつ》）を得たので喰った。あわせて大いに酃《れい》酒（美酒）を進めた。（『宋書』巻九十五索虜伝）

北魏は講和と通婚を求めて駱駝・名馬を贈り、宋は柑橘・美酒を贈っている。堀内淳一《じゅんいち》

（二〇一八）によれば、北魏は馬に軍事的威圧の意を込めていたが、宋は馬を北魏＝「夷狄」の象徴として認識していた。一方、柑橘には南方辺境の名産品の意味が含まれ、北魏＝中原、宋＝辺境を示す産物として、北魏がしばしば宋に求めた物品であった。宋は、通婚は拒否しつつ講和を実現するため、ややへりくだって交渉したのである。このように南北朝間の外交使節は、文化の優劣や正統性をめぐって、せめぎ合いを繰り広げていたのである。

建康の繁栄

最後に宋・斉の首都である建康についてみていきたい。建康の開発は、三国時代の呉の孫《そん》権《けん》が建業（西晋末に建康と改名）に首都を置いた二二九年（黄龍《こうりゅう》元年）に始まる。呉滅亡後、いったん開発は中断するが、東晋・南朝の首都となったことで再び開発が進展した。建康の形態は、長安・洛陽と異なり、南北辺の長い長方形であり（不整形説もある）、北から東に約二五度傾いていた（図2-7）。城内の街路は直線ではなく、屈曲していたとされている。また、二重の城壁（宮城と都城）のうち、外側の都城の城壁は、斉の四八〇年（建元二年）にレンガ（磚《せん》）製となるまで竹垣であった。

堅固な外郭を有しないかわりに、建康の四周には水路が張りめぐらされ、石頭城・西州城・東府城・白下（琅邪）城といった城塞が備えられ、周辺の山系と河・湖・水路、そして

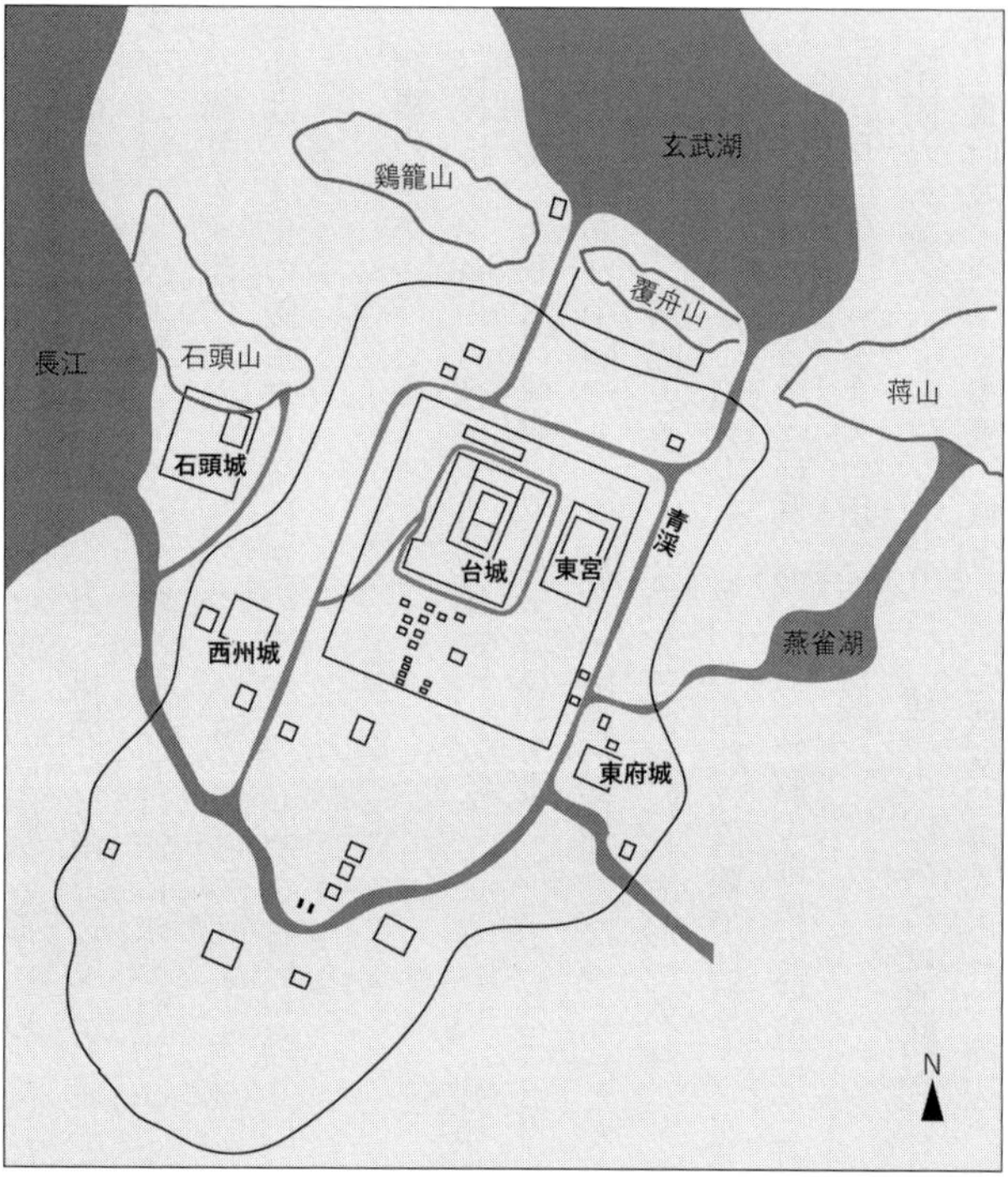

図 2-7●建康城
出典：佐川英治 2016、209 頁をもとに作成

城塞を結んだゾーンによる防衛構想が整備された。この水路の存在が建康の発展に大きく寄与することとなる。

建康は、東晋・南朝の首都となったことで、多くの官吏を抱えることになった。さらに宋建国後、京口などから多くの軍人が移住した。また、水路を通じて多くの商品が入り、大小の市場が多数設置され、平民人口の多くを商人が占めていた。すなわち建康は、商業を基幹産業とする大消費都市だったのである。これを支えていたのが建康周辺の三呉地方（晋陵・呉興《ごこう》・会稽）である。破崗瀆《はこうとく》という運河を通じて建康とつながっていた三呉地方は、物資供給地としての役割を担った。これによって農業（穀物・野菜・果物）・製紙・紡績・窯業《ようぎょう》（特に青瓷《せいじ》）などの諸産業が発展した。三呉地方で大土地所有を進めた皇族・貴族・豪族は、山林や池沼なども占有し、果樹園や竹林・魚の養殖場などを造成したほか、窯業用の燃料（木材）・原料（瓷土《かめ》）などを獲得し、多大な利益をあげていた。

南朝では、商品に対して四％の交易税と十％の通行税を課していた。また斉では農民に対して、主に租布（布と銭）という形で徴税していた。そのほか臨時で様々な税も課せられたが、その多くは銭納だった。ここから南朝の国家財政が銅銭に傾斜していたことがわかる。

建康は、官吏・軍人の流入と商業の隆盛が重なり、人口増加と密集化が進んだ。そのため建康を囲む水路の近辺に居住区が形成され、北郊から東郊の地には皇族や貴族の邸宅・別荘・園林や寺院・道観などの文化施設が建ち並んだ。その結果、六世紀前半には人口が三十万を超えていたと考えられている。佐川英治（二〇一八）は、この建康城の構造が朝鮮半島を経て倭国に伝わり、藤原京のモデルになったとする。

宋の文帝期には、この建康を天下の中心とする動きが始まった。その好例が「影長《えいちょう》」である。戸川貴行（二〇一八）によれば、中国諸王朝では、夏至に八尺の表（日影の長さをはかるための棒）を地面に立てたとき、影が一尺五寸になる地が天下の中心であり、洛陽こそが該当すると考えられてきた。南朝の都である建康は、洛陽よりも南にあるため、影の長さは短くなる（梁代の計測では約一尺一寸七分）。しかし、四四三年（元嘉二十年）に作成された暦（元嘉暦）では、建康を天下の中心と言い張るために、夏至の影長を実際よりも長い一尺五寸に改竄したのである。このとき作られた元嘉暦は、後に百済を経由し、六世紀の倭国に伝来して用いられた。認識していたかどうかは不明だが、倭国は建康を天下の中心とする暦を使用していたのである。

このように南朝は建康を中心に経済的に繁栄した。しかし、その陰では、南北朝の境界である河南南部や長江中流域・四川・華南などに居住する諸民族（蛮・越《えつ》・獠《りょう》など）が激しく抑圧されていたことを忘れてはならない。例えば宋の文帝期には、荊州周辺の蛮に対して苛烈な攻撃をしかけて、二十万人を捕虜としている。南朝は諸民族のもつ鉄・銅といった資源を収奪し、捕虜を兵士や奴隷とした。また諸民族の一部は南朝の軍事的・経済的圧力によって徐々に中国化していった。ただし、依然として文化・風習を維持する人々も多く、中には蛮化する漢人もいた。このことは第5章・第6章でもふれることにしたい。また国境地帯の河南南部は「荒《こう》」と呼ばれ、桓《かん》氏・田《でん》氏といった「蛮酋《ばんしゅう》」が割拠し、多くの亡命者が住み着き、南北朝双方の悩みの種ともなった。

＊

宋の建国に始まる南朝では、貴族層が高官の座を占めていたため、皇帝は側近に寒門・寒人を登用し、皇帝権の強化を進めた。しかし、皇帝が皇族中の第一人者にすぎなかったため、帝位継承が安定せず、代替わりのたびに凄惨な粛清の嵐が吹き荒れた。しかし、孝武帝の礼楽改革に代表されるように、南朝の正統性を強化し、建康を天下の中心とする動きも加速し、それまでとは違った世界秩序が生じ始めた。その間、社会・文化面で大きな影響力を持っていた貴族は、寒門・寒人層の台頭に危機感を強めつつ、ともに皇帝権力を支え、相互補完の関係を構築した。こうした南朝のあり方は、敵国である北魏の孝文帝に大きな影響を与えることとなる。次章で詳しく見ていきたい。

第3章　孝文帝の中国化政策の光と影——北朝Ⅱ

第1章では北魏の建国から華北統一に至る過程と、北魏を支えた遊牧由来の官制や儀礼について概観した。続く第2章では、南朝の宋・斉の政治動向と貴族社会について紹介してきた。いわば北魏前期と南朝前期を交互に見てきたわけである。本章では再び華北に目を転じ、北魏後期の動向についてみていくことにしたい。北魏の献文帝没後、実権を掌握した馮《ふう》太后は、華北支配を進めるため、徴兵・徴税を効率的に行うことを可能にする三長《さんちょう》制・均田《きんでん》制を施行した。さらに孝文帝は親政開始後、南朝の制度・社会を参考に、大胆な中国化政策を断行した。この孝文帝改革は、南北朝時代のターニングポイントに位置づけられるのである。

1　馮太后の諸改革と華北支配の浸透

三長制と均田制

第1章で述べたように、四七一年（皇興五年）に北魏の献文帝は十八歳の若さで皇太子の拓跋宏（孝文帝）に譲位して太上皇帝となった。その後も彼は軍事・行政を掌握していたが、四七六年（延興六年）六月に二十三歳の若さで亡くなってしまった。皇太后の馮氏（文成帝の皇后）が毒殺したといわれている。このとき孝文帝はわずか十歳。そのため太皇太后《たいこうたいごう》となった馮氏（以下、馮太后）が実権を掌握した（第二次臨朝）。馮太后は、皇族・北族の有力者や漢人官僚の李沖《りちゅう》などに支えられ、重要な制度を施行していった。

これ以前、北魏では官僚に俸禄《ほうろく》（給与）を支給していなかった。官僚は軍功などをあげた際に、土地・奴婢・家畜等を恩賞として与えられ、それによって生計を立てていたが、不足分を補うために賄賂や収奪が横行した。その対策として、官僚の生活を安定させるために給与を支給することとした。それが四八四年（太和《たいわ》八年）に施行された俸禄制である。

続けて馮太后は、民衆の把握・管理をより強固にする政策を次々に展開した。北魏前期は、豪族・庶民を問わず、一戸単位で徴税していた（戸調《こちょう》制）。しかし、大土地を所有する漢人豪族の戸籍には、その庇護《ひご》を受けた民衆（蔭附民《いんぷみん》）が附載され、その数は三十家から五十家に及んでいた。すなわち漢人豪族は、戸籍上は一戸であるが、その内実は数十家に及ぶ大集団だったのである。蔭附民には自身の戸籍がなく、租税負担がないかわりに、豪族に対して収穫の多くを納めていた。北魏は、この体制を「宗主督護《そうしゅとくご》」と呼んで黙認していた。いわば北魏は華北を表層的に支配するにとどまっていたのである。

馮太后はこうした状況を是正するため、四八五年（太和九年）秋、李沖の上表を受け、人工的な郷里制度（隣《りん》・里《り》・党《とう》）を軸とする三長制を施行した。三長とは、隣（五家）の隣長、里（五隣＝二五家）の里長、党（五里＝一二五家）の党長を指し、儒教経典である『周礼《しゅらい》』に則って設置された。三長が戸籍の作成や租税の徴収にあたったことで、徴税対象である戸口の把握が進んでいった。四八八年（太和十二年）には遊牧系住民を戸籍につけて管理するため、第1章で紹介した遊牧系住民を管理する俟勲曹《いきん》を廃止している。

さらに四七〇年代から勧農（農業振興）政策を進めてきた馮太后は、四八五年（太和九年）十月には、成年男子とその妻に露田《ろでん》（死亡時または七十歳で返還）と桑田《そうでん》を支給し、その収穫を税として徴収する給田制《きゅうでん》、すなわち世にいう均田制を施行した（表3-1）。人々はこれによって土地を支給されたが、そのかわりに兵役を負担することとなった。この均田制は、儒教経典の『周礼』を踏まえた上で、北魏が行っていた平城周辺の住民に土地を支給する計口

表 3-1●北魏の均田制

	露田		桑田	麻田	宅田
	正田	倍田			
男夫（15～69歳）	40畝	40畝	20畝	10畝	3人で1畝
婦人（既婚者）	20畝	20畝		5畝	
奴	40畝	40畝	20畝	10畝	5人で1畝
婢	20畝	20畝		5畝	
耕牛（4頭まで）	30畝	30畝			

露田：15歳で支給。70歳で還授。穀物生産。租を徴収。
倍田：当時は休耕農法のため正田と同額の土地が支給された。
桑田：桑50本などを植樹すれば子孫に継承。絹生産。調を徴収。
麻田：桑を栽培しにくい地方にのみ給付。露田と同じく還授。
宅田：宅地用の土地

出典：筆者作成

受田の経験を活かして実施されたものである。さらに孝文帝は親政後の四九二年（太和十六年）に、豪族・民衆に開墾をうながすため、彼らが所有する奴婢・耕牛にも給田を認めている。なお、三長制・均田制の成立時期・順序については諸説あるが、本書では佐川英治（一九九九）に依った。

華北支配の浸透

三長制・均田制の施行と合わせて、従来の戸単位で徴税する戸調制から、夫婦単位で徴税する均《きん》賦《ぶ》制に転換した。**表3-2**に示したように、四八四年（太和八年）と三長制施行後の租（穀物）・調（絹）の税額を比較すると、明らかに租税負担が引き下げられている。一見、北魏の税収が減ったかのように感じられよう。しかし、三長制によって、豪族のもとにいる蔭附民は戸籍に附けられて

表 3-2●北魏の税負担

	徴税単位	租	俸禄費用	調
484年(太和8年)	一戸	粟20石	粟2石9斗	帛3匹2丈・絮2斤・絲1斤
三長制施行後	夫婦	粟2石	無	帛1匹

出典：筆者作成

おり、徴税対象者は増加していたのである。新たに戸籍に附けられた人々には、均田制に基づいて土地が支給され、税を納めることとなった。そのため均賦制によって額面上、租税負担が減っているように見えても、北魏の税収は維持されたのである。

これまで大土地所有を進め、蔭附民から多額の収入を得ていた豪族たちは、利益を制限されることになるため、三長制や均田制の導入を願わなかった。『魏書』巻五十三李沖伝には、三長制に反対する群臣（特に漢人豪族）に向かって馮太后が放った言葉が収録されている。

三長を立てれば、税に基準が設けられて均等に徴収でき、豪族に囲われた戸口も析出でき、恩恵を受けてきた輩も止めることができる。どうしてだめなのか。

このように馮太后は、三長制・均田制を敷くことで、租税と土地所有の均等化を目指し、豪族の影響力低下も図ったのである。

さらに佐川英治（一九九九）は、両制の導入は徴兵制度が深く関係していると説く。北魏前期は、北族が軍事を担ってきたが、領土拡張とともに徐々に農民からの徴兵が始まった。特に第1章で述べたように、献文帝期に山東・淮北を獲得したことで、兵士不足が深刻化し、兵役負担者の確保が課題となった。そこで馮太后は、三長制・均田制を導入し、豪族の大土地所有の解体と戸口の把握を進め、徴兵対象の拡大を図ったのである。また租税負担の軽減には、兵役の反対給付という意味も含まれていた。このように北魏は三長制・均田制を施行し、戸口を把握して徴税・徴兵を行うことで、庶民の直接支配を進めていった。北魏は馮太后の治世下で華北支配を浸透させたのである。

なお、馮太后が始めた均田制は、北朝後期（北斉・北周）・隋・唐に修正されつつ継承された。さらに七世紀後半には班田収授法《はんでんしゅうじゅ》という形で日本も均田制を採用することとなる。東アジアに大きな影響を与えた政策といえよう。

馮太后と孝文帝

諸改革を断行し、北魏の華北支配を進めた馮太后は、兄の娘を四人も孝文帝の妃とし、孝文帝との関係強化を図った。このうち二人が相次いで皇后となっている。私生活面では偉丈夫の王叡《おうえい》を寵愛した。あるとき馮太后と孝文帝が皇室庭園に赴くと、たまたま虎が迫ってきた。このとき王叡は武器を執って虎を追い払った。これを受けて彼はさらに愛され、高官を歴任した。ただし、馮太后は公私混同をあまりせず、政治を乱すことは少なかった。

四九〇年（太和十四年）九月、馮太后は四十九歳で没し、平城北郊の方山《ほうざん》に生前に作らせておいた墓（永固陵《えいこりょう》）に埋葬された（図3-1）。孝文帝は馮太后の死を大いに歎き、群臣の反対を押し切って生母と同じ三年の喪に服そうとした。なぜ生母と同じ扱いをしようとしたのだろうか。これについて、馮太后が義理の息子の献文帝と関係を持ち、孝文帝を産み育てたのではないかという指摘がある（川本芳昭、二〇〇五）。鮮卑にレヴィレート婚（継母との婚姻）の風習があったことを踏まえ、馮太后が孝文帝の生母だというのである。

図 3-1 ●永固陵（2004 年筆者撮影）

大変魅力的な仮説であるものの検討の余地も残されている。まず、北魏建国後、帝室ではレヴィレート婚の事例が見当たらない。それどころか北魏には皇太子の生母を殺害する「子貴母死」が存在しており、現に孝文帝の生母とされる李氏も馮太后の意向で殺されている。北魏の実権を握る馮氏にとって、殺される危険を冒してまで子を産む必要はあったのだろうか。しかも、馮太后は孝文帝が聡明すぎることを理由に、一時的に孝文帝の廃位とその弟の擁立を図っている。皇族の反対によって廃位は取りやめたものの、危険を冒して出産・養育した唯一の我が子に対し、衝突したわけでもないのに、聡明という理由で廃位を考えるであろうか。これらを踏まえると、第1章で述べたように馮太后は太武帝の保母竇《とう》氏と文成帝の保母常氏の例にならい、皇太子（孝文帝）を養育することで地位を固めようとしたと考える方が自然である（窪添慶文《くぼぞえよしふみ》、二〇一七・松下憲一、二〇一六）。

それではなぜ孝文帝は馮太后に対して生母と同じ喪に服そうとしたのだろうか。そこには養育の恩に感謝を示すというにとどまらない、さらなる目的も込められていたのである。これについては次節で論じたい。

2　孝文帝の中国化政策――洛陽遷都・礼制・官制・習俗

礼制改革

孝文帝は、四八三年（太和七年）に皇子の恂《じゅん》が生まれ、馮太后が養育にあたるようになってから、徐々に政務を執り始め、四八六年（太和十年）以後は自ら詔勅を書いて国政をとりしきるようになった。しかし、全面的に親政を行うようになったのは、四九〇年（太和十四年）の馮太后没後のことである。このとき孝文帝は二十四歳。

孝文帝が親政を開始したころの北魏は、建国当初の遊牧中心の社会から、華北支配の浸透による農耕経済中心の社会へ変貌しつつあった。また、北族と漢人の通婚も増え、中国文化の受容も進んでいた。経書や史書を修めて中国文化に精通していた孝文帝は、親政後、中国化政策を次々に進めていった。

その端緒となったのが、前節で述べた馮太后に対する服喪である。北魏では皇帝崩御時に、北族の伝統と漢魏の制度を踏まえて埋葬とともに服喪を終えていた。しかし、孝文帝は馮太后に対して、儒教経典の『礼記《らいき》』に依拠して、三年の喪に服することを主張した。群臣の反対を受けた孝文帝は、妥協の末、自身の服喪期間を一年とし、群臣の服喪期間を地位によって分別した（三か月～一年）。群臣のうち、皇族や内朝官などの服喪期間は長めに設定された。山下洋平《ようへい》（二〇一八）によれば、孝文帝は自身を儒教の孝を実践する有徳の君主とし、近臣を君主の孝行に従わせることで、新たな礼的秩序の導入を目指したとする。これを皮切りに孝文帝は次々に礼制改革を断行していく。

まず孝文帝は、祖先祭祀を改変した。王朝の創始者に与えられる廟号（祭祀の際の称号）を「太祖」というが、四九一年（太和十五年）七月に「太祖」を代国時代の平文帝（？～三二一年。拓跋鬱律）から、北魏の初代皇帝である道武帝（三七一～四〇九年。拓跋珪）に改めたのである。さらに、これまで天を祀る南郊には「始祖」の神元帝（？〜二七七年。拓跋力微）を合わせて祀っていたが、翌年正月に「太祖」の道武帝を祀ることとした。孝文帝は、華北を治める北魏の正統性を強調するため、祖先祭祀の対象を鮮卑の首長にすぎなかった神元帝や平文帝から、北魏を建国して華北進出を果たした道武帝に変更したのである。また、第1章で紹介した鮮卑の伝統的な祭祀である西郊祭祀も、四九一年（太和十五年）から四九四年（太和十八年）にかけて段階的に廃止し、最終的に中国的な祭祀に一本化した。

これと連動する形で、四九二年（太和十六年）正月には、封爵制度の改革も行った。「太祖」の変更（平文帝→道武帝）に合わせて、代国時代の君主の子孫や北族には王爵を認めず、王爵を持っている場合は公爵に降格した。その一方で道武帝の子孫には王爵を認め、皇族諸王の範囲を道武帝の子孫に限った。孝文帝は、これまで拓跋氏や北族の間に広く存在した一体感を希薄化し、道武帝とその子孫の権威を高めたのである。

さらに孝文帝は、北魏の徳運も土徳から水徳に変更している。第1章で見たように北魏の道武帝は、五行相生説（木→火→土→金→水）に基づき、火徳の漢を継ぐ正統観を抱き、土徳を採用した。しかし、孝文帝は四九〇年（太和十四年）八月に徳運の変更を群臣に諮り、漢（火）→曹魏（土）→西晋（金）→北魏（水）という正統観を主張する漢人官僚の意見を取り入れ、四九二年（太和十六年）正月に水徳に変更したのである。孝文帝にとって正統性を受け継ぐべき王朝は、中国統一を果たして貴族文化が花開いた西晋だったのである。

右の礼制改革をまとめると、孝文帝は鮮卑の伝統や北族の紐帯を重視する路線から、中国的礼制を軸に中国支配の正統性を示す路線に切り替えたのである。また、封爵や祭祀の改制を通じて、部族的紐帯の解体や皇族の縮小も進め、皇帝の権限強化も図ったのである。

洛陽遷都

孝文帝の中国化政策をさらに推進するきっかけになったのが洛陽遷都である。孝文帝は四九一年（太和十五年）頃から、古来中国の中心とされてきた洛陽への遷都を計画し、蔣少游《しょうしょうゆう》を南朝の斉に派遣して、宮殿造営のための視察を行わせた。蔣少游は献文帝が山東を獲得した際に捕虜となり、平城に強制移住させられた人物（第1章で紹介した平斉民《へいせいみん》）であるが、書や技巧の技術を買われて登用され、平城の宮殿建設にあたっていた。蔣少游の行動と目的に気づいた斉の官僚が「毛皮暮らしの連中に、天宮《てんきゅう》を象《かたど》らせてよいのか」（『南斉書』巻五十七魏虜《ぎりょ》伝）と憤り、蔣少游の抑留を提案するも、斉の武帝は北魏との関係悪化を恐れ、自由に行動させた。

このように洛陽遷都を進めようとした孝文帝であったが、人々の反対を警戒し、なかなか遷都に踏みきれなかった。そこで彼は一計を案じた。まず、四九三年（太和十七年）に遷都にかわって南伐（斉討伐）を群臣に諮った。群臣は民衆の負担が重くなるとして反対したが、孝文帝は八月十一日に三十万に及ぶ大軍を率いて洛陽に向かい、九月二十二日に到着した。その七日後の九月二十九日、雨が降りしきるなか、孝文帝が馬に乗って南伐に向かおうとすると、その前に群臣がひれ伏して南伐中止をしきりに訴えた。そこで孝文帝が中止のかわりに洛陽遷都を提案すると、群臣たちは賛成の意を示したのである。

しかし、この南伐に名を借りた洛陽遷都は、事前に孝文帝と李沖が密議を重ねた上で計画したものである。先に南伐軍編成の任にあたった李沖は、遷都賛成派と南伐反対派を従軍させることで、洛陽遷都に誘導したのである。

十月十八日に遷都の詔を発した孝文帝は、いったん平城に戻って遷都の準備を進め、四九四年（太和十八年）十一月十九日に洛陽遷都を行った。このとき洛陽は荒廃の極みにあったが、李沖・蔣少游らによって新都洛陽の造営が進められることとなる。

四九五年（太和十九年）六月には、南遷した人々の北方への帰葬（死者を故郷に葬ること）を禁じ、その本貫を「河南洛陽」とした。以後、彼らは「代遷戸《だいせんこ》」と呼ばれ、河南洛陽の人を称することとなる。しかし、洛陽遷都後も代（平城周辺）への帰還を願うものが多数存在した。そこで孝文帝は北族の不満を解消するため、冬は洛陽に居住させるものの、夏は北方への帰還を許している。

では、孝文帝はなぜ洛陽に遷都したのだろうか。親政開始後、孝文帝は礼制改革を通じて帝権強化と北族の弱体化を図っていた。洛陽遷都も、北族の基盤である平城周辺から政治の中枢を切り離すことで、北族の影響力低下を図った改革として位置づけられる。また佐川英治（二〇一六）は、孝文帝の遷都の詔に、平城が北辺にあって礼節・文化の興らない地であり、中国の中心である洛陽に遷都して文化的な世界を実現すべき、とあることを踏まえ、孝文帝は遷都を通じて天下統一にふさわしい中華王朝への転換を図ったとする。実際、洛陽遷都後、孝文帝は中国化政策をより一層進めていくことになる。

中国化政策の推進

孝文帝の中国化政策は多岐にわたっている。ここでは中国化という点でわかりやすい順に、言語・姓名・官制・服飾・墓誌にしぼって見ていきたい。

まず言語についてみていくと、孝文帝は四九五年（太和十九年）六月に鮮卑語をはじめとする北族の言語を朝廷内で使用することを禁止し、違反者は免官とする詔を下した。ただし、三十歳以上の者は新しい言葉の習得が難しいので、三十歳以下の者に適用された。これ以降、朝廷内では漢語（洛陽付近に居住していた漢人の発音）を用いることになったのである。

さらに孝文帝は、四九六年（太和二十年）正月に拓跋を元《げん》と改姓した。その詔によれば、元には万物の根源の意味が込められているという。そして、ほぼ同時期に北族の姓も漢姓に改めさせた。もともと北族の姓は二字以上であったが、漢人風に一〜二字にしたのである。例えば抜抜《ばつばつ》は長孫《ちょうそん》、歩陸孤《ほりくこ》は陸、丘穆陵《きゅうぼくりょう》は穆、賀蘭《がらん》は賀、独孤《どっこ》は劉、達奚《たっけい》は奚といった具合である。また、孝文帝はたびたび皇族や北族に対して漢人風の名を与えている。

このように孝文帝は、現在の我々からすると、アイデンティティの根本に関わるように感じられる言語や姓名の中国化を進めたのである。ただし、その後も軍隊では鮮卑語が用いられたほか、北魏の北辺・西北辺には遊牧民の言語・姓名・風習を維持した人々が存在しており、北族全体が完全に中国化したわけではない。

続いて官制改革についてみていこう。孝文帝は洛陽遷都の前後に官制改革も行った。第1章で見たように、北魏前期の官制は中国的官制を導入した外朝と、遊牧的要素の濃い内朝によって成り立っていた。このうち内朝は政権中枢に位置しており、北族の紐帯を維持する役割も果していた。しかし、孝文帝は四九一年（太和十五年）に漢魏の制に基づいて、侍中《じちゅう》・散騎常侍《さんきじょうじ》といった側近官を、皇帝の顧問を任じた門下省に設置した。これに合わせて四九三年（太和十七年）に北族中心の政治運営を担った内朝官を廃止して、中国的官制に一本化したのである。その結果、尚書省（行政）・中書省（詔勅起草）・門下省（顧問・側近官）の三省が大きな力を持つようになった。

地方行政面でも、北魏前期に各地に置かれ、主に北族が派遣されていた鎮戍《ちんじゅ》（軍政機構）を廃止し、州郡県制に移行していった。ここでも北族の力を弱める政策が展開されたのである。しかし、遊牧的要素が完全に消え去ったわけではない。例えば皇帝の護衛を職掌とする禁衛官の編成に際しては、高官の子弟を皇帝の近侍に登用する内朝武官の要素も残している。

服飾面でも遷都直後の四九四年（太和十八年）十二月に、官僚の朝服（朝廷における衣服）や後宮の女官の衣服を漢人風に改めている。しかし、その服飾は北魏独自のものであり、魏晋南朝の服飾とは異なっていた。例えば五〇二年（景明《けいめい》三年）に南朝の梁から北魏に降った一流貴族の褚緭《ちょい》（本貫は陽翟）は、元会儀礼（新年拝賀の儀式）の際に、北魏の朝服（北朝的な武冠《ぶかん》＋朱衣《しゅい》＋袴《こ》）を小馬鹿にしたため、怒りを買って左遷されている。官制・服飾ともに中国化政策の一環として行われているものの、その内容は単に漢人の文化に染まったというわけではなく、北魏前期の遊牧的制度と中国的制度をもとに新たに創出されたものだったのである。

最後に墓誌について紹介したい。墓誌とは、死者を埋葬する際に作られる石板（塼＝レンガの場合もある）である。南朝の宋で形式が整えられ、被葬者に関する情報（先祖や家族、官歴など）を散文で記した「誌」（序ともいう）と、哀悼の情を韻文で綴った「銘」が刻まれる。四九五年（太和十九年）に、馮太后の兄で、孝文帝の皇后の父でもある馮熙《ふうき》が没したとき、三二八字からなる墓誌を孝文帝自ら撰文している。窪添慶文（二〇一七）は、それまで北魏の皇族や北族は数百字に及ぶ墓誌を作ってこなかったが、孝文帝は南朝の墓誌を取り入れ、皇族をはじめとする官僚に墓誌の作成を求めたとする。実際、これ以後、北魏では北族・漢人を問わず、盛んに墓誌が作成されている。

貴族制の創出

これらの中国化政策と軌を一にして、孝文帝は四九五年（太和十九年）から翌年にかけて北族と漢人の家格（家柄のランク）を定める姓族分定《せいぞくぶんてい》を行った。北族は血統（部族長の子孫か否か）と北魏建国後の官位・爵位を基準に、漢人は三世代の官爵を基準に区分された。さらに帝室と通婚できる家柄として、北族の八姓（穆・陸・賀・劉・楼《ろう》・于《う》・嵆《けい》・尉《うつ》）と、漢人の五姓（魏晋以来、華北の名族とされた范陽《はんよう》の盧氏・清河《せいが》の崔氏・滎陽《けいよう》の鄭氏・太原《たいげん》の王氏・隴西《ろうせい》と趙郡の李氏）が定められた。また漢人と北族の間でも同等の家格同士で通婚を行わせた。以後、北魏はこの家格に基づく官僚登用を行った。

孝文帝は、南朝のような貴族社会を創出するために、姓族分定を断行しただけでなく、四九九年（太和二十三年）に南朝の宋・斉の官制を模倣して、清官（貴族の就くべき官職）・濁官（寒門の就く実務官）の区別も導入し、行政法規である令《れい》において明文化した。

ただし、南朝における家格は、貴族社会のなかから生じたもので、王朝主導で格づけが行われたわけではない。そのため第2章で述べたように、家格が制度的に固定化されておらず、意外と流動的であった。また、官の清濁の区別も同様で、南朝では法的に定められたものでなかった。こうした制度を王朝主導で決定した点に、孝文帝の貴族制構築を目指す強い意志を感じる。しかし、官の清濁に基づく官制運用は、孝文帝以降は十分に機能することはなかった。

改革断行の理由

孝文帝は、親政開始後に礼制改革を行って皇帝権を強化し、洛陽遷都を契機にさらなる中国化政策に邁進《まいしん》した。また北魏では重要案件を審議する「大議」にしばしば皇帝が参加していたが、孝文帝は官僚による「議」にも参加し、政策決定のコントロールを図った。

こうした諸改革は主に『周礼』や魏晋南朝の制度を参照しながら、一部に北魏前期の制度も踏まえて行われた。この一連の改革を支えたのは漢人官僚である。例えば李沖は、五胡諸政権の西涼の君主李暠《りこう》（漢人）の曽孫である。彼は文書担当の内朝官を歴任し、馮太后や孝文帝に重用されて諸改革に関わった。また献文帝期に捕虜となり、平斉民となった人々のなかにも、蔣少游のように学識によって孝文帝のブレーンになった人物がいる。

特に孝文帝の中国化政策に大きな役割を果たしたのが、南朝からの亡命者である劉昶（宋の文帝の子）と王粛《おうしゅく》（琅邪王氏）である。劉昶は洛陽遷都前の礼制改革に関わり、南朝宋の制度を伝えた。王粛は、父が斉の武帝によって反乱に追い込まれて殺害されたため、四九三年（太和十七年）に北魏に亡命し、劉備と諸葛亮《しょかつりょう》の関係に喩えられるほど孝文帝に信任され、中国化政策（儀礼・官制など）に関与した。このように孝文帝は、様々な出自の漢人官僚を用いて改革を進めていったのである。

では孝文帝がこれほど大胆な改革を行った理由は何だろうか。当時は中国文化の受容が進んでいたとはいえ、北族の社会・風習も根強く存在していた。北魏前期の体制も破綻するには至っていない。中国文化を受け入れつつも、従来通り北族中心の体制を維持する路線も不可能ではなかったと思われる。孝文帝が諸改革を断行した理由は、天下統一を新たな国家目標に据えたからである。彼は洛陽に遷都して諸改革を進める一方で、三度も親征して南朝の斉を攻撃し（四九四～五年、四九七～八年、四九九年）、本気で天下統一を考えていた。二度目の親征では河南西南部を獲得するという成果をあげている。彼は従来の北族との紐帯を重視する体制では、中国の「伝統」を継いでいると称する南朝貴族を統治できないと考え、天下統一にふさわしい国家体制として、中華皇帝を頂点とする貴族制社会を目指したのである。

実際に、孝文帝改革以後、北魏の官僚の間では南朝を「島夷《とうい》」（南方の野蛮人の意）と呼ぶことが増えてきている。

こうしてみると孝文帝の諸改革は時代の趨勢といった受動的要因だけでなく、天下統一を見据えた能動的選択の側面も強かった。しかし、孝文帝改革の結果、北族の結束は崩れて階層分化を引き起こし、後に大きな問題を引き起こすこととなる。

改革に対する反発

中国化と皇帝権の強化を進める孝文帝の改革に対し、北族のなかには反発する人々も存在した。それが表面化したのが四九六年（太和二十年）に起きた皇太子恂の乱と、平城における北族の反乱計画である。皇太子の元恂は、旧都である平城への移動を図って反乱を起こしたものの、すぐさま捕縛され、庶人に落とされ、翌年四月に謀反の疑いで毒殺された。享年十五。反乱の主な理由は皇太子の地位に対する不安である。孝文帝は勉強嫌いの元恂に不満を抱き、学問好きの次子の元恪《げんかく》（後の宣武帝《せんぶてい》）に期待を寄せるようになっていた。元恂は、こうした状況を打破するために反乱を起こしたのである。しかし、その行動は群臣の支持を欠き、ただちに鎮圧されてしまった。

四九六年（太和二十年）十二月には、平城で北族の名門出身の穆泰《ぼくたい》・陸叡《りくえい》らが反乱を計画した。しかし、すぐさま孝文帝に密告する者が現れ、反乱を起こす前に鎮圧された。反乱の首謀者である穆泰・陸叡をはじめ、その加担者には馮太后に重用されて高官となり、中国文化に親しんでいた人物が多く、中国化自体に批判的だった人物はごく一部である。彼らが反乱を企んだ理由は、改革によって政治的・経済的特権を奪われ、疎外感を味わったためである。また彼らは漢人官僚が孝文帝の側近となって影響力を持ったことに反発を抱いていた。

要するに、この反乱は北族貴族が特権回復を求めたにすぎなかったため、中下層北族の幅広い支持を得ることができなかったのである。そもそも孝文帝改革は、主に朝廷内での改革であったため、この段階では地方に居住する中下層北族に直接的被害をもたらしていなかった。そのため特に反乱を起こす意味がなかったのである。

そのほか四九八年（太和二十二年）八月には、北魏に服属していた遊牧民の高車が反乱を起こしている。その原因は孝文帝の南朝討伐にある。中華皇帝の意識を持っていた孝文帝は、高車を従順な軍事力とみなしており、南朝討伐への動員を図った。しかし、第1章で見たように高車は北魏と緩やかな部族連合の形をとっており、完全に傘下に入っていたわけではなかった。そのため彼らは南伐への動員を拒み、モンゴル高原に逃げようとしたのである。北魏は追討軍を派遣したが敗れたため、動員計画を中止し、高車を慰撫して再び帰順させた。孝文帝の描く中華王朝としての北魏像と、高車の描く部族連合としての北魏像の違いを感じさせる逸話である。

3　洛陽の栄華と門閥政治

洛陽の造営

孝文帝は、四九四年（太和十八年）頃から病気がちであったが、四九九年（太和二十三年）三月に行われた第三次南伐の最中に病に倒れ、洛陽に戻る途中の四月一日に三十三歳の若さで亡くなった。跡を継いだのは皇太子の元恪（宣武帝）である。十七歳で皇帝に即位した彼は、孝文帝の諸改革や洛陽造営を引き継いだ。

ここで孝文帝から宣武帝にかけて造営された洛陽城について概観しよう。基本構造は、宮城（南北一四〇〇メートル×東西六六〇メートル）＋大城＋外郭城（約南北七四〇〇メートル×東西九八〇〇メートル）の三重構造である（図3-2）。このうち宮城・大城は後漢および三国魏の洛陽城をもとに造営された。北魏洛陽城の画期的構造として、佐川英治（二〇一六）は、太極殿《たいきょくでん》と円丘《えんきゅう》（祭天儀礼場）を南北に結ぶ直線道路（御道《ぎょどう》）が外郭城の中軸線であることを指摘している。

孝文帝は、洛陽遷都前にも円丘・明堂《めいどう》といった儒教に基づく祭祀場を平城の南北に造営し、南北軸を意識していた形跡がある。おそらく孝文帝は遷都後の洛陽でも中軸線を意識してい

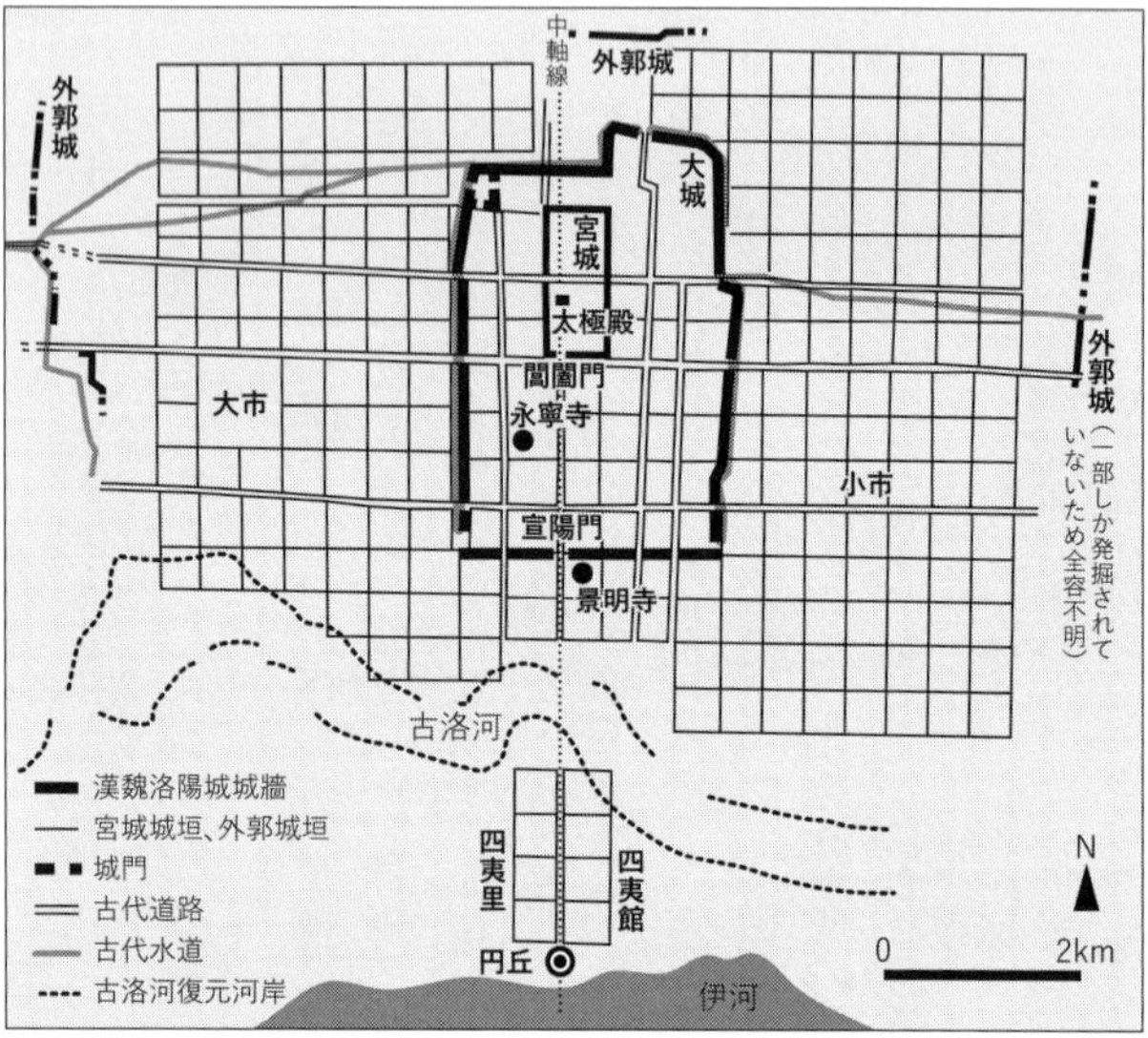

図 3-2●洛陽城図
出典：佐川英治 2018、225 頁をもとに作成

たと思われる。ただし、遷都後に孝文帝が洛陽に滞在したのは二年足らずであり、没したときには太極殿も円丘もできていなかった。孝文帝没後に洛陽造営を引き継いだ宣武帝は、孝文帝の意図を汲み、五〇一年（景明二年）に外郭城を造営し、円丘を洛陽城の南の伊水《いすい》のほとりに移築し、翌年には太極殿も竣工させ、中軸線を生み出したのである。

　宮殿と祭天儀礼場を都城の中軸線で結ぶ試みは、第2章で紹介した南朝宋の孝武帝について二例目である。孝文帝・宣武帝が宋の事例を意識していたかどうかはわからない。南朝からの亡命者が伝えた可能性も考えられよう。いずれにしろ皇帝と天を直線で結びつけて権威強化を図る試みが、南朝・北朝の双方で行われていることは興味深い。

また、宣武帝は同年、住民の管理を目的に、居住区を三百歩（約五百メートル）四方の壁（坊）で囲む城坊制《じょうぼう》（三二三坊）を始めた。城坊制は、中国における秦漢以来の築城技術の伝統や碁盤の目のような町割と、遊牧民の家畜管理の経験や、徙民《しみん》（強制移住）・計口受田などに代表される北魏の政治組織力が化学反応を起こして創出されたものである。右で見てきた北魏洛陽城の中軸線・城坊制は、隋・唐の長安城に引き継がれ、さらには日本の平城京・平安京にも影響を与えることとなる。

仏教都市洛陽

洛陽の人口について、五四七年（武定《ぶてい》五年）に編纂された楊衒之《ようげんし》撰『洛陽伽藍記《がらんき》』巻五城北には「戸十万九千余」とある。一戸あたり四人とすれば四三万六千人、五人ならば五四万五千人となり、おおむね五十万人ということになろう。さらに外国使節やシルクロード貿易を担ったソグド商人なども数多く到来した。

また、孝文帝以降、北魏は中華王朝としての自意識を高め、南朝も含めて四方から帰降した者を「夷狄」として扱い、洛陽城南の四夷《しい》里に居住させた。最盛期には一万戸（四～五万人）が暮らしていたといわれている。このように洛陽は華やかな国際都市でもあった。洛陽城内の東西に置かれた市場も活気に満ちていた。

この洛陽の景観を特徴づけていたのが仏教寺院である。『魏書』巻一一四釈老志によれば五一八年（神亀《しんき》元年）時点ですでに寺院数は五百を超えており、さらに『洛陽伽藍記』巻五城北によれば、十数年後の北魏末には一三六七に増加している。

官立寺院の代表には、宮城南に建設された永寧《えいねい》寺があげられる。この寺は孝文帝の計画に基づき、五一六年（熙平《きへい》元年）に建立された。寺内には洛陽最高層の九重木塔が建立され、仏殿も太極殿を象っていた。さらに貴重な仏典・仏像の保管所としても機能していた。すぐ近くには昭玄曹《しょうげんそう》（仏教教団を統括する官庁）も置かれており、永寧寺は北魏洛陽の仏教センターの役割を果たしていた。

大城正門の宣陽門の南に建立された景明寺も重要である。この寺は景明年間（五〇〇～五〇三）に造営された官立寺院である。景明寺は仏像を車などに乗せて練り歩く「行像《ぎょうぞう》」の出発地ともなっていた。『洛陽伽藍記』巻三城南・景明寺には、四月八日（仏誕節）に景明寺を発った仏像が洛陽の御道（中軸線上の道）を練り歩き、宮城正門の閶闔《しょうこう》門で皇帝の散花《さんげ》（花をまいて仏を供養すること）を受けたときの華やかで賑わった様子が記されている。「行像」は皇帝という存在を都の住民に可視化する重要なイベントとして機能したのである。

そのほか遷都と同時期に、洛陽の南一三キロメートルの伊水西岸に仏教石窟である龍門《りゅうもん》石窟が開かれた。龍門では五〇〇年（景明元年）頃に宣武帝の命で孝文帝と亡母（高氏）のための賓陽中洞《ひんようちゅうどう》の造窟が始まっている（図3-3）。龍門石窟には、仏像建立の経緯や目的などを壁面に刻んだ造像銘が多数残されており、そのなかには書道のお手本として有名な龍門二十品もある。これ以降、華北各地では、官僚から庶民・婦女に至るまで、個人や在家信徒団体（邑義《ゆうぎ》）によって盛んに石仏や仏教石窟が作られるようになり、現在、北朝時代の造像銘は二千点以上確認されている。

図3-3●賓陽中洞本尊像（2004年筆者撮影）

造像銘の多くには肉親の追善供養といった個別の願いとともに、皇帝崇拝や鎮護国家も記されている。これは仏教教団に派遣された教化僧が邑義の結成や造像事業に関わった際に、仏教崇拝とともに皇帝崇拝を指導したからである。当時の仏教教団のあり方がうかがえよう。

北魏後期の政争

四九九年（太和二十三年）、孝文帝は臨終の際に、弟や王粛などに新帝の補佐を命じた。しかし、宣武帝は五〇一年（景明二年）に彼らから実権を奪い、親政を開始した。彼は孝文帝路線を継承し、洛陽造営を続けたほか、南朝の梁を攻撃して激闘を繰り広げた。淮南の寿春《じゅしゅん》や四川北部の領土獲得に成功したものの、時に大敗を喫することもあり、五〇六〜五〇七年（正始《せいし》三〜四年）に行われた鍾離《しょうり》城の攻略失敗による死者数は二十万人ともいわれている。梁との境界線はその後も不安定な状況が続いた。一方、政治面では宣武帝の伯父（母の兄）で皇后の伯父でもある高肇《こうちょう》が尚書令・司徒といった高官を歴任して専権を振るった。

宣武帝は五一五年（延昌《えんしょう》四年）正月に三十三歳で亡くなった。跡を継いだのはわずか六歳の皇太子元詡《げんく》（孝明帝《こうめいてい》）である。このとき高肇は四川に侵攻していて洛陽に不在であった。そこで禁衛長官の于忠《うちゅう》が一時的に実権を握って高肇を殺害した。しかし、于忠に反発した群臣は皇太后胡《こ》氏（漢人）の臨朝を望んだ。彼女は宣武帝の妃であり、孝明帝の生母である。宣武帝の后妃たちが「子貴母死」を恐れて皇太子の生母となるのを願わなかったのに対し、彼女は「お腹の子が男であり、また〔宣武帝の〕長子となりますように。子が産まれれば自分が死んでも構いません」（『魏書』巻十三皇后伝）と祈願し、孝明帝を産んだ。中国文化に親しんでいた宣武帝は、孝文帝が既に廃止の意図をもっていたこともあり、五一二年（延昌元年）に元詡を立太子した際、皇子を産んだ胡氏を殺さなかったのである。孝明帝即位後、皇太后となった彼女は、幼少の皇帝にかわって実権を握った。死後の諡にちなんで霊太后《れいたいごう》とも呼ばれている。興味深い政策として、彼女は諸王から家庭内暴力を受けた妻を保護し、諸王の暴力行為を禁止している。当時としては珍しい命令であり、女性権力者ならではの方策といえよう。

孝明帝期は北魏の実権をめぐって激しい政争が繰り広げられ、五一五〜五二〇年は胡太后、五二〇〜五二五年は元叉《げんさ》（道武帝の子孫で胡太后の妹婿：墓誌は元乂《げんがい》とする）、五二五〜五二八年は再び胡太后といった具合に目まぐるしく権力者が変わった。孝明帝も徐々に成長し、胡太后と対立するようになった。また、宣武帝期から孝明帝期初めにかけて凶作・飢饉・水害・干害が続いたほか、五年にわたって地震が頻発した結果、民衆の不安が高まり、河北では仏教僧を指導者とする反乱（大乗《だいじょう》の乱など）が相次いだ。

反乱を起こした近衛兵

孝文帝改革によって貴族制が創出された結果、宣武帝期から孝明帝期にかけて、高官は皇族・貴族（北族・漢人）が独占した。皇族諸王や北族貴族は、豪奢《ごうしゃ》な生活・収賄・売官・営利事業などを展開し、北族間の格差が広がっていた。漢人貴族も高官や中堅官僚に大幅に進出し、その地位を保持するために高肇や胡太后・元叉といった権力者にすり寄っていた。

窪添慶文（二〇一七）によれば、このころの官僚登用は、姓族分定で決められた家格によって起家官（初任官）に差がつけられ、昇進もかなりシステマティックであった。そのため家格の差が昇進に大きく影響したのである。もちろん学識や政務能力、または権力者との関係によって逆転は可能である。孝文帝改革後、定期的に考課（人事評価）を行うことが宣言されており、能力・業績も考慮された。しかし、中国文化に親しんでおらず、文書行政にも精通していない中下層の北族は、徐々に官界から排除されるようになってしまった。その結果、中下層の北族の不満が増大していくこととなる。

彼らの不満は五一九年（神亀二年）に近衛の暴動（羽林《うりん》の変）の形をとって現れる。孝文帝は洛陽遷都後の近衛（羽林・虎賁《こほん》）に洛陽に移住した北族（代遷戸）を登用した。しかし、彼らに特権はなく、高官・中級官僚になる機会もほとんどなかった。五一九年（神亀二年）頃に漢人官僚の張仲瑀《ちょうちゅうう》が清官（貴族が就任する官）に武人を登用しないよう提言すると、近衛兵の不満が爆発した。同年二月、憤激する羽林・虎賁の兵士千人ばかりが集まって、尚書省の庁舎に罵声をあびせて投石したのち、張仲瑀の館を焼き打ちし、その父と兄を死に追いやったのである。

これに対し、朝廷は首謀者八人を処刑したものの、それ以外の者の罪は不問に付してしまった。さらに近衛の武人にも文官に転任する資格を与えた。その結果、官職が不足してしまった。そのため中下級官僚の官職任用基準を変更し、「停年格《ていねんかく》」を制定した。これは前官をやめてからの待機期間の長い順に空きポストにつけるというものである。これによってひとまず近衛の不満は解消された。しかし、人事が停滞し、官界の空気も沈滞してしまった。また、中下層北族全体の不満が晴れたわけではない。本格的な火の手は北辺の六鎮からあがることとなる（第４章参照）。

北魏後期の部族民

ここまで孝文帝没後の中央政界について述べてきた。孝文帝の中国化政策が北魏に大きな影響を与えたことが見て取れよう。文化面でも儒教が重視されたほか、五胡諸政権の歴史をまとめた崔鴻《さいこう》撰『十六国春秋』や河川に注目した地理書の酈道元《れきどうげん》撰『水経注《すいけいちゅう》』などが編纂されている。

ただし、この時期にも中国化政策に対して距離をとり、遊牧生活を維持する人々が存在した。『洛陽伽藍記』巻三城南・龍華寺に、

北夷の酋長《しゅうちょう》（部族長）が子を派遣して入朝する場合は、いつも秋に来て春に帰り、中

国の暑さを避けたので、当時の人はこれを雁臣《がんしん》と呼んだ。

とあるように、遷都後も秋に洛陽に来て、春になると北方へ帰って遊牧生活を行う部族民の「酋長」は、渡り鳥のような行動から「雁臣」と呼ばれていた。彼らは平時には遊牧生活を送り、時に北魏の軍事行動に参加した。また、彼らは洛陽に赴くたびに名馬を持参して交易を行った。吉田愛《あい》（二〇一八）によれば、洛陽遷都後、孝文帝は馬を確保するために、洛陽北東の黄河流域の東西約一三〇キロメートルに及ぶ広大な土地を牧地（馬場）とし、平城から家畜を移動させた。さらに官営牧場のある河西からも馬を并州（太原）経由で、風土にならしつつ徐々に南下させて、「馬場」に運び込んでいた。北魏はこうした公的な軍馬供給のほか、「雁臣」たちからも馬を購入していたのである。

「雁臣」以外にも北魏の北方・西北方には部族民を率いる部族長が多く存在していた。北魏はたびたび北辺に使者を派遣し、部族長に対して軍事の慰労や賑恤《しんじゅつ》（食糧の供給）を行い、彼らを通じて部族民を間接支配していた。また、北魏は西北地方の中下級官僚に、諸部族の領袖や有力者を登用し、その取り込みを図った。しかし、孝文帝改革に対する彼らの不満は消えなかった。宣武帝期から孝明帝期（五二三年以前）にかけて、関中では氐・羌・汾州胡《ふんしゅうこ》などの反乱が発生している。なかには独自の年号を立てて独立を図る動きも存在した。こうした北魏からの自立を図る動きは、五二三年（正光《せいこう》四年）以降に爆発的に増加することとなる（第4章参照）。

＊

馮太后は三長制・均田制を導入し、華北支配を進めていった。馮太后没後に親政を開始した孝文帝は、天下統一を目指し、礼制改革を皮切りに洛陽遷都や中国化政策を進め、中華皇帝を頂点とする貴族制社会の構築を図った。しかし、孝文帝改革には北魏前期の制度や文化を踏まえた部分もあり、単に漢人に同化したわけではない。また、孝文帝改革後も遊牧生活を維持する人々が存在した。宣武帝・孝明帝期には北族内部で格差が拡大し、中下層の北族の不満が高まっていった。彼らの怒りは五二三年（正光四年）に頂点に達し、六鎮の乱が発生することとなる。この反乱の結果、北魏はおろか南北朝全体が動乱の時代に突入するのである。次章で詳しく見ていきたい。

第4章　東魏と西魏の死闘——北朝Ⅲ

五世紀末に断行された孝文帝の諸改革によって北魏の中国化は進み、北魏を正統なる中華王朝とみなす意識も浸透していった。しかし、貴族制を導入した結果、高官は皇族や北族・漢人の貴族で占められるようになり、改革から取り残された中下層北族の不満が徐々に高まってしまった。そして五二三年に六鎮の乱が発生した結果、瞬く間に華北は戦乱に陥り、北魏の分裂という事態に発展してしまうのである。本章では、この六鎮の乱から、北魏の東西分裂を経て、東魏と西魏の死闘と模索までを見ていきたい。

1　六鎮の乱と爾朱栄の専横

鎮民・部族民の不満

孝文帝の諸改革によって、北魏が貴族制国家に変貌した結果、北族内の格差が広がり、特に北魏の北辺に居住する中下層北族の不満が高まっていた。その不満が爆発に至る遠因は、北魏前期に設置された「鎮」にある。これまで北魏は、征服した土地に鎮を設置し、その長官（鎮都大将）に北族を派遣して軍政を敷いていた。鎮は孝文帝期から徐々に州・郡に置き換えられていったが、遊牧民に対処するために北辺・西北辺に設置した鎮は、そのまま継続された。

特に重要だったのが長城地帯に設置された沃野《よくや》・懐朔《かいさく》・武川《ぶせん》・撫冥《ぶめい》・柔玄《じゅうげん》・懐荒《かいこう》の六鎮である。北魏前期における六鎮は、首都の平城を柔然から防衛する重要拠点であったため、北族や漢人の有力者の子弟も派遣され、鎮とその周辺に住む人々（鎮民）には、華北の庶民とは別の戸籍が与えられた。また、北魏に征服された北涼（河西）や北燕（遼東）などの人々が移住させられたほか、服属した高車の一部も安置された。

しかし、孝文帝の洛陽遷都によって、六鎮は首都の防衛拠点から北辺の防衛拠点に格下げされ、重要性が薄れて政治的地位は下落してしまった。派遣される鎮都大将の質も悪化し、鎮民や服属する高車・諸部族を蔑視《べっし》・搾取する有様であった。当然、鎮民や諸部族は北魏に対して不満を抱くようになった。さらに孝文帝改革によって北族内の格差が広がったこともあり、五二〇年代初めの六鎮はすでに爆発寸前の状態だったのである。

六鎮の乱

では、この状況に火をつけてしまった直接の原因は何だろうか。佐川英治（二〇一七）は柔然対策の失敗こそが原因であるとする。北魏のライバルとしてモンゴル高原を支配していた柔然だったが、支配下に置いていた高車が四八〇年代に独立したのを契機に徐々に弱体化していった。天山山脈一帯を支配した高車は、シルクロード貿易を担うソグド人と提携し、東西貿易の利益を掌握し、西方に勢力を伸ばした。中央ユーラシアは、モンゴル高原の柔然、天山山脈の高車、中央アジア西部を支配する遊牧国家エフタルの鼎立状態となったのである。

高車との死闘を展開していた柔然では、五二〇年（正光元年）に内乱が発生し、十一代君主である可汗の阿那瓌《あなかい》（在位五二〇～五五二）が北魏に投降する事態に陥った。このとき北魏の実権を握っていた元叉（道武帝の子孫で胡太后の妹婿）は、阿那瓌を支援することに決めた。しかし、このころ、柔然は高車の攻撃を受けて混乱状態にあった。そのため北魏は、ひとまず阿那瓌を懐朔鎮周辺に安置することにしたのである。これが裏目に出てしまった。五二三年（正光四年）、阿那瓌は飢饉を理由に六鎮周辺で略奪を繰り返したあげく、モンゴル高原に戻って柔然の可汗に返り咲き、さらには北魏の派遣した追討軍をかわすことにも成功したのである。これを知った六鎮周辺の諸部族は、柔然を制することのできない北魏に不満を抱いた。このとき朝廷では、鎮民のなかでも、特に中原から派遣された北族・漢人の子孫を慰撫するため、六鎮を州に改めるという提案がなされた。しかし、六鎮周辺に住む諸部族や高車は、この提案を中国化政策および部族解散の一環であると捉えて怒りを爆発させたのである。

五二三年（正光四年）冬、沃野鎮で破落汗抜陵《はらくかんばつりょう》が挙兵し、真王《しんおう》元年と改元して北魏に反旗を翻した。この反乱に高車や諸部族が呼応し、たちまち沃野・懐朔・武川・撫冥・柔玄・懐荒に波及した。いわゆる六鎮の乱の始まりである。破落汗抜陵は、北魏の官制を模倣しつつ、各地の部族長に王号を与えて部族連合の形をとり、沃野鎮・懐朔鎮・武川鎮を立て続けに陥落させた。

六鎮の乱は、初期段階では民族反乱の要素が強かったが、鎮民のなかからも呼応する者が次々に現れ、その勢力は瞬く間に拡大していった。いわば北魏内部の問題とユーラシア大陸東部の勢力争いが連動して引き起こされたのである。

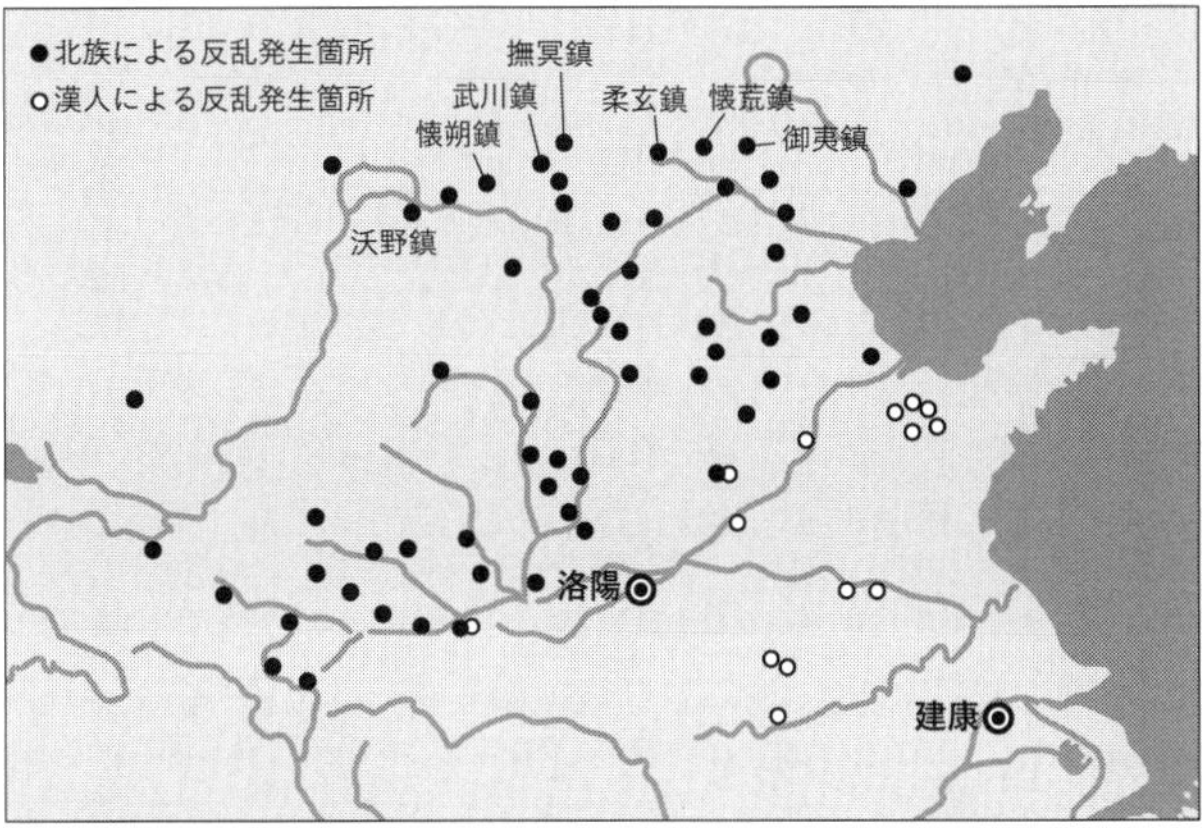

図4-1●孝明帝期の反乱
出典：吉田愛 2005 をもとに作成

華北に広がる戦乱

六鎮と同様の事態は西北辺の鎮や州でも発生していた。西北地帯の州には孝文帝改革後も遊牧生活を送る部族民や、庶民と別の戸籍（軍籍）を持つ城民が多数存在しており、彼らの不満も高まっていたのである。そのため反乱のうねりは、北魏の西北辺にも波及し、五年ほどの間に三十以上の反乱が各地で発生し、華北は戦乱状態に陥ったのである（図4-1）。この隙に乗じて南朝の梁も淮水一帯で攻勢に出て次々に領土を広げていった（第5章参照）。高句麗も遼西に侵入している。

北魏も、この混乱に無策でいたわけではない。六鎮の乱を引き起こした破落汗抜陵に対して、柔然の阿那瓌とあえて手を組んで挟撃したのである。その結果、五二五年（孝昌《こうしょう》元年）六月に抜陵は破れ、二十万といわれる反乱軍は北魏に降伏した。この後、阿那瓌は北魏と安定した関係を築き、高車攻撃に全力を傾けることとなる。また、青海を支配する吐谷渾とも婚姻を通じて関係を強化していたことが、近年発見された「吐谷渾庫羅伏《こらふく》墓誌」から判明している。制度面では、勅連頭兵豆伐可汗《ちょくれんとうへいとうばつ》と号する一方で、北魏の官制を参考にした中国的制度を一部導入し、遊牧的官制と併用するようになった。なお、抜陵は柔然に殺されたともいわれているが、史料に明記されておらず、その最期はよくわからない。

このとき北魏に降伏した反乱軍は河北に移されたが、そのなかから再び吐斤洛周《ときんらくしゅう》（『魏書』は杜洛周）・鮮于《せんう》修礼《しゅうれい》や葛栄《かつえい》などが反乱を起こした。このうち葛栄は各地の反乱軍を飲み込み、河北で大勢力を築き、五二六年（孝昌二年）九月には天子を称して、国号を斉とした。

このころから北魏朝廷が徐々に機能しなくなってしまった。第3章でもふれたように、六鎮の乱の発生前後、北魏の朝廷では、権力闘争が続いていた。五二〇年（正光元年）に禁衛長官の元叉がクーデターを起こして胡太后を幽閉して実権を握った。彼の柔然対策が六鎮の乱を招いたことは先に述べた。六鎮の乱が深刻化するなか、五二五年（孝昌元年）二月に胡太后は元叉から実権をとり戻し、再び臨朝を開始したが、今度は成長した孝明帝と対立するようになってしまった。こうした権力闘争の影響で、朝廷は諸反乱になかなか有効な対応をとれなかったのである。

爾朱栄の登場と河陰の変

このような状況下に彗星《すいせい》の如く現れたのが爾朱栄《じしゅえい》である。彼は北秀容《しゅうよう》（現在の山西省忻《きん》州《しゅう》市）に勢力を持っていた契胡《けいこ》という遊牧民であり、第3章末で紹介した雁臣の典型例である。その先祖は北魏の道武帝に服属し、代々、首長を世襲し、牧畜生活・部族を維持し、爾朱栄の代に至っても八千戸を率いていた。彼は決断力や指揮能力に優れており、私財（家畜）を投じて兵を集め、六鎮の乱後に山西各地で発生した反乱を鎮めて名を馳せたのである。

彼のもとには、北魏でくすぶっていた官僚や六鎮の乱参加者など様々な人材が集まった。例えば元天穆《げんてんぼく》（平文帝子孫）は、朝廷から使者として爾朱栄のもとに赴いた際に意気投合し、兄弟の契りをかわして腹心として活躍した。また、六鎮の乱発生後には、のちに南朝の梁を壊滅させることとなる侯景や、東魏の実権を握ることとなる高歓も仕えている。

胡太后との対立が深まるなか、爾朱栄の娘を妃とした孝明帝は、徐々に爾朱栄に期待を寄せるようになった。そこで彼は奪権を図って爾朱栄を洛陽に招聘した。これに対して胡太后は、五二八年（孝昌四年）正月に後宮で生まれたばかりの孝明帝の娘を男児と偽った上で二月に孝明帝を毒殺し（享年十九）、生後五十日の女児を帝位につけたのである。ただし、群

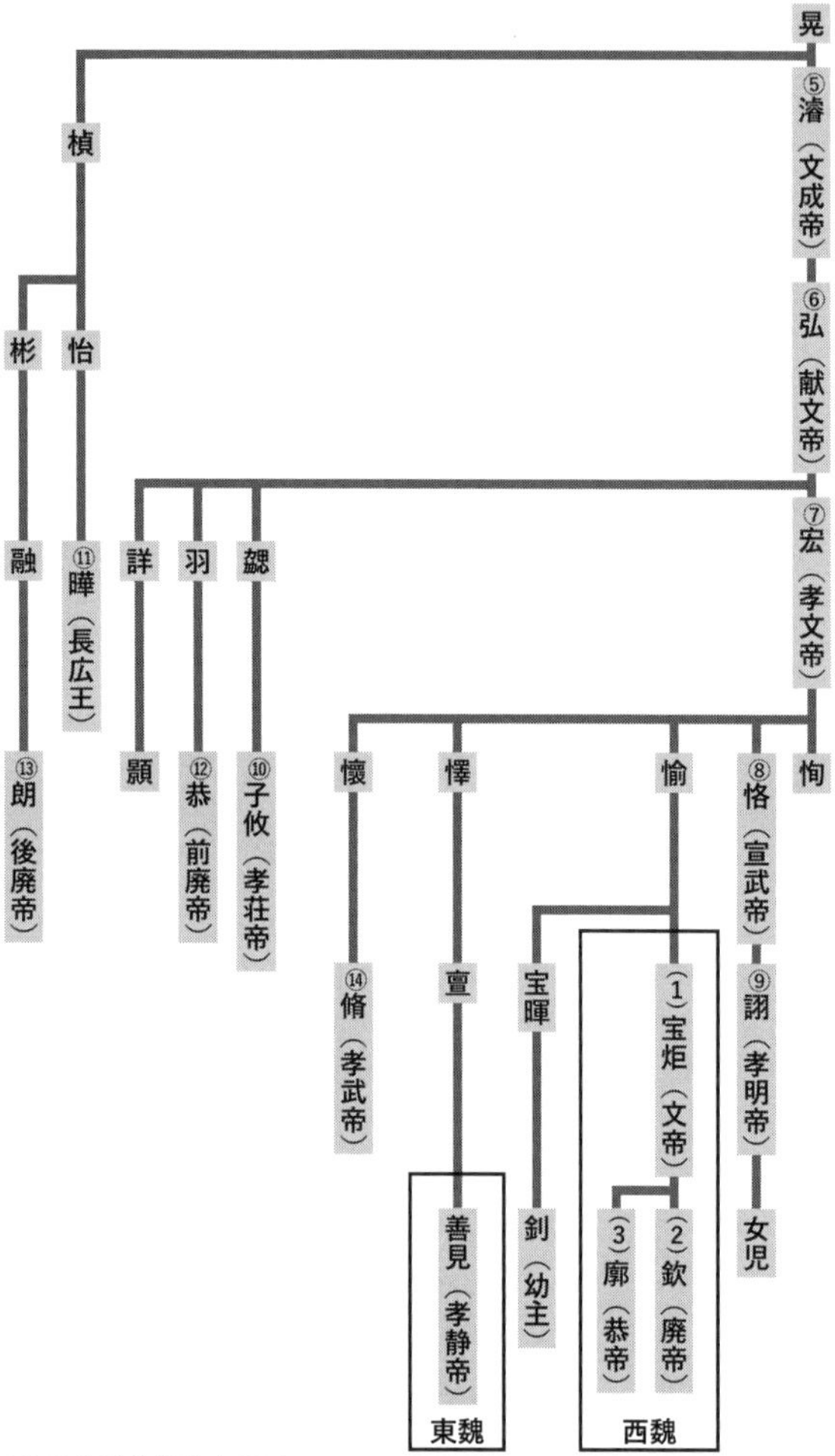

図 4-2●北魏後期皇帝系図

出典：筆者作成。皇帝の代数は窪添慶文 2020 に依拠した。

臣の動揺が収まったのを見た胡太后は、すぐさま皇帝が女児であることを明かして廃し、改めてわずか三歳の元釗《げんしょう》（孝文帝の曽孫：幼主《ようしゅ》）を擁立した。

これを受けて爾朱栄は、同年四月に献文帝の孫の元子攸《げんしゆう》（孝荘帝《こうそうてい》）を擁立した（図４-２）。孝荘帝とともに洛陽に進駐した爾朱栄は、四月十三日に胡太后と幼主を捕えて黄河に投げ込んで殺害し、二千人以上の官僚を虐殺した。この事件は河陰《かいん》の変と呼ばれている。このとき被害にあった高官の多くは北魏皇族・漢人貴族であり、北族はあまり殺害されていない。このことは北族の中央官僚就任者が減少していたことや、北族優位路線という爾朱栄の政治姿勢を示唆している。

爾朱栄政権の成立

北魏の実権を掌握した爾朱栄は、帝位簒奪を図って、黄金で自分の像を作らせて成否を占った。しかし、鋳造《ちゅうぞう》に失敗して自身も錯乱状態に陥ってしまい、帝位を狙ったことを後悔して即位を諦めたと伝えられている。実はこうした鋳像占いは、遊牧民の風習の一つであり、北魏前期でも皇后を立てる際に行われていた。例えば明元帝の寵妃であった姚氏は鋳像に失敗し、ついに皇后にはなれなかった。ほかにも爾朱栄が遊牧民の風習を維持していたことを示す逸話が残されている。爾朱栄は入朝すると孝荘帝や王公のみならず、皇后・公主・王妃などとともに、遊牧民の風習である宴射（弓射大会&宴会）を行い、帝の矢が的にあたるたびに官僚・女性たちとともに舞い踊り、酔えば必ず鮮卑語の歌（「樹梨普梨《じゅりふり》の曲」）を熱唱したと伝えられている。

さて、すんでのところで皇帝の座を維持した孝荘帝は、爾朱栄の歓心を得るため、孝明帝の妃だった爾朱栄の娘を皇后に立てた。外戚となった爾朱栄は、同年五月に晋陽《しんよう》（現在の山西省太原）に戻って、元天穆・爾朱一族や側近を中央の要職に就け、彼らを通じて洛陽を監視・統制して専権を振るった。

以後、爾朱栄は次々に軍功をあげていく。まず、五二八年（建義《けんぎ》元年）九月に葛栄が河北から百万人と称する大軍を率いて進軍してくると、その伸びきった隊列をわずか七千人で襲撃して葛栄を捕えることに成功した（滏口《ふこう》の戦い）。このとき二十万人が降伏し、河北の反乱集団の多くは爾朱栄に吸収されていった。そのなかには、後に西魏の実権を握ることとなる武川鎮出身の宇文泰《うぶんたい》が含まれている。爾朱栄は葛栄打倒の功績によって、大丞相（最高官）に就任し、名実ともに群臣のトップに立った。

翌年五月には、梁の武帝によって「魏主」に立てられた元顥《げんこう》（河陰の変後に梁に亡命した北魏皇族）が梁の名将の陳慶之《ちんけいし》とともに北上してきた。陳慶之はわずか七千の兵士で北魏軍を次々に打ち破り、なんと洛陽を占領したのである。これに対し、爾朱栄は百万と号する大軍で攻撃を加えて洛陽を奪還した。元顥は逃亡途中で殺され、陳慶之は僧侶に変装してからくも梁へ帰国した。このことは第５章でも触れることになる。

そのほか爾朱栄は一族の爾朱天光《じしゅてんこう》を関中に派遣している。この地では羌人の莫折念生《ばくせつねんせい》や匈奴の万俟醜奴《ぼっきしゅうど》などが次々に挙兵していたが、爾朱天光は関中平定に成功した。このように爾朱栄は次々に反乱勢力を鎮圧し、華北の再統一におおむね成功したのである。

爾朱栄の誅殺

爾朱栄が実権を握るなか、孝荘帝は孝文帝路線に反する政策を行った。五二九年（永安《えいあん》二年）四月には父の元勰《げんきょう》（孝文帝の弟）を宗廟に祀るために、文穆《ぶんぼく》皇帝（尊号）と粛祖《しゅくそ》（廟号）を贈った上で、孝文帝を「伯考」（伯父の意）に格下げした。さらに爾朱栄に対して北魏前期の最高ランクの将軍号である柱国《ちゅうこく》大将軍、ついで天柱《てんちゅう》大将軍を授けている。このうち柱国は、もともと戦国時代の楚で使われていた官名であり、北魏前期に復活したものである。そのほか爾朱栄を太原王に封じたのをはじめとして、北魏前期と同様に皇族以外の北族にも王爵を与えている。

これらの政策には爾朱栄の意向が強く働いている。先に見たように爾朱栄は、遊牧生活・風習を維持していたほか、勢力を拡大するなかで、多くの諸部族を取り込んできた。その一方、彼は漢人との連携は図らなかった。爾朱栄は孝文帝路線に反発し、北魏前期の体制の復活を志向していたのである。

ただし、このとき孝荘帝は、孝文帝改革で生み出された官制・儀礼などを全て北魏前期の体制に戻したわけではない。あくまで部分的な改変にとどまった点に注意すべきである。また孝文帝改革は、中国化とともに帝権強化も図っており、孝荘帝からすると全面的に否定するものではなかった。孝荘帝自身も爾朱栄と異なり、漢人官僚を側近に登用している。むしろ彼は、専権を振るう爾朱栄に対し、徐々に不満と警戒心を抱くようになっていった。

そこで孝荘帝は、漢人官僚の協力を得て、五三〇年（永安三年）九月に洛陽に来た爾朱栄と元天穆の誅殺を図った。孝荘帝は爾朱皇后に男児が生まれたと称して、九月二十五日に爾朱栄・元天穆を呼び出して入朝させた。このとき孝荘帝は緊張のあまり、顔面蒼白になったため、酒を飲んで頬を染め、爾朱栄らを待ったと伝えられている。一方の爾朱栄は孝荘帝を軽んじ、備えもせずに宮中に入った。

> 帝は明光殿の東廊に伏兵を置き、爾朱栄とその長子の菩提《ぼだい》・元天穆らを引き入れた。座が定まると、光禄少卿《こうろくしょうけい》の魯安《ろあん》・嘗食典御《しょうしょくてんぎょ》の李侃晞《りかんき》らが刀を抜いて斬りかかった。爾朱栄は窮地に陥り、帝の座席に飛び込んだ。帝は事前に膝下に刀を忍ばせておき、自ら

刀をとって斬りつけた。魯安らはめった斬りにし、爾朱栄・元天穆・爾朱菩提は同時に死んだ。時に爾朱栄は三十八歳であった。（『魏書』巻七十四爾朱栄伝）。

孝荘帝は宮殿内で自ら刀を振るい、爾朱栄や元天穆を誅殺したのである。誅殺後、孝荘帝が爾朱栄の持っていた笏《こつ》（入朝する際に持つ板）を見てみると、裏側に爾朱栄の腹心以外は皇帝の側近から外す提案が記されていた。帝は「こいつめ、もし今日をすぎていたら、制することはできなかっただろう」（『北史』巻四十八爾朱栄伝）と言ったと伝えられている。この話が事実ならば、孝荘帝はギリギリのタイミングで爾朱栄を誅殺したことになる。

2　東魏の権臣高歓の苦悩——勲貴と漢人貴族の狭間で

立ちあがる高歓

爾朱栄の誅殺後、洛陽の人々は快哉《かいさい》を叫んだといわれている。しかし、孝荘帝の栄華はあまりにも短かった。爾朱栄の死後、すぐさま爾朱一族が各地で蜂起したのである。特に晋陽で挙兵した爾朱兆《じしゅちょう》（爾朱栄の甥）は、元曄《げんよう》（景穆《けいぼく》太子拓跋晃の曽孫：長広王）を擁立して次々に朝廷軍を破り、十二月には洛陽に進撃してきた。その鋭鋒の前になすすべもなく孝荘帝は捕えられ、晋陽に連行されて殺された（享年二十四）。

洛陽を占拠した爾朱兆は、翌年二月には自身が擁立した元曄を用済みになったとばかりに廃し、改めて元恭《げんきょう》（献文帝の孫）を即位させた（前廃帝：別名は節閔帝《せつびんてい》）。爾朱兆は叔父の爾朱栄と同様に、晋陽に滞在して北魏の実権を握ろうとしたが、そううまくはいかなかった。爾朱一族の内部対立が発生しただけでなく、渤海《ぼっかい》の高氏・范陽の盧氏といった河北の漢人貴族の挙兵が相次いだためである。北魏は再び混迷状態に陥った。

この状況を見て立ちあがったのが、爾朱栄の部下であった高歓である。彼は四九六年（太和二十年）に六鎮の一つである懐朔鎮に生まれた。渤海の高氏を自称しているものの、実際には鮮卑であったとされる。そのことは彼が鮮卑風の賀六渾《がりくこん》という字《あざな》（呼び名）を持っていることからもうかがえよう。その生家は馬も飼えないほど貧しく、彼も賦役に駆り出されていたが、そこに転機が訪れた。北族の有力者である婁《ろう》氏の娘（婁昭君《ろうしょうくん》）が、彼にまさかの一目ぼれをしたのである。彼女は肉体労働に励む高歓を見て、「この人こそ、まさに私の夫だ」（『北史』巻十四后妃伝下）と言い、召使いを通じて高歓に思いを伝えたとされている。彼女は高歓の貧しさを慮り、私財をつぎ込んで彼にかわって結納品を整え、両親に結婚を認めさせた。高歓は彼女を妻に迎えたことで資産を得て、初めて馬を持つことができたと伝えられている。

その後、高歓は妻のおかげで手に入れた馬を懐朔鎮に献上して末端官人となった。しかし、伝令として洛陽を訪れた際に、近衛による官僚襲撃事件——羽林の変（五一九年：第3章参照）に遭遇し、北魏の終わりが近いことを覚《さと》った。そこで北魏に見切りをつけた彼は、妻昭君とともに資産を投じ腕に覚えのある仲間を集めたのである。そのなかには、当時、懐朔鎮の下級官人であった侯景もいた。六鎮の乱勃発時の高歓の動向についてはよくわからないが、五二五年（孝昌元年）の杜斤洛周の反乱に参加していることは確認できる。しかし、高歓は、杜斤洛周に早々に見切りをつけると、葛栄、ついで爾朱栄のもとに馳せ参じ、その側近として活躍した。そして、ついに旧葛栄集団の統率を任されるまでになったのである。

爾朱栄没後に爾朱兆が北魏の実権を握ると、高歓は食料調達を名目に河北に移動し、五三一年（普泰《ふたい》元年）六月に漢人貴族と連携して元朗《げんろう》（景穆太子の玄孫：後廃帝）を擁立し、爾朱氏との対決に踏みきった。翌年、高歓が河北の重要拠点である鄴《ぎょう》（現在の河北省邯鄲《かんたん》市臨漳《りんしょう》県）を占領すると、爾朱兆は二十万と称する大軍を派遣した。同年閏《うるう》三月、約三万の兵士を率いた高歓は、鄴の郊外の韓陵《かんりょう》で四方を包囲されながらも、円陣を組んで激闘の末に爾朱氏を打ち破り（韓陵の戦い）、その勢いで洛陽・晋陽を占領した。高歓に敗れた爾朱兆は、爾朱氏の本拠地である山西の秀容に逼塞《ひっそく》し、五三三年（永熙《えいき》二年）正月に攻め滅ぼされた。

なお、高歓は爾朱氏を滅ぼした後、孝荘帝の皇后であった爾朱栄の娘（大爾朱氏）と、元曄の皇后であった爾朱兆の娘（小爾朱氏）を側室に迎えている。高歓は、正妃の婁氏よりも大爾朱氏を敬い、会うときには正装し、自ら下官（下僕）と称するほどであった。爾朱氏の娘を娶ることで、爾朱氏に仕えた北族の支持を得ようとしたのであろう。

話を韓陵の戦い直後に戻そう。五三二年（中興二年）四月、洛陽占領に成功した高歓は、爾朱兆が擁立した元恭と自らが擁立した元朗をともに廃して、新たに孝文帝の孫の元脩《げんしゅう》を擁立し（孝武帝）、元恭を殺害した（享年三十五）。孝文帝の血を引いている元脩を、わざわざ帝位につけたのは、孝文帝路線の継承を望む漢人官僚の支持を集めるためである。ただし、孝武帝は即位の際に、七人の男が担ぐ黒いフェルトの上に乗って、西向きに天を拝する儀式を行っている。これは鮮卑の伝統的な儀式スタイルである。ここから高歓が河北の漢人貴族と北族の板挟みのなか、両者のバランスを巧みにとらざるを得なかった様子がうかがえる。なお同年十一月に元曄・元朗も殺害された（享年不明・享年二十）。

東魏の成立と鄴・晋陽

高歓は大丞相に就任したのち、爾朱栄と同様に晋陽に大丞相府（覇府）を設置し、側近を洛陽に送り込んだ。一方の孝武帝は傀儡《かいらい》の地位に満足せず、爾朱氏討滅後に関中を支配した

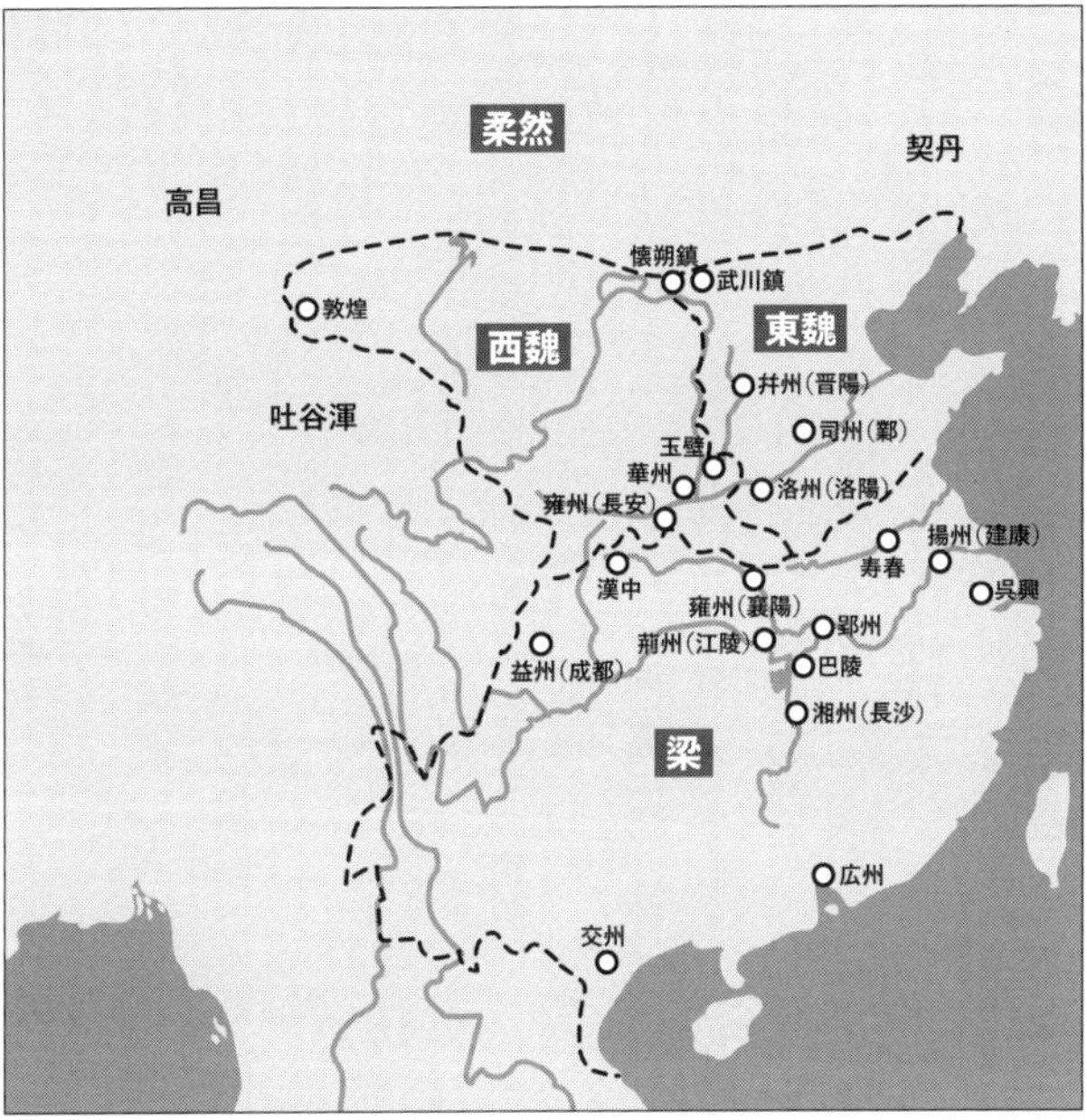

図4-3●東魏・西魏・梁（546）
出典：『中国歴史地図集　第四冊』をもとに作成

賀抜岳《がばつがく》（もとは爾朱栄の部下）や宇文泰と連携し、高歓との対立姿勢を示した。しかし、孝武帝は五三四年（永熙三年）七月に高歓の圧力に耐えきれず、関中の宇文泰のもとへ脱出した。このとき孝武帝（東魏・北斉では出帝《しゅってい》と呼称）に従ったのは一万人足らずだったといわれている。北魏の中央軍の大半を吸収した高歓は、同年十月に孝文帝の曽孫である十一歳の元善見《げんぜんけん》（孝静帝《こうせいてい》）を擁立した。高歓は、孝静帝を孝明帝の跡継ぎとし、孝文帝―宣武帝―孝明帝という系統に連なることを表明し、孝文帝路線継承を宣言したのである。

続けて高歓は洛陽を離れて鄴に遷都した。鄴は、後漢末の曹操《そうそう》が拠点を置いた場所として知られているが、魏晋南北朝期に周辺の灌漑《かんがい》・水運の改良が進み、河北平原の物資の集散地として機能していた。一方の洛陽は、北魏末の動乱によって荒廃していた上に、西魏や梁から攻めやすい場所にあった。そこで高歓は軍事的にも経済的にも安定していた鄴に遷都したのである。これがいわゆる東魏の成立である。これにより北魏は分裂し、高歓が実権を握る東魏と、宇文泰が実権を握る西魏が華北の東西に対峙することとなる(図4-3)。

遷都後、高歓は曹操が整備した鄴城(北城)の南に、洛陽を模した南城を造営し、王都としての体裁を整えた。しかし、彼自身は鄴と晋陽の覇府を行き来し、鄴には重臣や跡継ぎの高澄を派遣して実権を掌握した。では、高歓はなぜ晋陽に覇府を置いたのだろうか。

もともと晋陽周辺は、遊牧と農耕の混在する地域(農業・遊牧境界地帯)であり、北魏後期になっても遊牧民の部族長が散在していた。さらに爾朱栄が覇府を設置したことにより、六鎮由来の武将・兵士も大量に居住するようになった。実際、晋陽のあった現在の山西省太原市からは、多くの北族系の東魏・北斉の功臣の墳墓が見つかっている。そのため晋陽を押さえることが軍事的にきわめて重要だったのである。

また晋陽は、鄴・洛陽のみならず、北方のモンゴル高原や西方のオルドスともつながる交通の要衝であった。このことは軍事面のみならず、経済的意義も大きかった。晋陽にはシルクロード貿易の担い手であるソグド人の集落が存在し、中央アジア経由で多くの商品が流入していた。太原付近の墓からは、東ローマ帝国やサーサーン朝・中央アジア由来の文物も出土している。高歓は軍事・経済を一手に握るため、晋陽に覇府を置いたのである。

勲貴と貴族の間

東魏の実権を握った高歓は、永熙二年（五三三）四月に作成した父親（高樹生《こうじゅせい》）の墓誌に「勃海滌人」と記しているように、早い段階で漢人貴族である渤海の高氏を自称していた。漢人貴族も高歓が爾朱兆に反旗を翻した際に、民衆を結集した「郷兵《きょうへい》」を率いて協力し、それに応えて高歓も積極的に漢人貴族を登用している。東魏の官制も、おおむね北魏後期のものを踏襲しており、制度面では孝文帝路線を継承したといえる。

しかし、もともと爾朱栄の配下であった高歓は、六鎮の中下層北族や漢人豪族を取り込むことで権力掌握に成功したのである。高歓を支えた彼らは勲貴《くんき》と呼ばれ、東魏の軍事力を担って、大きな影響力を持っていた。鮮卑語由来の庫真《こしん》という護衛官が設置されたほか、軍隊の号令にも鮮卑語が用いられたほどである。このように東魏は、漢人貴族の支持する孝文帝路線をベースとしつつも、北族重視路線が入り混じっているのである。

高歓は、漢人貴族と勲貴の双方を抑えつつ、その一方で郷兵や遊牧民を率いる彼らの協力を得て、自己の地位を高めていく必要があった。また勲貴と漢人貴族の対立も頭が痛い問題であった。このころ勲貴のなかに、収賄や収奪といった汚職行為に走るものが現れたため、漢人官僚の杜弼《とひつ》が風紀をただすべきだと主張した。これに対して高歓は、

いま武将たちの家族には関中に残っているものが多く、黒獺《こくだつ》（宇文泰の字）が常に誘いをかけてきて、いまだ人情が落ち着いておらぬ。江南では蕭衍じいさんが学問・礼楽に心がけており、中原の士大夫たちは、これを見て正統王朝の所在地としている。もし急に綱紀をひきしめて容赦なく弾圧すれば、武将はことごとく黒獺に帰属し、士大夫はみな蕭衍に走ってしまうだろう。人材が流出すれば何をもって国家とするのか。しばらく待て。吾は「そなたの発言を」忘れないから。（『北斉書』巻二十四杜弼伝）

と述べている。高歓の苦しい立場がうかがえる言葉である。ただし、この言葉を鵜呑みにするわけにもいかない。東魏は北魏の官僚・軍隊・文物の多くを継承しており、軍事的・文化的・経済的に西魏を圧倒していた。また、「島夷」をはじめ梁を夷狄扱いする語句も常用さ

れており、東魏から梁に亡命した漢人官僚もほとんどいない。本当に漢人官僚が梁を正統王朝とみなしていたかどうか怪しいものである。おそらく高歓は杜弼をなだめるために、実態よりも大げさに述べたのであろう。

西魏との対立・柔然との同盟

高歓は、不倶戴天の敵である西魏とオルドスや関中・洛陽一帯で一進一退の激闘を繰り広げた。五三六年（天平三年）にはオルドスを獲得し、五三七年（天平四年）には長安付近まで侵攻したものの、沙苑《さえん》の戦いで宇文泰に大敗を喫し、かえって河東《かとう》（山西省西南部一帯）やオルドスを占領されてしまった。五四三年（武定元年）に洛陽をめぐって発生した邙山《ぼうざん》の戦いでは、西魏軍を撃破したものの、東魏軍も疲弊して追撃できず、洛陽の西を境に東西分裂が決定的となった。

このころ、勢力を回復していたモンゴル高原の柔然は、西魏と通婚して同盟を結んで高車を滅ぼし、盛んに東魏侵攻を企てていた。そこで高歓は柔然の可汗である阿那瓌に遣使し、東魏につくよう巧みに誘い、東魏皇族と柔然王族の通婚を進めて同盟を結んだ。さらに跡継ぎの高澄《こうちょう》と阿那瓌の娘（『北史』は蠕蠕公主と呼ぶ）との婚姻を求めたが、阿那瓌が「高王自身が娶るならば認めよう」（『北史』巻十四后妃伝下）と答えたため、高歓はためらった末に正妃の婁氏や高澄に請われて結婚を承諾した。五四五年（武定三年）八月、十六歳の公主が高歓のもとにやってきた。高歓はすでに五十歳。病気がちだったこともあり、彼女の寝所に赴くことができなかった。しかし、阿那瓌が送り込んだお目付け役の圧力で、病をおして輿に乗って公主のもとに通ったと伝えられている。

なお、彼女は高歓が亡くなると、遊牧民の習慣であるレヴィレート婚を行って高澄に嫁いで一女を産んだが、五四八年（武定六年）に十九歳で没してしまった。近年、彼女の墓誌が発見されたが、外聞を憚《はばか》ったためか、レヴィレート婚に関する記事は見えない。

柔然と婚姻を結び、後顧の憂いがなくなった高歓は、五四六年（武定四年）に河東に侵攻した。しかし、高歓は要衝である玉壁城《ぎょくへきじょう》を抜くことができず病に倒れてしまった。このとき軍中で高歓が流れ矢にあたったというデマが流れたため、高歓は病身をおして宴席に出席し、勲貴の斛律金《こくりつきん》に遊牧民由来の「勅勒歌《ちょくろくか》」を歌わせて、ともに合唱して士気を高めたといわれている。その歌詞は次のようなものである。

勅勒の川、陰山の下。天は穹廬《きゅうろ》（テント）に似て、四野を籠蓋《ろうがい》す。天は蒼蒼《そうそう》たり、野は茫茫《ぼうぼう》たり、風吹き草低《ふ》して牛羊を見る。（『楽府詩集』巻八十六新歌謡辞）

遊牧世界がまざまざと浮かぶ素朴で力強い歌である。しかし、無理がたたったのか、高歓の病状は改善せず、晋陽に戻ったものの、翌年正月に没してしまった。享年五十二。

勲貴の弾圧

少し時間を戻そう。五四三年（武定元年）の邙山の戦いの後、西魏は東魏攻撃を控えるようになり、事実上、休戦状態となった。そこで高歓は、皇帝の補佐役の名目で鄴に派遣していた跡継ぎの高澄を中書監（詔勅起草を統括）に任命し、権勢を誇る一部の勲貴に対して弾圧を開始した。高澄は、汚職を口実に次々に勲貴を投獄・免職・処刑に追い込んでいった。勲貴を弾圧することで、高氏による一元的な朝廷掌握を目指したのである。

このとき高歓・高澄親子にとって最大の懸念材料だったのは、河南大行台として黄河以南を統治していた侯景である。彼は懐朔鎮周辺の中小有力者の家に生まれた高歓の旧友で、勲貴のなかの勲貴ともいうべき存在であった。五四七年（武定五年）正月に高歓が没すると、後継者の高澄に疑惑の眼差しを向けられた侯景は挙兵に踏みきった。彼は西魏・梁に帰属を持ちかけ、梁から十万の援軍を引き出すことに成功した。高歓の跡を継いで大丞相となった高澄は、名将の慕容紹宗《ぼようしょうそう》に侯景討伐を命じた。同年十一月、慕容紹宗は、梁軍を撃破したものの、渦陽《かよう》の戦いで侯景に大敗を喫し、落馬して負傷してしまった。そこで持久戦に切り替えたところ、侯景は食糧が不足し、五四八年（武定六年）正月に梁に落ち延びていった。この後、侯景は梁で大反乱を起こすことになるが、これについては第5章で詳述する。

こうして高澄は、窮地を脱することに成功したのである。侯景の旧領をめぐる西魏との戦いにも勝利した高澄は、漢人貴族とともに孝静帝から禅譲を受ける計画を進め、その第一歩として五四九年（武定七年）四月に斉王となった。しかし、同年八月、簒奪計画の密談中に、膳奴（配膳のための奴隷）の蘭京《らんけい》によって刺殺されてしまった。享年二十九。蘭京は、梁の名将の蘭欽《らんきん》の子で、東魏の俘虜となった際に、高澄の膳奴とされ、恨みを抱いていたのであるという。榎本あゆち（二〇二〇）によれば、この蘭欽は、北魏から南朝に降った鮮卑人の可能性があるという。南北間の人的移動の激しさを物語っていよう。こうして高澄の野望は潰え、帝位簒奪は高澄の弟の高洋《こうよう》に託されることとなる。

3　西魏の権臣宇文泰の復古政策——遊牧的官制と『周礼』制

宇文泰の台頭

次に西魏に目を向けてみよう。その実権を握ったのは宇文泰である。姓が宇文、字が黒獺であることからもわかるとおり、漢人ではない。もともと宇文氏は匈奴系であったが、二～

三世紀頃に鮮卑と合流して同化したといわれている。宇文泰の先祖は北魏の道武帝に服属した後、武川鎮に移住させられた。宇文泰は、武川鎮の「豪傑」出身とされているが、この場合の「豪傑」とは遊牧民の中小部族の有力者を指している。

宇文泰は、五〇五年（正始二年）に武川鎮で生まれ、十九歳で六鎮の乱に巻き込まれた。父は「豪傑」を集めて破落汗抜陵に抵抗したものの、鮮于修礼に仕えることとなり、北魏の攻撃で戦死してしまった。その後、宇文泰は葛栄を経て、爾朱栄に仕えることになったが、このころには頼れる親族を失っていた。宇文泰の長兄は破落汗抜陵に抵抗した際に戦死、次兄は父とともに北魏に敗れて戦死、三兄はその才幹を恐れた爾朱栄によって殺害されたのである。

爾朱栄に仕えた宇文泰は、兄の死にも耐えて功績をあげ、爾朱天光（爾朱栄の親族）に従って関中の反乱鎮圧に活躍した。しかし、爾朱天光は、五三一年（普泰元年）の高歓挙兵後、爾朱兆支援に向かい、翌年敗死してしまった。天光没後、関中を掌握したのが賀抜岳である。彼は宇文泰と同じ武川鎮出身で、宇文泰の父とともに破落汗抜陵に抵抗した人物である。その後、爾朱栄・天光に仕えて活躍しており、いわば宇文泰の兄貴分的存在であった。賀抜岳は、はじめ高歓に協力したが、次第に孝武帝と連携して高歓と対立するようになった。そのため五三四年（永熙三年）二月、高歓の策略で暗殺されてしまった。

賀抜岳没後の混乱を鎮め、関中を掌握したのが宇文泰である。賀抜岳の配下の多くは武川鎮出身の中下層の北族であり、賀抜岳の後継者として同郷の宇文泰を推したのである。このとき宇文泰は三十歳。

同年七月、高歓に耐えかねた孝武帝が宇文泰の元に亡命してきた。宇文泰は、孝武帝の妹を妻に迎えて丞相となったが、同年閏十二月に孝武帝を毒殺し（享年二十五）、孝文帝の孫の元宝炬《げんほうきょ》を皇帝（文帝）に擁立した。いわゆる西魏の成立である。

東魏との死闘

西魏は長安を王都としたが、宇文泰自身は華州《かしゅう》（後に同州《どうしゅう》に改名）に丞相府を設置して覇府を開いた。しかし、高歓が覇府を置いた晋陽と異なり、華州には社会・経済上の利点は特にない。華州に覇府が置かれた理由はただ一つ。対東魏の前線基地だったからである。西魏は国力・兵力で東魏に劣っており、生き延びるためには死闘を展開しなければならなかった。

最初の死闘は五三七年（大統《だいとう》三年）である。この年、東魏と激戦を展開していた西魏は、宇文泰の巧みな戦術によって善戦していた。しびれを切らした高歓は、自ら十万の兵を率いて河東より西魏領に侵攻したのである。宇文泰は一万人足らずの兵士を率いて、長安の東の沙苑《さえん》に背水の陣を敷き、高歓軍を引き寄せた上で伏兵によって挟撃した（沙苑の戦い）。その結果、高歓は大敗を喫して逃走し、西魏軍は追撃の勢いで河東・洛陽一帯を占領したのである。しかし、その翌年、高歓が洛陽に攻め込んできた。宇文泰自身は善戦したものの、一部の武将が逃走したため、全軍撤退を余儀なくされ、洛陽も失陥してしまった（河橋《かきょう》の戦い）。

この間、宇文泰は東魏を包囲するためにモンゴル高原の柔然と結んだ。五三八年（大統四年）には、柔然の可汗である阿那瓌の娘を文帝の皇后（郁久閭《いくきゅうりょ》皇后）に迎えて関係強化を図っている。しかし、彼女は五四〇年（大統六年）に十六歳の若さで産褥のため没してしまった。この隙に東魏の高歓が阿那瓌との同盟に成功したことは先に述べた。外交でも東魏と西魏は、死闘を展開していたのである。

五四三年（大統九年）には、東魏から洛陽一帯を治める武将が降ってきたため、宇文泰自ら援軍に赴き、洛陽北郊の邙山で高歓と激突した。一時は高歓を追い詰めたものの、西魏軍の統率が乱れ、最終的には全軍総崩れとなってしまった（邙山の戦い）。宇文泰が洛陽を放棄して撤退した結果、東魏と西魏の国境がほぼ定まることとなった。

東魏との最後の激戦は、玉壁の戦いである。五四六年（大統十二年）九月、高歓自ら河東に侵攻し、重要拠点である玉壁城に攻めかかった。しかし、城を守る韋孝寛《いこうかん》は、二か月間にわたって巧みに籠城し、高歓を撤退に追い込んだのである。以後、東魏は高歓の死・侯景の反乱・帝位簒奪計画の挫折が立て続けに起き、西魏に侵攻する余裕を失っていく。

西魏の軍事体制

成立当初の西魏では、宇文泰の直属部隊は三万人程度にすぎず、主に六鎮出身の中下層の北族が軍事力を担っていた。なかでも、もともと宇文泰の同輩だった北族系の元勲が大きな影響力を持っていた。そのため宇文泰は彼らの統率に苦しんだ。河橋の戦いでも邙山の戦いでも、元勲が独断で撤退したため、総崩れを起こしたのである。

こうした体制に変化が生じるきっかけになったのが邙山の戦いである。この戦いで大敗を喫した西魏は、主力が壊滅状態に陥ったため、軍事体制を再編する必要性が生じた。そこで宇文泰は、漢人・非漢人（鮮卑・氐・羌・ソグドなど）を問わず有力勢力を積極的に勧誘し、軍事力の増強に努めたのである。その結果、各地の有力者が「郷兵」を率いて西魏軍に加わった。

西魏成立当初から軍事を担っていた北族と同様、このとき西魏に加わった河東・河南・関中の有力者は、自身の影響力の及ぶ範囲から自主的に民衆を徴募した。その結果、彼らが率いる郷兵は、統率者と深く結ばれることとなった。西魏はこうして集めた軍団を大丞相府の指揮下に置いて「二十四軍」と呼んだ。平田陽一郎《よういちろう》（二〇二一）は、遊牧民の部族を模して行われた兵制であるとして、これを擬制的部落兵制と呼んでいる。

軍事体制を整えた西魏は、東魏への侵攻を一時的に諦め、南朝の梁に目を向けることとした。梁で侯景の乱が発生すると、折よく長江中流域をめぐって蕭繹《しょうえき》（梁の武帝第七子・後の元帝）と対立した蕭詧《しょうさつ》（梁の武帝の孫）が西魏に支援を求めてきた。そこで宇文泰は、五四九年（大統十五年）に武川鎮出身の元勲である普六茹忠《ふりくじょちゅう》（『周書』は楊忠《ようちゅう》）を派遣し、漢水の東側を獲得した。この普六茹忠こそが後に隋を建国する楊堅《ようけん》の父である。その後、宇文泰は蕭詧を傀儡として梁王に擁立した。

続いて五五二年（廃帝元年）に長江中流域を支配する蕭繹と四川を支配する蕭紀《しょうき》（梁の武帝第八子）がともに皇帝を称して対立すると、五五三年（廃帝二年）に蕭繹（元帝）とも手を組み、宇文泰の甥の尉遅迥《うっちけい》を派遣して四川を占領した。四川を獲得したことは西魏にとって大きな意義を持った。西魏の後背地が安定化しただけでなく、国力も増加したからである。

しかし、本拠地である江陵を都とした蕭繹は西魏に領土返却を求めてきた。そこで五五四年（恭帝元年）十月、先に梁王に擁立した蕭詧の要請を受けた宇文泰は、元勲の万紐于謹《ばんちゅううきん》（『周書』は于謹）らを派遣して江陵に侵攻し、十二月に元帝を殺害して長江中流域を獲得した。ついで蕭詧を皇帝に擁立して江陵に傀儡政権（後梁《こうりょう》）を置いた。この一連の流れについては、第5章でも梁の視点から見ることとする。

西魏の復古政策

西魏の中核を占める中下層の北族は、中国化を進めた北魏の孝文帝路線に反発していた。彼らの間では日常的に鮮卑語が用いられ、宇文泰自身も息子たちに鮮卑語由来の別名をつけている。例えば第四子の宇文邕《うぶんよう》（後の武帝）は禰羅突《でいらとつ》、第五子の宇文憲《うぶんけん》は毗賀突《びがとつ》といった具合である。このような状況だったため、西魏では復古的政策が行われた。

例えば、五四九年（大統十五年）には、孝文帝改革で中国風に改められた北族の姓をもとに戻す政策がとられた。このとき西魏皇帝も元から拓跋に改姓している。さらに漢人にも北族の姓が賜与された。特に多く与えられたのが宇文姓である。宇文泰は、漢人に宇文姓を賜与し、擬制的に同族とすることで、紐帯を深めようとしたのである。

五五四年（恭帝元年）には、『周書』巻二文帝紀下・恭帝元年条に

拓跋氏の勃興当初、国を統べるほどの大部族は三十六姓あり、有力部族には九十九姓あったが、後に多くが滅んでしまった。ここに至り、諸将の内で功績の高い者を三十六姓の後継とし、その次に位置する者を九十九姓の後継とし、率いる兵士の姓を統率者の姓と同じにせよ。

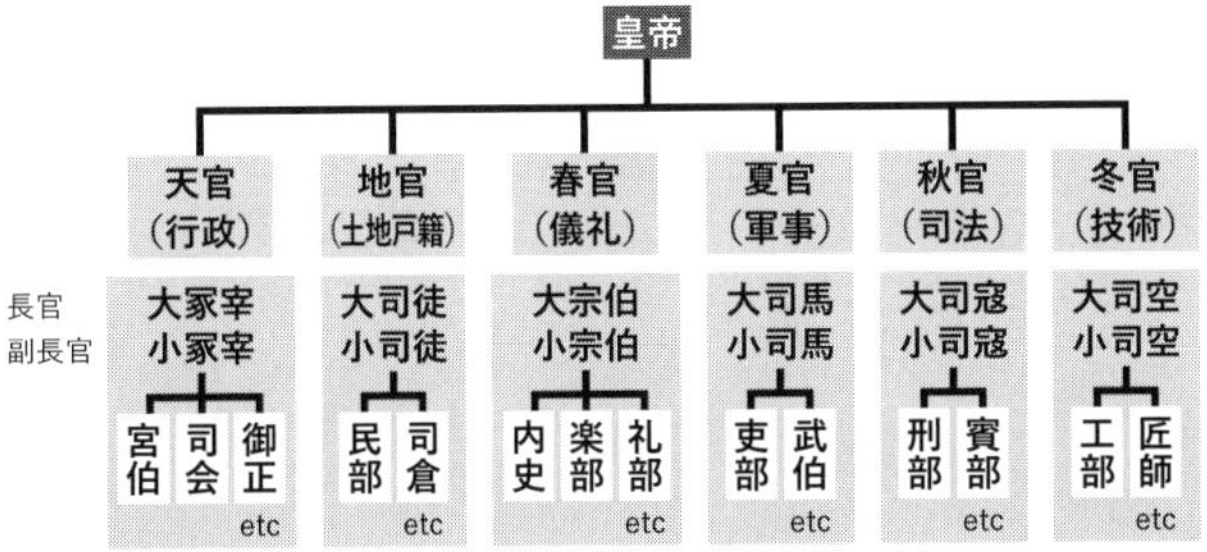

図4-4●六官制
出典：会田大輔 2017 をもとに作成

とあるように、部族制を擬制的に復興した。これは北魏建国以前の代国時代の部族連合を意識した政策である。

その一方で、遊牧由来の内朝官・西郊祭祀などは復活させていない点に注意すべきである。また西魏では、五三五年（大統元年）に宇文泰が王爵を固辞したため、北族の元勲・功臣も王爵を賜ることはなかった。北魏後期の均田制や均賦制も継承している。孝文帝路線に反発していたとしても、北魏前期の体制に完全に戻ることはなかったのである。

さらに西魏は、遊牧由来の制度だけでなく、中国的制度に対しても復古的政策を展開した。古の西周の官制を伝えるとされてきた儒教経典の『周礼』の官制、いわゆる六官《りくかん》制（天官・地官・春官・夏官・秋官・冬官）を導入したのである。西魏初期は、北魏後期の官制を用い、宇文泰の開いた丞相府が政治・軍事を掌握していた。しかし、五四八年（大統十四年）に部分的に六官制が施行され、五五三年（廃帝二年）には宇文泰の肩書も都督中外諸軍事（最高軍事司令官）・大冢宰《だいちょうさい》（宰相に相当する天官府長官）に改められた。そして、五五六年（恭帝三年）に北魏後期の官制が廃止され、全面的に六官制が導入されたのである（図4-4）。天官府長官の大冢宰には引き続き宇文泰が就任し、その他の五府の長官には北族系の元勲が就任した。

実のところ、北魏も『周礼』を重視しており、三長制や均田制などの諸政策の根拠にしていた。『周礼』重視の流れは北魏から続いていたのである。しかし、ここまで極端に『周礼』の官制を復元したのは空前絶後である。小林安斗（二〇〇三）は、孝文帝路線に対する反発を踏まえ、北魏以前の鮮卑の制度（擬制的に部族復興）と漢人の理想である「周」制を再現し、北族・漢人を双方の制度に所属させることで、北族と漢人の融和を進め、団結させる意図があったとする。

そのほか、前代と一線を画する政策に、元勲に柱国大将軍という称号を賜与したこともあげられる。先に触れたように、柱国は北魏末の爾朱栄・爾朱兆・高歓に与えられ、西魏でも五三七年（大統三年）に宇文泰に授与されている。すなわち、政権の第一人者に与えられる官職として定着していたのだ。しかし、西魏では五四八年（大統十四年）以降、多大な功績を立てた元勲に柱国大将軍を授けている。宇文泰は、北族に対する求心力を保つために、高ランクの称号を与えなければならなかったのである。彼の苦衷《くちゅう》がしのばれよう。なお、柱国の授与は、後の隋・唐にも継承された。

西魏の構成員

次に西魏の構成員を見てみよう。西魏の中核を占めていたのは、宇文泰を筆頭に六鎮出身者を中心とする中下層出身の北族である。なかでも五五〇年（大統十六年）までに柱国大将軍と大将軍を拝受した元勲は、大きな影響力を持っていた。柱国大将軍を拝受した者が八人、大将軍を拝受した者が十二人程度いたので、前島佳孝《よしたか》（二〇一三）は「八柱国十二大将軍クラス」と呼んでいる。「八柱国クラス」には後に唐を建国する李淵《りえん》の祖父の大野虎《だいやこ》（李虎《りこ》）が、「十二大将軍クラス」には先に紹介した楊堅の父の普六茹忠（楊忠）が含まれている（図4-5）。この「八柱国十二大将軍クラス」に次ぐ地位にあったのが北族系の功臣である。宇文泰は、頼れる親族が少なかったこともあり、「八柱国十二大将軍クラス」や北族系功臣と積極的に通婚し、紐帯の維持に努めた。

では、漢人はどうかというと、関中・河東の漢人が西魏に数多く仕えていた。代表的な人物には、玉壁城で高歓を打ち破った韋孝寛や宇文泰のブレーンを務めた蘇綽《そしゃく》などがあげられる。彼らは関中を本拠地とする豪族層で、北魏後期の基準でいえば一流貴族とはいえない存在だったが、抜擢されて活躍した。しかし、漢人官僚は、北族に比べると地位が低く、出

	姓名	備考
八柱国クラス	宇文 泰	西魏の権力者
	拓跋（元）欣	西魏宗室
	徒何（李）弼	子の暉は宇文泰の娘婿
	独孤 信	娘が宇文泰の長子の毓に嫁ぐ
	乙弗（趙）貴	子の永国は宇文泰の娘婿（「趙明墓誌」）
	万紐于（于）謹	子の翼は宇文泰の娘婿
	大野（李）虎	正史は宇文泰に次ぐ序列とする
	侯莫陳 崇	
十二大将軍クラス	拓跋（元）賛	西魏宗室
	拓跋（元）育	西魏宗室
	拓跋（元）廓	西魏文帝の子（後の恭帝）
	宇文 導	宇文泰の甥
	侯莫陳 順	侯莫陳崇の兄
	達奚 武	汧城鎮出身　子が宇文泰の娘婿の可能性（「北周七女碑」）
	𢷬抜（李）遠	高平鎮出身　子の基は宇文泰の娘婿
	豆盧 寧	柔玄鎮出身
	宇文 貴	
	賀蘭 祥	宇文泰の甥
	普六茹（楊）忠	
	可頻（王）雄	
	宇文 護	宇文泰の甥
	尉遅 迥	宇文泰の甥
	紇豆陵（竇）熾	甥の毅は宇文泰の娘婿

（網掛け）は武川鎮出身者。
姓と名の間の（　）は、正史で用いられている姓

図 4-5●八柱国十二大将軍クラス一覧表
出典：筆者作成

世も遅かった。例えば漢人官僚が柱国を拝受できるようになったのは、西魏を継いだ北周の建国後しばらくたってからのことである。また、西魏時代に宇文泰と通婚した漢人も存在しない。西魏における北族重視の状況がうかがえよう。そのほか西魏には、南進の際に捕虜とした南朝系官僚や、関中に居住する羌や氐やソグド人なども仕えている。

このように西魏の構成員は、六鎮出身の中下層北族を中核としながら、様々な地域の漢人・非漢人が寄せ集まった雑多な集団であった。しかし、一貫して北族優位の状況にあったこと、そして漢人の一流貴族が少なかったことがかえって効を奏し、北族と漢人の深刻な対立は発生しなかったのである。

西魏後半の外交・政治

最後に西魏後半の外交・政治についてまとめておこう。西魏後半（五四〇年代以降）の政局は、引き続き宇文泰のもと比較的安定していた。しかし、対外政策ではユーラシア大陸東部全域に関わる重要な転換点を迎えていた。それは柔然の崩壊である。

五四〇年代に柔然と東魏が結んだため、西魏は五四五年（大統十一年）に突厥《とっけつ》に使者を派遣して誼《よしみ》を通じた。突厥は、柔然に服属していたテュルク系の遊牧民だが、このころ、勢力が盛んとなり、自立を図っていたのである。五四六年（大統十二年）になると、突厥は柔然と完全に対立状態に陥り、西魏に対して通婚を求めてきた。そこで宇文泰は、五五一年（大統十七年）に西魏の皇族の娘を突厥の首長である阿史那《あしな》氏の土門《どもん》に降嫁し、関係強化を図った。翌年、突厥は柔然を撃破し、可汗の阿那瓌を自殺に追い込んだ。その結果、柔然は分裂状態に陥ってしまった。これを受けて、突厥の首長の土門は、伊利《いり》可汗を称し、柔然にかわって草原の覇者にのし上がったのである。以後、柔然の残存勢力と突厥の戦いがしばらく続くこととなる。

さて宇文泰が擁立した文帝は、五五一年（大統十七年）三月に四十五歳で没し、皇太子の拓跋欽《たくばつきん》（元欽《げんきん》）が即位した（廃帝）。このとき年号が廃止されている。年号は前漢武帝期に創始された制度であり、『周礼』に記載されていないためである。廃帝は宇文泰の娘婿であったが、傀儡に甘んじることをよしとせず、宇文泰誅殺を画策した。しかし、賛同者は集まらず、計画はすぐさま露見してしまった。宇文泰は五五四年（廃帝三年）正月に廃帝を退位させ、その弟の拓跋廓《たくばつかく》（元廓《げんかく》）を擁立した（恭帝）。廃帝は同年四月に毒殺された。享年三十。なお、廃帝と仲睦まじかった宇文皇后（宇文泰の娘）は、このとき夫に殉じている。

続く恭帝期には、先に述べた長江中流域の獲得・擬制的部族復興・『周礼』的官制の施行などが行われた。この間も宇文泰は西魏の実権を握り続けた。彼は皇帝の座を狙っていたと思われるが、その動きを見せないまま、五五六年（恭帝三年）九月に病に倒れ、翌月没してしまった。享年五十二。帝位簒奪計画は次世代に託されることとなる。

＊

孝文帝が中国化政策を推し進めた結果、中下層の北族の不満が爆発し、最終的に北魏は分裂してしまった。東魏の実権を握った高歓は、漢人貴族と勲貴のバランスをとりつつも、孝文帝路線を継承した。一方、西魏の実権を握った宇文泰は、孝文帝路線を継承せず、復古的政策を展開した。しかし、その西魏でも孝文帝改革以前の体制に完全に戻すことはできなかったのである。この両政権が王朝交替する様子は第6章で見ていこう。

さて、第3章・第4章と北朝の話が続いたが、この間、南朝では一人の男が皇帝の座に君臨し続けた。その名は蕭衍。世にいう梁の武帝である。次章では、時計の針を五世紀末に戻し、南朝の最盛期を生み出すこととなる梁の武帝について見ていきたい。

第5章　皇帝菩薩蕭衍と波乱の男侯景――南朝II

第2章で述べたように、南朝の宋・斉では貴族社会が続く一方で、皇族間の激しい権力闘争が続いた。五世紀後半の中国では、むしろ遊牧民の支配する北魏の方が相対的に安定していたのである。ところが六世紀に入ると事態は逆転する。孝文帝改革の反動で北魏が混乱状態に陥ったあげく東魏・西魏に分裂したのに対し、南朝の梁では約半世紀にわたって王朝が安定し、文化面で最盛期を迎えたのだ。その立役者が梁の武帝である。梁の建国後、彼は淀みつつあった貴族社会の立て直しを目指して改革を進めた。また、仏教に傾倒し、皇帝菩薩として君臨し、対外的にも影響力を持った。しかし、その平和は東魏からの亡命者侯景によって打ちくだかれることとなる。本章では梁の建国から滅亡までを概観していく。

1　梁の建国と天監の改革

若き日の蕭衍

南朝の梁を建国したのは蕭衍《しょうえん》である。その在位期間は、五〇二年から五四九年と約半世紀に及んでおり、南北朝時代で最も長い。事実上、彼は一代で建国から崩壊までを体験した稀有な人物なのである。

では、その出自から見ていこう。第2章で斉を建国した蕭道成（高帝：在位四七九～四八二）に触れたが、蕭衍はその親族（蕭道成の曽祖父の弟の玄孫）であり、父の蕭順之《しょうじゅんし》は斉建国の功臣であった。もともと蕭氏の家柄は寒門だったが、四七九年（昇明三年）に蕭道成が皇帝に即位したことで状況が変わったのである。蕭衍自身は、四六四年（大明八年）生まれで、斉建国時には十六歳にすぎず、特に功績をあげていない。しかし、その教養・才幹を高く評価され、二十一歳で武帝（在位四八二～四九三）の子の幕僚（法曹行参軍：八品官）で任官すると、すぐさま貴族の王倹（本貫は琅邪）の幕僚となり、以後、官僚として活躍した。

斉の武帝の治世は、当時の年号をとって「永明の治」と称されているように、比較的安定して貴族文化が栄えた。なかでも武帝の第二子で、宰相にもなった蕭子良《しょうしりょう》（竟陵王《きょうりょうおう》）の邸宅には、当時の代表的文人である任昉《じんぼう》・沈約《しんやく》・范雲《はんうん》といった「竟陵八友」が集まり、文学サロンが形成された。特に沈約は、『宋書』の編纂者として知られるほか、定型詩の韻律を整えた南朝屈指の文人官僚である。蕭衍もこの「竟陵八友」の一人に数えられており、一級の文人としてみなされていたのである。

さて、四九三年（永明十一年）に武帝の病が重くなると、蕭子良の擁立を図る動きが出てきた。しかし、すでに第2章で見たように、武帝に後事を託された蕭鸞（蕭道成の甥）によって、当初の予定通り、皇太孫の蕭昭業が即位した。実権を掌握した蕭鸞は、武帝の孫である蕭昭業（廃帝・鬱林王）と蕭昭文（廃帝・海陵王）を立て続けに廃立した上で、四九四年（建武元年）には皇帝（明帝：在位四九四～四九八）に即位した。この間、蕭衍はどうしていたかというと、蕭子良擁立には与せず、蕭鸞の帝位簒奪を補佐したのである。蕭衍の父が武帝に冷遇されて憂悶の果てに病死したことを恨んだためといわれている。

明帝期の蕭衍は、北魏との戦いにたびたび派遣され、将軍としての才能を発揮している。第3章でも言及したように、中国化政策を進めていた北魏の孝文帝はたびたび斉に攻撃をしかけていた。孝文帝が四九七年（建武四年）に河南西南部に親征してくると、斉軍は各地で敗退し、ずるずると後退を迫られた。翌年三月、蕭衍は一将軍として鄧城《とうじょう》（現在の湖北省《こほく》襄陽市樊城西《じょうようしはんじょう》）で北魏軍を迎え撃った。総指揮官の崔慧景《さいけいけい》が北魏軍の勢いに抗しきれずに退却し、全軍総崩れとなるなか、蕭衍は巧みに防戦し、ただ一人軍を全うして帰還した。この功績を認められ、蕭衍は雍州《ようしゅう》刺史（現在の湖北省襄陽一帯を治める地方長官）に任じられた。この地で蕭衍は幕僚や現地の豪族と固く結びつき、勢力を蓄えていくことになる。

梁の建国

四九八年（永泰元年）に明帝が没し、その子の蕭宝巻《しょうほうかん》（東昏侯《とうこん》）が十七歳で皇帝に即位すると、蕭衍の命運は一変する。東昏侯は、南朝きっての非行型の少年天子として知られ、明帝が後事を託した重臣を次々に殺害し、政務を側近や宦官に委ね、貴族から民衆まで苦しめた。例えば、毎日のように郊外に赴いて馬をのりまわし、逃げ遅れた者を見つけるや、すぐさま殺すといった悪行が伝えられている。また、宮殿の造営や豪奢な調度衣服の資金を賄うため、庶民に重税を課して徴発を行った。

こうした暴政に対し、反乱が多発した。なかでも五〇〇年（永元二年）に起きた崔慧景（武帝・明帝期の功臣）の反乱は大規模で、呼応する者も多く、建康に攻めいり、東昏侯もあわやというところまで至った。このとき救援に赴いたのが蕭衍の兄の蕭懿《しょうい》である。蕭衍は、忠節を尽くしても報われないから、むしろ皇帝を廃した方がよい、と兄に勧めた。しかし、蕭懿は皇帝への忠節を優先し、三千人を率いて建康に向かい、崔慧景軍を撃破したのである。東昏侯は、その功を称えて昇進させたものの、すぐさま蕭懿に簒奪の志があると疑い、毒薬を下賜して自殺させてしまった。

この悲報を聞いた蕭衍は、ついに挙兵を決意した。五〇〇年（永元二年）十一月のことである。雍州一帯の豪族層の支持を固めた蕭衍は、翌年（永元三年）三月に荊州刺史であった蕭宝融《しょうほうゆう》（東昏侯の弟）を皇帝（和帝《わてい》）に擁立して長江を下って進軍し、十月には建康に至った。このとき東昏侯は兵士のみならず庶民も駆り立てて宮城に籠城したため、蕭衍は持久戦を覚悟した。ところがこの期に及んでも東昏侯は、宮殿を飾るために庶民から金銀をとりたてる始末だったと伝えられている。さらには宦官が事態の責任を高官に押しつけ、その誅殺を進言する有様であった。これを聞いた諸将は恐れを抱き、十二月に東昏侯を暗殺した。享年十九。

入城した蕭衍は、東昏侯の側近と宦官を誅殺したものの、その他の官僚は赦し、略奪も厳しく禁じたので人心は落ち着きをとり戻した。蕭衍は五〇二年（中興二年）三月に梁王となり、翌四月に和帝から禅譲を受けて皇帝（武帝）に即位し、梁を建国し、天監《てんかん》と改元した。和帝は禅譲の三日後に殺された。享年十五。このとき武帝は三十九歳。以後、五十年近く皇帝として君臨することとなる。

天監の改革

武帝は、政務に励み、減税を進め、疲弊した民生の回復に努める一方で、淀んだ空気を放ちつつあった貴族社会の再建を目指し、個人の才能と教養を重視する方針を打ち出した。まずは、武帝とともに「竟陵八友」に数えられ、武帝即位を後押しした范雲・沈約を宰相とした。武帝は一流貴族を尊重しつつ、范雲・沈約といった中下級貴族や寒門出身の知識人に着目し、学問・教養さえあれば積極的に登用したのである。恩倖の就く官とみなされていた皇帝側近の中書舎人にも、学問・教養を備えた中下級貴族・寒門層が就任するようになった。なお、范雲は五〇三年（天監二年）に亡くなり、沈約は思ったよりも行政能力に長けていなかったため、武帝はやはり中下級貴族出身で、優れた教養と行政能力を持つ周捨《しゅうしゃ》と徐勉《じょべん》を国政に参与させている。

さらに武帝は貴族層にも才能を求めた。そのための策として、起家（初めて官職につくこと）の年齢を三十歳（後に二十五歳に修正）とした上で、儒教経典に通じた者は若くして起家することを認めたのである。そして学問を奨励するため、貴族層が学ぶ国子学（儒教の学校）のほか、寒門層向けの学校である五館を設立し、射策《せきさく》と呼ばれる試験を行って、上位成績者を任官させることとした。実のところ、射策の成績も起家官も家柄にある程度左右されており、純粋に実力で判断されたわけではない。しかし、貴族層からすると、起家年齢を早めることは、より上位の官職に到達できる可能性が高まることを意味し、寒門層にとっては任官の機会そのものが増えることを意味したので、学問に励む風潮が生じてきたのである。この射策は、後の隋に始まる科挙の源流の一つとみなされている。

また武帝は五〇八年（天監七年）に官制改革を行い、第2章で紹介した清官（貴族の就く官）・濁官（寒門・寒人などが就く官）をもとに官位の秩序を再編した。その際、従来の基準に変更を加え、六品以上を十八ランクに区分し（十八班制）、官班のより多い者が高位であるとする官制を採用した（すなわち十八班が最高位）。従来から清官とみなされていた官職の官班をあげる一方で、貴族が任官を嫌がって濁官とみなされていた御史中丞《ぎょしちゅうじょう》（法を犯した官僚を弾劾する）など皇帝権力を支える官職の官班もあげ、官僚への支配を強めようとした。さらに七品から九品官も七班から一班に至るランクに区別して流外官《りゅうがいかん》とし、寒門・寒人層が最初に就く官として再配置した。

貴族社会の再編を目指して行われた官制改革であるが、一部に北魏の孝文帝改革（第3章で詳述）の影響が指摘されている。それは「太府《たいふ》」という官職である。もともと儒教経典の『周礼』に見え、孝文帝改革の際に財庫と器物製造を掌る官職として設置された。川合安（一九八九）は、北魏の影響を受けて梁でも「太府」が設置された可能性が高いとする。ただし、梁の「太府」は財庫とともに、建康の市や関所を統括し、商税の管理にあたっている。ここから南朝における貨幣経済の発展をうかがうことができる。

そのほか五〇三年（天監二年）に天監律令を定め、ほぼ同時期に儀礼の整備を始めた。これは未完に終わった斉の事業を継承したものである。しかし、礼制議論の深まりを反映して、事業は難航し、五三六年（普通五年）にようやく『五礼儀注《ごれいぎちゅう》』は完成した。さらに楽制改革も行っている。第2章でも述べたとおり、宋では西晋末の混乱で失われた礼楽の再建が進められ、祖先を祀る宗廟と天地を祀る郊祀という異なる儀礼の間で同じ雅楽を演奏させ、皇統と天を結びつけることで王朝の正統性強化を図った。この雅楽通用は、宋→斉→梁と継承されたが、どのように中国の「伝統」と合致しているように見せかけるかという課題が残されていた。戸川貴行（二〇一七）によれば、この問題に対して梁の武帝は古の西周の制度を伝えるとされてきた儒教経典の『周礼』に依拠して乗り切ろうとしたという。『周礼』に九夏という九つの楽曲名が見えることに目をつけ、宗廟・郊祀で用いる音楽の名称を胤雅《いんが》・寅雅《いんが》のように「雅」で統一して十二雅と名づけ、「周に九夏あり、梁に十二雅あり」と称して、両制度の類似性をアピールしたのである。

さて武帝は儒学・玄学・文学などに精通した一流の知識人であり、自ら儒教経典（『周易』『尚書』『毛詩』『孝経』など）に関する著作をものし、普及に努めている。書物の収集も進めた結果、宋の宮中蔵書が一万四五八二巻だったのに対し、梁の宮中蔵書は二万三一〇六巻に増加している。

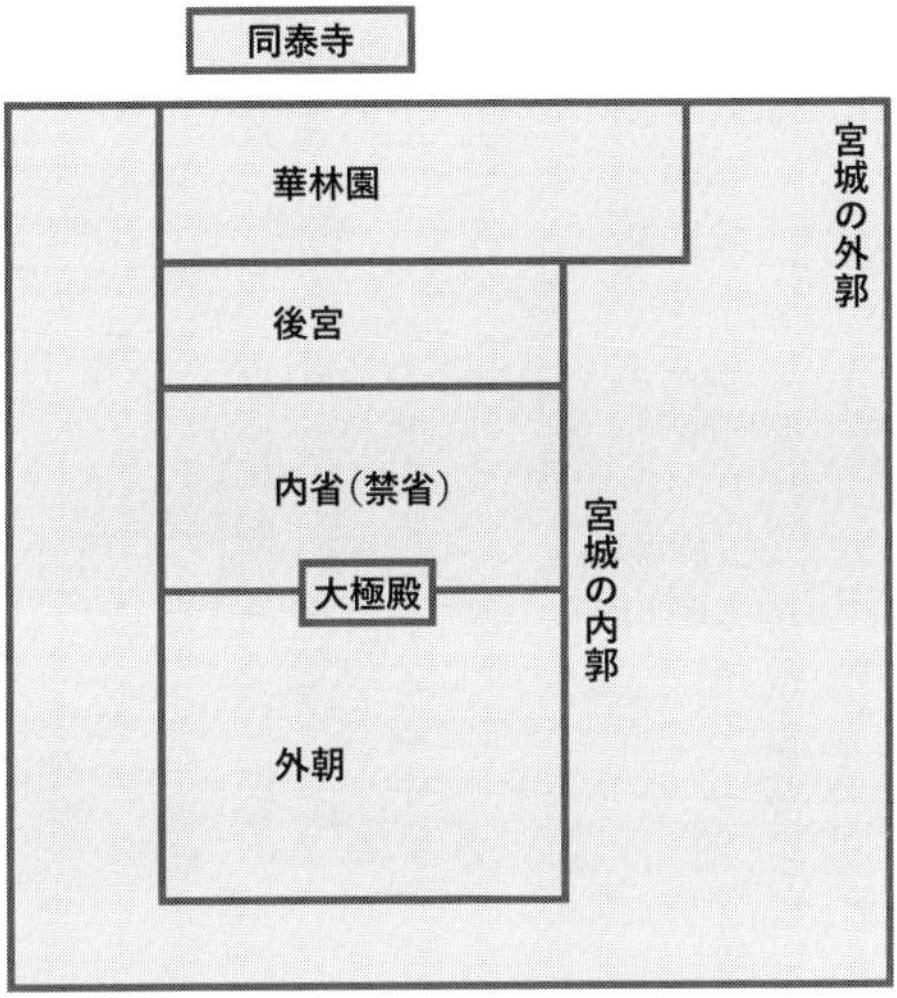

図 5-1●建康宮城内概念図
出典：小林聡 2007 をもとに作成

そして、皇帝の日常生活空間である内省や皇室庭園の華林園（図5-1）に学術・文化に秀でた人物（特に寒門層）を集め、文化事業を次々に展開した。例えば、天監年間には類書（様々なジャンルの書物を引用・分類した書物）の編纂を命じており、五一六年（天監十五年）に『華林遍《かりんへん》略《りゃく》』六百巻が完成した。付晨晨（二〇一九）によれば、この類書は森羅万象を網羅し、魏晋以来の知識を体系化し、「知」の世界の秩序化を図ったものであるという。いわば中華皇帝が君臨する世界（特に儒教的世界）を書物のなかに描こうとする試みだったわけである。

儒学面でも成果があがった。武帝の儒学振興策の下、漢から南朝までの『論語』注釈書を集大成した皇侃《おうがん》撰『論語義疏《ろんごぎそ》』が編纂されたのである。この書物は、中国では後に散逸してしまったが、日本に古写本が残されていたことで、現在でもその内容を知ることができる。史学面では、斉の歴史書である蕭子顕《しょうしけん》撰『南斉書』が編纂されたほか、武帝の命で伝説上の君主である三皇五帝から南朝の斉に至る『通史』六二〇巻が編纂された。武帝は類書とともに巨大な史書を編纂することで、王朝の正統性を改めて主張したのである。

武帝が教養を重んじ、学問を奨励したことにより、文学面でも大きな成果があがった。皇太子の蕭統《しょうとう》（昭明《しょうめい》太子と呼ばれる）とその側近たちによって編纂された『文選《もんぜん》』は、中国古来の詩文のなかから奥深い内容と華麗な表現を備えた作品を精選したアンソロジーであり、唐以後の文学のみならず、日本・朝鮮の文学にも大きな影響を与えた。昭明太子の死後、新たに皇太子となった蕭綱《しょうこう》のもとでは、技巧を凝らした「宮体」という艶麗な文体による詩文の創作も流行した。そのほか魏晋以来の文学理論を集大成した劉勰《りゅうきょう》撰『文心雕龍《ぶんしんちょうりょう》』や、古来の詩を批評した鍾嶸《しょうこう》撰『詩品』なども編纂され、文学理論・批評も発展した。

このように梁代には、多数の文化人が輩出され、南朝文化の最盛期を迎えたのである。その文化は同時代の北朝のみならず、後の隋・唐にも大きな影響を与えた。また、朝鮮半島諸国、なかでも百済はたびたび梁に遣使し、その文化を積極的に摂取している。六世紀半ばには、多くの百済人が倭国に渡来し、中国の学術・文化を伝えているが、その中身は梁代のものだったのである。

2　皇帝菩薩の光と影

武帝の仏教政策

さて、梁の武帝といえば、仏教に傾倒した皇帝としても著名である。前漢末（前一世紀末頃）に中国に伝わった仏教は、四世紀の五胡諸政権・東晋において本格的に広まり、民衆から支配階層まで信仰するようになった。南北朝時代を迎えると、次々にインド僧が到来し、教学面の発展も目覚ましかった。即位前から仏教信者であった武帝は、釈迦仏の降誕日である四月八日に即位したほか、高僧を招いて「家僧」として手厚くもてなしている。これらは単なる個人的信仰にとどまらず、仏教の流行と僧団の影響力を踏まえた行動であった。特に僧団を統括する僧正には「家僧」を任命し、自らの意向を仏教界に反映させやすくしている。

武帝は、先に述べた類書の編纂と同時期に、仏教経典の注釈・抄出を集成した仏教類書

（『衆経要抄《しゅうきょうようしょう》』・『経律異相《きょうりついそう》』）の編纂も命じている。これは『華林遍略』などの類書編纂と対になる文化事業であり、仏教世界の把握を目指す試みであった。また、『涅槃経《ねはんぎょう》』や『般若経《はんにゃきょう》』の注釈書を僧侶に編纂させ、仏典講義の参考書とした。そのほか仏教の輪廻転生《りんねてんしょう》を否定して死とともに精神も滅すると主張した范縝《はんしん》「神滅論」に対し、自ら「立神明成仏義記」を撰して、精神は不滅だと反論している。

武帝の仏教信仰は、儒教に基づく国家儀礼の場にも影響を及ぼした。武帝は、殺生を禁じる教えに基づき、五一七年（天監十六年）に宗廟祭祀の際の捧げものから肉類を除いたのである。当時、僧侶や尼僧のなかには肉食《にくじき》・飲酒《おんじゅ》をする者もいた。これに対して武帝は、僧尼に「断酒肉文」を与え、飲酒肉食の僧侶は盗賊と同じであるから、王法によって裁くと述べ、自ら模範となるべく飲酒・肉食を断ち、禁を破ったら地獄に落とすよう誓いを立てている。これに対し、僧尼から多くの反論がなされたが、公開討論を経て、「断酒肉文」の主張を認めさせ、僧尼の肉食・飲酒を禁止する詔を出している。このことは事実上、武帝が僧団の上位に立ったことを意味している（倉本尚徳《しょうとく》、二〇一七）。

皇帝菩薩の登場

武帝は、五一九年（天監十八年）四月八日に高僧から菩薩戒《ぼさつかい》を受けた。菩薩戒とは、善法を実践し、人々を教化するという菩薩が持つべき戒で、在家・出家者に共通のものである。実は菩薩戒を初めて受けた皇帝は、梁の武帝ではなく、宋の明帝である。また、武帝が若いころに交流を持った斉の蕭子良も菩薩戒を受けていた。武帝はこうした先例を踏まえたのである。以後、彼は「菩薩戒弟子皇帝」を称し、臣下は「皇帝菩薩」と呼んだ。一見すると仏教に対して皇帝が服従したように見えよう。しかし、先に見たように実際には、武帝が僧団の上に立っていたのである。

その後、武帝は五二一年（普通《ふつう》二年）から五二七年（普通八年）にかけて、仏教的宇宙観に基づいて設計された豪華絢爛な同泰寺《どうたいじ》を建康城のすぐ北に建設し、奉仏事業の中核とした。その傾倒ぶりは、行幸の便をはかるため、城の北に新たに大通門を設けたことからもうかがえよう。建康には次々に寺院が建立され、その数は五百に及んだという。また、僧俗・男女・貴賤を問うことなく、食事や物品などを布施して講説《こうせつ》（仏典の講義・解説）を設ける無《む》遮大会《しゃだいえ》も行っている。

さらには、寺院に自身を布施して奴隷となる捨身《しゃしん》を四度（五二七・五二九・五四六・五四七）も実施している。捨身の具体的な流れは次のとおりである。同泰寺に御幸し、無遮大会を開催し、帝位を棄てて私人となり、皇帝の御服を脱ぎ棄てて法衣をまとい、寺院の雑役に服し、僧尼のために仏典を講義する。当然、本当に皇帝が寺院の奴隷になるわけにはいかないので、群臣は多額の銭（『南史』巻七梁本紀中には銭一億万とある）を寺院に払って、武帝の身柄を買い戻すという形をとった。要するに手の込んだ喜捨《きしゃ》である。こうして捨身から数日後に宮殿に帰り、大赦《たいしゃ》と改元を実施している。捨身は武帝の崇仏ぶりを示す逸話として知られているが、実のところ斉の蕭子良も捨身と称して喜捨を行っており、その先例を踏まえたものである。ただし、形式的とはいえ実際に寺院に捨身して奴となるという発想は斉代には見られない。船山徹《ふなやまとおる》（二〇一九）は、その発想の元になったのは、南朝と貿易や仏教面で往来があり、以前から捨身を行っていたスリランカ諸王ではないかとしている。

また捨身は梁の武帝のみならず、南朝最後の王朝である陳の皇帝たちも行っており、武帝の個人的営為として見るわけにはいかない。当時、仏教が人々の間に広く浸透していたこと、いずれも領土を拡張した直後に行われていること（五二七・五二九年は北魏に勝利。五四六年は交州の反乱をいったん鎮圧。五四七年は侯景服属）、大赦・改元を合わせて行っていることなどを踏まえると、捨身は仏教による国家結集を図った政治的行為だったと見るべきである。さらには仏教が流行していた北魏への対抗意識もあったかもしれない。

仏教的外交

梁代には仏教が外交面でも大きな役割を果たしていた。このことは河上麻由子《かわかみまゆこ》（二〇一一）

が詳しく論じている。すでに宋に対して東南アジア諸国から、仏教用語を多用し、皇帝を理想的な崇仏君主とする上表文が送られていた。梁になると東南アジアのみならず、中央アジア諸国からも仏教的朝貢が盛んに行われた。そのなかには仏像・舎利・仏牙・仏髪・経典といった仏教的文物を献上する国もあった。武帝は、こうした仏教的朝貢も巧みに取り込んでいる。例えば、五二七年（大通《だいつう》元年）三月の捨身の直後、まさに武帝が宮殿に帰ったその日に師子《しし》国（スリランカ）の使者が来貢している。本当に師子国が派遣した使者かどうかはわからないが、このタイミングでの朝貢は武帝の捨身を称えるという効果を期待して仕組まれたものと見てよいだろう。

こうした武帝の崇仏事業や仏教外交を踏まえ、朝鮮半島の百済や新羅《しらぎ》は王権主導で崇仏を進め、仏教を介して梁と良好な関係を築いている。倭国は斉建国直後の四八〇年（建元二年）頃の遣使を最後に南朝との往来を絶っていたが、やはり六世紀前半には百済から仏教を導入している。その背景には、仏教の知識が国際関係構築に不可欠となっていたことがあったと考えられている。

国際的にも大きな存在感を持っていた梁の武帝であるが、その雰囲気を今に伝える絵画が残っている。武帝の即位四〇年を記念して、蕭繹（武帝の第七子）が作らせた「職貢図」である（図5-2）。原本はすでに失われているが、後世の写本が伝存している。この「職貢図」

には、梁代に朝貢した合計三四の国・勢力の使節が描かれていたという。

　その冒頭は虜《りょ》国、すなわち東魏である。北朝と南朝は、四九四年（太和十八年）の孝文帝の斉攻撃以来、事実上、正式な使節の往来は止まっていた。しかし、北魏の東西分裂後の五三七年（大同三年）に、東魏から梁に使節が派遣されたのである。もちろん東魏自身は朝貢だとは考えていないわけだが、梁ではこれを朝貢として扱った。「職貢図」には、

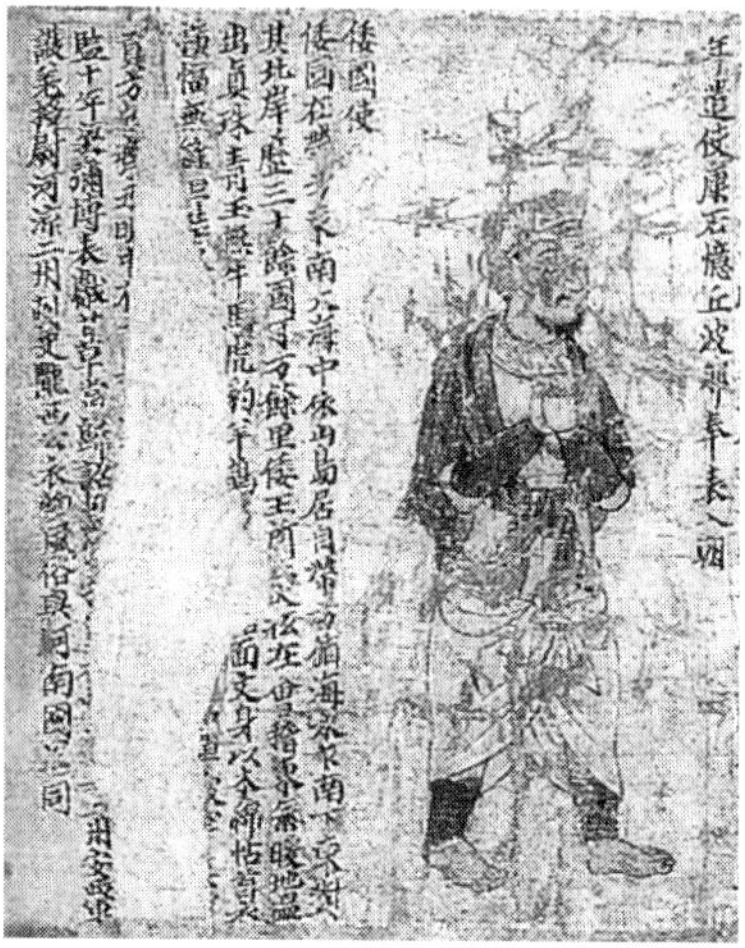

図 5-2 ●職貢図（倭国使）

このときの使者の様子が描かれているのである（堀内淳一、二〇一四）。

　虜国（東魏）の後には芮芮《ぜいぜい》（柔然）・吐谷渾・エフタル・サーサーン朝といった西北の諸勢力（主に遊牧民）、百済・倭・高句麗・新羅といった東アジア諸国、東南アジア諸国・中央アジア諸国などが続く。東魏・高句麗・エフタルのように、実際の使者の姿を描いたものもあれば、中天竺・北天竺のように仏教的イメージで描かれたもの、直接交渉がなかった倭のように文献や伝聞に基づいて描かれたものもある。河上麻由子（二〇一五）は、「職貢図」に

は中華を慕う諸国という構図が内包されており、武帝の徳を称えるとともに梁を中華として描き、その凝集力を図示したという。

漂い始める社会不安

このように梁の武帝は、官僚制度や儀礼の改革を進めるとともに、崇仏事業を通じて仏教界をも従え、国内外に大きな影響力を持った。特に五一九年（天監十八年）の菩薩戒受戒後、彼の統治姿勢の根幹には慈悲に厚い「皇帝菩薩」イメージが据えられていた。

武帝は徐々にその自画像に固執し、殺生を避けて恩赦を乱発してしまった。悪行をなした皇族に対しても寛大な処置をとっている。そのため、梁代半ばには規律が緩んで治安も悪化し、官吏による収奪も進み、中下層の人々にしわ寄せが集中するようになってしまった。

経済面でも問題が起きていた。貨幣経済が活性化していた南朝では、梁以前から銅銭不足に悩んできた。領内で銅銭を大量に鋳造するための銅を確保できなかったためである。そこで武帝は、良質の貨幣発行を心がけ、通貨の安定を図った。しかし、五二三年（普通四年）に方針を大きく変更してしまった。なんと銅銭を廃止して、鋳造しやすい鉄銭に切り替えたのである。すると、銅に比べて鉄の入手が容易だったため、鉄銭の私鋳《しちゅう》（民間での銭の鋳造）が相次ぎ、貨幣の価値が下がってしまい、インフレが起きて経済が混乱してしまった。その

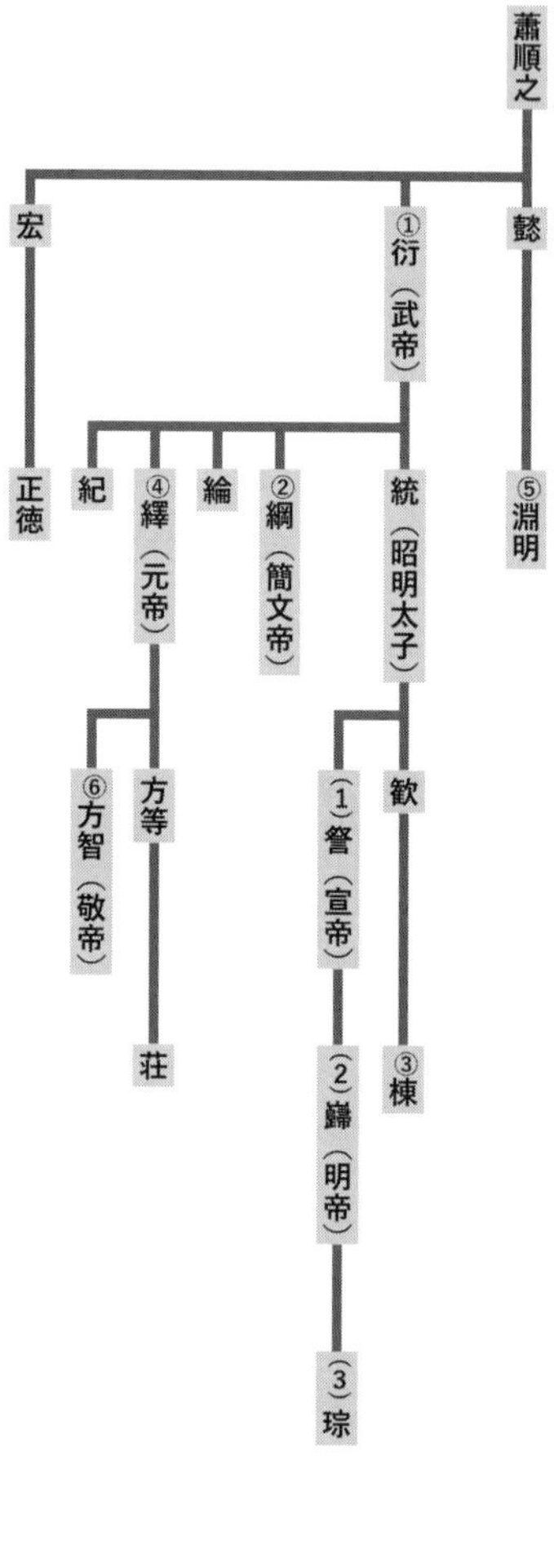

図5-3●梁皇帝系図
出典：筆者作成

結果、窮乏した農民が増加して都市部に流入し、深刻な社会問題が引き起こされたのである。貴族社会の再編、学術・文化の隆盛、仏教の流行といった華やかな文化事象の一方で、徐々に社会は不安定化していたわけである。

また中央では皇族内の対立が深まっていた。そのきっかけは、武帝を支えてきた皇太子の蕭統が五三一年（中大通《ちゅうだいつう》三年）に三十一歳の若さで没したことである。南朝では儒教に基づき、皇太子が亡くなった際には皇太孫を立てることが習慣となっていた。にもかかわらず、武帝は蕭統の弟の蕭綱を皇太子としたのである（図5-3）。

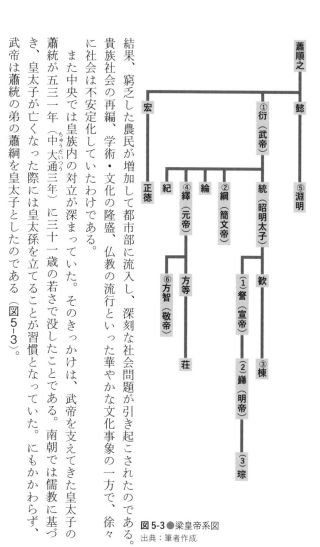

その背景について岡部毅史《たけし》（二〇〇九）は、すでに当時としては高齢の六十八歳を迎えていた武帝が政務を代行できる経験豊かな皇太子を求めていたためとする。第1章で見たように北魏では、献文帝が孝文帝に譲位し、太上皇帝を称して政務を執った。これは中国の伝統と遊牧民の柔軟な思考が意外な化学反応を起こした結果であった。しかし、魏晋以来の正統な中華王朝を標榜していた南朝では、自発的意思による皇帝の生前譲位など選択肢になく、老齢であっても在位し続けるほかなかった。蕭綱は老いゆく武帝の補佐役として皇太子に選ばれたのである。しかし、この決定に対し、皇太孫候補であった蕭統の子どもたちや、皇太子に選ばれなかった武帝の子どもたちが大いに不満を抱いた。後日、このことが大きな災いを招くこととなる。

武帝を支えた側近

こうした状況下、梁初から五二〇年代まで活躍した周捨・徐勉にかわって、国政に参与して武帝を支えたのが寒門出身の朱异《しゅい》である。若いときから博学多芸で知られていた朱异は、その儒学の知識を武帝に評価されて中書舎人となり、武帝の側近として活躍した。彼は一流の教養を備えていただけでなく、山のように押し寄せる書類仕事をたちどころに片づけてしまう能吏でもあった。

朱异は、周捨が失脚した五二〇年代半ばに武帝の最側近となり、様々な官職を兼任しながら、二十年以上、中書舎人として権力の中枢に居続けた。貴族は寒門出身で蓄財に励む朱异を見下しつつも、彼が休暇で家に帰るたびに門前に集まって媚をうったといわれている。

後世、朱异は後述する侯景の乱への対応に失敗し、梁滅亡を招いた佞臣《ねいしん》とみなされ、はなはだ評価が低い。日本でも『平家物語』の冒頭に「秦の趙高《ちょうこう》、漢の王莽《おうもう》、梁の周伊《しゅうい》（朱异）、唐の禄山《ろくざん》（安禄山）」とあるように、王朝を傾けた悪臣の代表格として描かれている。確かに朱异は、梁の諸問題を抜本的に解決することはできず、武帝の意を忖度《そんたく》し、命令を淡々とこなすにとどまった。しかし、彼が皇太子の蕭綱と連携し、すでに老齢の域に達した武帝を支え、二十年にわたって破綻をきたさなかったことも事実である。むしろ、中下級貴族や寒門出身の官僚たちは、教養と能力を兼ね備え、武帝側近として活躍する朱异に対し、憧れさえ抱いていていた。

北朝との関係

この間、北朝との関係はどうだったのであろうか。梁は建国からしばらくの間、北魏としばしば戦い、淮南の一部や漢中（現在の陝西省西南部）などを失っている。しかし、梁も善戦し、北魏にとられた淮南を奪還し、五〇七年（天監六年）の鍾離《しょうり》の戦いや五一一年（天監十年）の朐山《こうざん》の戦いのように、北魏の遠征軍を壊滅に追い込んだこともある。いわば一進一退の攻防を繰り広げていたのである。

武帝にとって幸いなことに、五二〇年代以降、北魏では六鎮の乱に端を発する諸反乱や東西分裂などの混乱が続き、梁に圧力をかける余裕はなくなってしまった（第4章で詳述）。この間に武帝は北伐を進め、領土拡大に成功した。特に武帝は淮南の寿春（現在の安徽《あんき》省淮南市寿《じゅ》県）にこだわり、五一四年（天監十三年）から五二六年（普通七年）にかけて、淮水をせき止めてダム（淮水堰）を作り、寿春を水攻めにして陥落させた。これに喜んだのか、武帝は、翌年、最初の捨身を行っている。そして、その勢いで淮北にも手を伸ばしている。ただし、度重なるダムの決壊で寿春一帯は荒廃してしまった（榎本あゆち、二〇二〇）。また、五三五年（大同元年）には漢中も奪還した。

さらに武帝は、北魏末の混乱を避けて亡命してきた北魏皇族を利用して、北魏への介入も試みている。例えば五二九年（大通三年）には元顥《げんこう》（献文帝の孫）を「魏主」に擁立して北伐している。ただし、派遣されたのは陳慶之《ちんけいし》率いる七千の兵だけで、本気で華北奪還を目指していたのかどうかよくわからない。第4章で述べたように、皇帝を称した元顥は、陳慶之の活躍のおかげで一時的に洛陽占領に成功した。武帝の二度目の捨身はこの直後に行われている。ただし、すぐに爾朱栄の猛攻撃を受けて洛陽は陥落してしまった。このとき陳慶之はからくも帰還したが、元顥は敗死している。武帝は、その後も亡命してきた北魏皇族を「魏王」に立てて北伐を行っているが、いずれも失敗に終わっている。

梁と北魏の戦いや北魏末の混乱・東西分裂の影響で、北魏の皇族以外にも梁に亡命する者が後をたたなかった。そのなかには蘭欽《らんきん》（鮮卑系：漢中奪還で活躍）や羊侃《ようかん》（漢人：後述の侯景の乱で活躍）のように梁の将軍として活躍した人物もいる。武帝は北朝からの亡命者を寛容に受け入れ、帰国を願えばこころよく送り出している（例：西魏の元勲である賀抜勝《がばつしょう》・独孤《どっこ》信《しん》・普六茹忠など）。その背景には、武帝の慈悲深い「皇帝菩薩」としての演出もあったであろうが、亡命者の送還を通じて南北朝間のコネクションを維持する目的があったと考えられる（堀内淳一、二〇一八）。実際、梁は捕虜・亡命者の帰還を契機として、五三六年（大同二年）に西魏と、五三七年（大同三年）に東魏と和議を結んでいる。このように北朝との関係は、徐々に梁が優位に立つようになり、その社会問題はなかなか顕在化しなかった。

3　侯景の乱と梁の崩壊

侯景の乱の始まり

梁優位の状況とかりそめの平和を終わらせたのが侯景の乱である。侯景の名はすでに第4

章にも登場しているが、その経歴を簡単にふりかえっておきたい。彼は、五〇三年（北魏の景明四年）に生を享《う》けた。奇しくも、後に侯景が擁立することとなる梁の簡文帝（蕭綱）と同年である。その生家は懐朔鎮付近に勢力を持つ北族の中小勢力であり、懐朔鎮の下級官吏となった侯景は、後に東魏の実権を握る高歓と交友している。六鎮の乱によって北魏が混乱状態に陥ると、爾朱栄・高歓に仕えて重んじられ、東魏成立後は河南一帯を十四年にわたって統治し、大きな存在感を発揮していた。しかし、勲貴抑圧に動く高歓・高澄親子に対し、徐々に不満を抱き、五四七年（東魏の武定五年）正月の高歓没後、反乱を起こしたのである。

侯景は西魏と梁に支援を求めた。梁では支援反対の意見も出たが、武帝は河南を支配する侯景を受け入れれば、中原恢復も夢ではないと考え、要請を受け入れて侯景を河南王に封じた。侯景の服属を喜んだのか、武帝は四度目の捨身を行っている。そして甥の蕭淵明《しょうえんめい》を総司令官に任命して援軍として派遣した。しかし、梁軍は東魏軍に大敗し、蕭淵明も捕虜になってしまった。侯景も東魏軍に敗れ、五四八年（梁の太清《たいせい》二年）正月に淮水を渡って、寿春に身を寄せた。このとき侯景に付き従う者は八百人だったといわれている。

これを聞いた東魏の高澄は、蕭淵明の返還を条件に講和を提案した。すると、武帝の意を汲んだ朱异が真っ先に賛同し、群臣もそれに追従してしまった。これを知った侯景は、蕭淵明と引き換えに東魏に送還されるのではないかと疑心暗鬼に駆られた。追い込まれた侯景は、武帝に不満を抱く蕭正徳《しょうせいとく》（武帝の甥）を抱き込み、挙兵に踏みきった。五四八年（太清二年）八月のことである。挙兵の檄文には君側の奸である朱异を除くことがうたわれていた。

このとき侯景軍はわずか千人ばかり。挙兵の報を聞いた武帝は、侯景をあなどり、十分な対応をとらなかった。しかし、侯景軍は寿春の一部の豪族の支持を取りつけ、社会不安にあえぐ貧窮農民も吸収して数万人に拡大し、蕭正徳の手引きで長江を渡って、十月には建康城に迫ったのである。建康が戦場となるのは、武帝と東昏侯が戦った五〇一年（中興元年）以来、約半世紀ぶりのことである。

武帝の死

侯景は蕭正徳を皇帝に擁立し、自身は爾朱栄や高歓がかつて就いた天柱将軍を称した。一方、武帝側では、建康救援のために武帝の子どもたちや皇族が駆けつけたものの、主導権争いを繰り返し、統制ある行動もとれず、傍観するばかりで侯景に有効な対応をとらなかった。武帝の後継者問題を発端とする皇族間の深刻な不和がここで露呈してしまったのである。武帝の籠城する建康では、皇太子蕭綱と羊侃の指揮のもと、なんとか侯景軍の猛攻をしのいでいた。しかし、食糧不足が深刻化し、大量の餓死者を出し、十二月には羊侃も病死してしまった。ほぼ同じころ、朱异も病死している。侯景軍も食料が不足したため、五四九年（太清三年）正月に侯景軍と建康救援軍の双方が退去するという条件で和議が結ばれた。これを受けて建康救援軍は撤退したが、侯景は和議の条件を無視して包囲を緩めず、食糧を確保した後、和議を破って建康を攻撃した。そして三月十二日、ついに建康は陥落した。

建康を占領した侯景は、自ら擁立した蕭正徳を廃し、武帝に仕える形をとった。しかし、衰えたといっても、武帝はまだまだ侯景を威圧できるほどの威厳を備えていた。建康が陥落した日、武帝と対面した侯景は、武帝の顔を正視できず、質問にもなかなか答えられない有様だったという。対面後、侯景が側近に語った言葉が伝えられている。「天威犯しがたしとは、このことをいうのだろう。二度と会うのはご免だ」（『梁書』巻五六侯景伝）と。侯景は、その後も何かと指図に従わない武帝を煙たく感じ、幽閉して食事も満足に与えなかった。同年五月二日、ついに武帝は餓死した。享年八十六。『南史』巻七梁本紀中は、武帝の最期を次のように描写している。

> 病が長引き口中に苦味を覚えたので、蜜を求めたが与えられなかった。そこで二度「荷《か》、荷《か》」と言って、ついに崩御した。

「荷、荷」は喉の渇きを訴えてあえぐ声であろうか。一説では軍隊に再攻撃を命ずる号令であるという。栄華の極みから奈落の底に落ちた武帝が臨終の床で見たものは何だったのだろうか。

梁漢革命

武帝没後、侯景は武帝の皇太子の蕭綱を皇帝（簡文帝）に擁立し、その娘を妃に迎え、梁の実権を掌握し、長江下流域に勢力を拡大していった。彼は東魏の官制を一部採用し、側近の護衛官に鮮卑語由来の庫真の肩書を与えている。五五〇年（大宝元年）七月、侯景は漢王となり、十月には宇宙大将軍・都督六合《りくごう》諸軍事を称した。この将軍号を聞いた簡文帝は、大いに驚き、「将軍に宇宙の号などあろうか」（『梁書』巻五六侯景伝）とつぶやいている。

荒唐無稽《こうとうむけい》、前代未聞の将軍号であるものの、全く根拠がないというわけでもない。そのヒントは北魏末に爾朱栄が称した天柱大将軍である。この「天柱」は、漢代の『淮南子《えなんじ》』という道家系の思想書に見える天を支える柱を指す。一方、「宇宙」は時間と空間を意味する言葉で、その出典はやはり『淮南子』である。侯景は天柱大将軍を上回る称号として、同じ『淮南子』由来かつ規模の壮大な「宇宙」を選んだのであろう。なお、都督六合諸軍事の「六合」は「天下」の意味である。侯景は時間・空間を意味する将軍号と、天下の軍事を統括するという肩書を称したのである。得意絶頂の様子がうかがえよう。

とはいえ、梁の皇族を中心に各地に侯景に敵対する勢力が存在していた。特に荊州刺史であった蕭繹（武帝の第七子）は簡文帝の即位すら認めず、武帝の年号である太清を使い続けていた。西に進軍して勝利を重ねていた侯景は、蕭繹の派遣した王僧辯《おうそうべん》と、五五一年（大宝《たいほう》二年）六月に巴陵《はりょう》（現在の湖南《こなん》省岳陽《がくよう》市）で衝突した。ところが侯景はこの戦いに大敗を喫し、建康に逃げ帰ってしまった。以後、形勢は完全に逆転することとなる。勢いに乗る蕭繹軍は反攻を開始し、侯景軍は次々に敗退した。人心の一新を図った侯景は、八月に簡文帝を廃し、かわって蕭棟《しょうとう》（武帝の曽孫・蕭統の孫）を擁立した。その名目は、帝位を正嫡に戻す、すなわち武帝の嫡子蕭統の系統に帝位を戻すというものであった。しかし、朝廷内の動揺は収まらなかった。それどころか、幽閉していた簡文帝を十月に殺害（享年四十九）したことで、ますます人心が離れていった。

そこで侯景は、一発逆転を狙って、十一月に蕭棟から受禅して皇帝に即位、太始《たいし》と改元し、漢を建国した。前年に東魏の高洋が北朝初の禅譲革命を行って北斉を建国（詳細は第6章参照）していることから、この梁漢革命は北族による二例目の禅譲革命ということになる。ただし、すでに高洋は父高歓の代から漢人を標榜しており、侯景も即位にあたって祖先を漢人としている。また、禅譲儀礼は南朝の前例を踏襲しており、その儀式次第をとりしきったのは、一流貴族の王克《おうこく》（本貫は琅邪）である。漢の制度の詳細はわからないが、東魏の制度を参考に一部の官名を改変した形跡がある。どうやら侯景は、官制は北朝（特に東魏）、儀礼は南朝というキメラのような体制構築を図ったようである。

しかし、皇帝となった侯景であったが、その支配領域は建康周辺に限られていた。蕭繹は、部下の王僧辯と陳覇先《ちんはせん》を派遣して侯景を攻撃した。五五二年（漢の太始二年／蕭繹は太清六年を使用）三月、大敗を喫した侯景は建康を放棄し、長江を船で下って逃げる途中、京口付近で庫真の羊鵾《ようこん》（羊侃の子。妹が侯景の側室となった）に殺害され、波乱万丈の生涯を閉じた。享年五十。甲板で斬りつけられた侯景は、船内に逃げ込み刀で船の床を抉《えぐ》っているところを刺されて死んだと伝えられている。最期まで諦観《ていかん》とは無縁であった。

元帝の盛衰

蕭繹が侯景を倒したことで、梁は落ち着いたかというとそうではない。時間を少し遡《さかのぼ》ると、蕭繹は侯景による建康陥落後、侯景そっちのけで兄弟や甥（蕭統の子）らと激闘を繰り広げていた。このうち兄の蕭綸《しょうりん》は侯景討滅以前に撃破したものの、第4章でも触れたように甥の蕭詧（雍州刺史）は西魏に服属し、蕭繹の首をうかがっていた。また、蕭繹は侯景の西上を恐れ、五五一年（太清五年）には西魏に救援を求めて漢中を割譲している。

その後、五五二年（太清六年）三月に侯景を討滅したことは先に述べた。しかし、今度は四川を統治する弟の蕭紀《しょうき》が、同年四月に皇帝を称して長江を下ってきた。そこで蕭繹は、同年（承聖《しょうせい》元年）十一月に皇帝（元帝）に即位し、荒廃した建康ではなく、本拠地である荊州の江陵を首都とした。なお、侯景に禅譲した蕭棟は、すでに五五二年（太清六年）三月の建康占領直後、蕭繹の差し金で長江に投げ込まれて殺害されている（享年不明）。

残る問題は弟の蕭紀である。元帝は弟をつぶすために禁断の手を繰り出すことにした。五五三年（承聖二年）三月、西魏に救援を求め、四川攻撃を要請したのである。同年七月、西魏と元帝に挟撃された蕭紀はあえなく敗死した。しかし、その代償は大きく、四川は西魏領となってしまった。

話はこれで終わらない。このころ、梁は建康周辺で北斉と戦っていたが、事態を打開するため、元帝は北斉との関係改善を図ったのである。その一方、西魏に対しては領土境界を元に戻すこと、すなわち四川の返還を提案してしまった。江陵を虎視眈々と狙っていた西魏の宇文泰は、これを口実に江陵侵攻を決断した。折よく蕭詧が江陵攻撃を求めてきたので、五五四年（梁の承聖三年／西魏の恭帝元年）十月、西魏は万紐于謹・宇文護《うぶんご》・普六茹忠ら五万の兵を派遣し、襄陽で蕭詧と合流し、十一月五日に江陵を攻撃した。西魏侵攻の一報を聞いた元帝と群臣は、何かの間違いではないかと相手にしなかった。この期に及んでも西魏との関係は良好であると考えていたからである。そのため十分な備えのなかった江陵は、ひと月も持たず、十二月二日に陥落してしまった。

降伏直前、元帝は古今の図書十四万余巻に火を放ち、そのなかに飛び込もうとして宮人におしとどめられるや、宝剣を柱に叩きつけ、「文武の道は今夜窮まったのだ」（『太平御覧』巻六一九学部十三焚書所引『三国典略』）と言ったという。後日、書物に火を放った理由を問われた元帝は、「万巻の書物を読んでいながら、今日という日を迎えることになったからだ」（『資治通鑑』巻一六五梁紀二一）と答えたそうだ。事実かどうかはわからないが、文人として卓越した知識と技量を持ち、多くの著作をものした元帝らしい感慨である。ただし、敗北の原因は、一族への猜疑心や外交・政治の判断ミスであり、書物自体に罪はない。元帝による放火は、唐代には書物の蒙った五厄の一つに数えられている。

十二月十九日、元帝は処刑された。享年四十七。このとき西魏の捕虜となった十数万の官僚・民衆は、西魏の将軍に奴婢として分け与えられ、厳冬のなか長安まで拉致された。官僚のうち才学のある者は西魏・北周に仕えて活躍したが、貧困にあえぐ者も少なくなかった。

その後、江陵には蕭詧を梁主とする政権（後梁：五五五〜五八七）が置かれた。以後、西魏・北周・隋の傀儡国家として、蕭詧（宣帝：在位五五五〜五六二）・蕭巋《しょうき》（明帝：在位五六二〜五八五）・蕭琮《しょうそう》（在位五八五〜五八七）と三代続き、領内では皇帝を称していた。後梁は江陵周辺を統治するにすぎない弱小国家であったが、長江中流域における西魏・北周・隋と南朝（梁・陳）の緩衝地帯として機能し、江南の文化（儒学・史学・文学など）を北周・隋に伝える役割を果たした。例えば後梁に仕えた沈重《しんちょう》は、梁の礼楽を北周に伝えている。しかし、最終的には五八七年（隋の開皇《かいこう》七年）に隋に併合されて滅亡した。

陳覇先の台頭

侯景討滅後、長江下流域では梁の混乱に乗じた北斉が勢力を伸ばし、長江北岸まで支配した。五五四年（承聖三年）十二月に元帝が西魏によって処刑されると、建康を守る王僧辯と陳覇先は、翌年二月に元帝の子の蕭方智《しょうほうち》を皇帝に擁立した。しかし、翌月、北斉が傀儡政権を作るために、捕虜になっていた蕭淵明を「梁主」として送り込んできた。王僧辯は、北斉軍の攻撃を受け、やむを得ずこれを受け入れた。しかし、これに反発した陳覇先は、同年（紹泰元年）九月に王僧辯を襲撃して殺害し、蕭淵明を廃して改めて蕭方智を皇帝（敬帝）に擁立した（蕭淵明は翌年病死・享年不明）。この陳覇先が後に南朝最後の王朝である陳を建国することになる。

ここで陳覇先の出自を見てみよう。彼は五〇三年（天監三年）に呉興《ごこう》（現在の浙江省湖州《こしゅう》市）の土豪の家に生まれた。これまでの南朝の建国者である劉裕・蕭道成・蕭衍が寒門（中下級官僚や将軍を輩出した家柄）だったのに対して、もっと下級の地方有力者出身であった。

彼は郷里の小役人となったのち、建康の油倉庫の番人となり、ついで梁の皇族の蕭映《しょうえい》に伝令として仕えた。いずれも流外官（九品官制の枠外の末端官僚）であり、その官歴のスタートは、劉裕の七品官（将軍の幕僚）・蕭道成の八品官（将軍の幕僚）・蕭衍の八品官（皇族の幕僚）に遠く及ばない。

しかし、彼は能力を認められ、蕭映が広州刺史（現在の広東一帯の地方長官）になると、幕僚（中直兵参軍：三班＝従八品）に登用され、軍功を立てて地方官となった。さらに五四四年（大同十年）に蕭映が没すると広州の軍権を握った。このころ、交州（現在の北ベトナム）では土着の民である李賁《りふん》が挙兵し、万春国を樹立した。陳覇先はこれをたびたび攻撃して功績を立て、威望が高まっていった。梁の武帝は、陳覇先の活躍を受けて、五四六年（大同十二年）に交州の反乱を鎮圧したとみなしている。三度目の捨身はその直後に行われた。

この間、陳覇先は広州に赴任していた江南の寒門・寒人層との紐帯を深めて力を蓄えた。そして五四八年（太清二年）八月に侯景の乱が勃発すると、討伐軍に参加するため北上し、その過程で地方の土豪（非漢人も含む）と結びつつ勢力を増し、三万の兵を率いるに至ったのである。なかでも南越の首長の洗《せん》氏（女性）は、南方の諸勢力に働きかけて、陳覇先の北上を支援した。こうして陳覇先は、五五一年（大宝二年）に蕭繹が派遣した王僧辯と合流して建康に進軍し、翌年三月に侯景を敗死に追い込んだのである。

侯景討滅後、建康を任されたのは王僧辯である。彼は父の王神念《おうしんねん》とともに北魏から降った人物で、名門漢人の太原王氏を称しているものの、烏丸であったとする説もある。王僧辯は早くに蕭繹の部下となり、たびたび功績をあげて頭角を現し、侯景撃破を果たした。元帝没後、北斉従属策をとった王僧辯を陳覇先が襲撃して敬帝を擁立したことは先に述べた。これに対し、王僧辯の部下や支持者による反乱が相次いだだけでなく、北斉も攻撃をしかけてきた。陳覇先は、侵入する北斉軍をからくも撃破すると、五五七年（太平二年）九月に陳公、十月に陳王、ついで禅譲によって皇帝（武帝）に即位し、陳を建国した。このとき陳覇先五十四歳。敬帝は翌年四月に殺害された。享年十六。

すでに四川・湖北は西魏（ついで北周）領となり、江陵には後梁が存在していたほか、淮南も北斉に侵食されていた。長江中流域には陳を敵視する王琳《おうりん》（もとは蕭繹の部下）が割拠し、福建《ふっけん》・江西《こうせい》などでは在地の有力者が事実上の独立状態にあった。陳の前途は多難だったのである。国内が一応の安定を見るのは、二代目文帝のときである（第６章参照）。

貴族社会の没落

侯景の乱に始まる一連の動乱は、繁栄を誇っていた貴族社会に大きなダメージを与えた。激しい攻防戦と侯景軍・梁軍による略奪の横行で、絢爛たる大都市建康は荒廃し、貴族から庶民まで塗炭の苦しみを味わった。この苦難を生き延び、元帝に仕えた者もいたが、今度は西魏による江陵陥落によって、大量に拉致されてしまったのである。

先に述べたように、梁の武帝は一流貴族にも才能を求めて制度改革を進めた。しかし、武帝が求めた才能とは儒学・文学といった教養面であり、一部の例外を除き一流貴族が行政・軍事面で活躍することはなかった。また、皇子の妃に貴族の娘（簡文帝の皇后王氏・昭明太子の妃蔡氏）を迎えているように、武帝も宋・斉と同様に貴族のとりこみに努めていた。その結果、行政は朱异をはじめとする寒門が担い、軍事も寒門や北魏からの亡命者に任せっきり、さらには武帝の意に反して教養すら身につけない一流貴族も多かった。梁末に西魏に連行されるも、北斉に逃れ、隋代まで生きのびた顔之推《がんしすい》が残した『顔氏家訓』勉学篇には、

梁朝全盛のとき、貴族の子弟の多くには教養がなかった。「牛車に上って落ちなければ著作郎、体中如何《ごきげんいかが》と書ければ秘書郎」ということわざができるほどだった。

とある。さらに顔之推は、当時の一流貴族は筋骨脆弱《ぜいじゃく》で寒暑に耐えられず、侯景の乱の後、野垂れ死にする者が相次いだと証言している。江陵陥落時に官僚・民衆の拉致を命じた西魏の宇文泰は、才学のある人物を欲しており、多くの南朝系官僚を登用したが、南朝の貴族社

会そのものを重視することはなかった。

もちろん、この動乱を生き延びた一流貴族もおり、陳に仕えて高官となっている。しかし、その数は格段に減り、影響力も失われた。陳では、陳覇先と深く結びついた江南の寒門・寒人層や地方の土豪、蛮などの非漢人が将軍・地方官として台頭したほか、一流貴族の穴を埋めるかのように中下級貴族や寒門出身者が貴族としての自意識を持つようになっていった。

＊

梁の武帝は文武両道の菩薩皇帝として約半世紀にわたって君臨し、北朝に対して優位に立つほどであった。南朝文化も最盛期を迎え、対外的にも大きな影響力を持った。しかし、その陰では社会不安が進んでおり、侯景の乱の勃発後、梁は四分五裂状態に陥り、貴族社会も没落してしまった。江南の土豪からはいあがった陳覇先が建国した陳は、この状況に対応することを余儀なくされたのである。

さて次章では、第4章（北朝：北魏後期〜東西魏）・第5章（南朝：梁）を踏まえた上で、三つの新王朝（北斉・北周・陳）鼎立から、隋による南北統一に至る過程を見ていきたい。

第6章　もう一つの三国時代（北斉・北周・陳）——北朝Ⅳ・南朝Ⅲ

第4章で詳しく紹介したように、北魏は孝文帝の改革に対する反動で、六鎮の乱が発生し、東西に分裂してしまった。このうち孝文帝路線を継承した東魏と、復古政策を展開した西魏は死闘を繰り広げた。一方、第5章で見たように、南朝では梁の武帝が半世紀近くにわたって君臨し、社会内に矛盾を抱えつつも、混乱する北朝に対して優位に立つに至った。しかし、その梁も東魏から亡命してきた侯景による反乱で崩壊してしまった。六世紀半ばには、中国全体が動乱の時代を迎えたのである。やがて、東魏は北斉に、西魏は北周に、梁は陳にとってかわられた。本章では、三国鼎立から隋による中国統一までを概観していく。

1 北斉――激化する権力闘争

北斉の建国

東魏では、実権を握っていた高歓が五四七年（武定五年）に没し、長子の高澄が跡を継いだ。高澄は侯景の反乱を鎮圧し、皇帝への道を突き進んでいたが、五四九年（武定七年）に膳奴（配膳奴隷）の蘭京に刺殺されてしまった。これについてはすでに第4章で述べた。

急逝した高澄にかわって東魏の実権を掌握したのは、弟の高洋である。彼は楊愔《よういん》をはじめとする漢人官僚の支持のもと、五五〇年（武定八年）三月に斉王となった。そして七月に東魏の孝静帝に禅譲を迫り、皇帝（文宣帝《ぶんせんてい》）に即位して北斉を建国したのである（図6-1）。北魏は禅譲を受けずに建国されていることから、北朝では初めての禅譲による王朝交替である。帝位を譲った孝静帝は五五一年（天保《てんぽう》二年）に毒殺された。享年二十八。

しかし、この高洋の皇帝即位に対し、母親である婁太后（高歓の正妃）や多くの勲貴は時期尚早として反対した。このとき高洋は二十二歳。主に六鎮の北族出身者である勲貴は、君主に対して軍事的カリスマ性を求めており、実績の少ない高洋に物足りなさを感じていたのである。婁太后に至っては、「お前の父は龍のごとく、お前の兄は虎のごとき人物であった

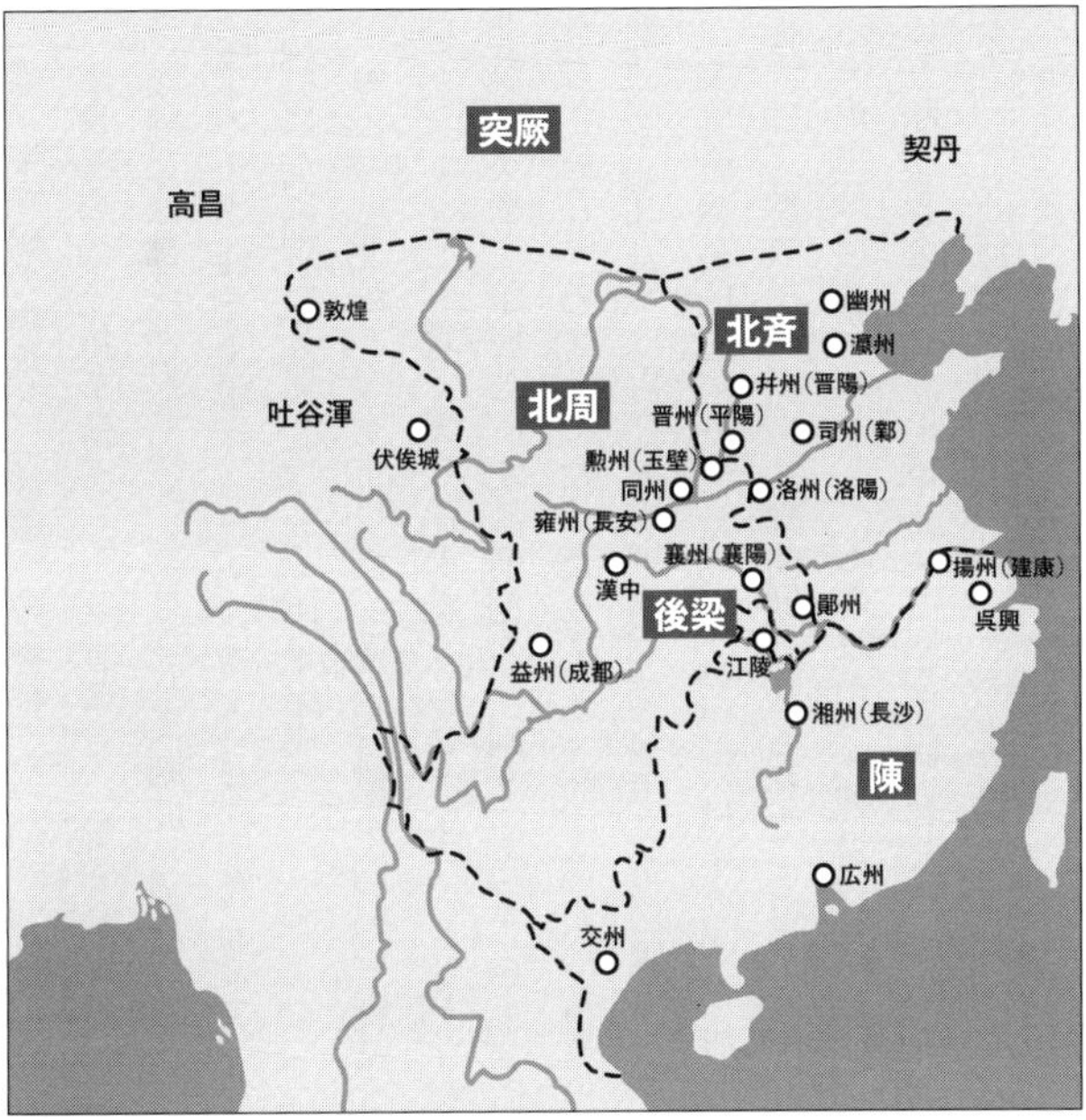

図 6-1●北斉・北周・陳・後梁（572）
出典：『中国歴史地図集　第四冊』をもとに作成

が、それでも臣下として身を終えたのに、どうしてお前ごときが禅譲を受けたいなんて思うのか？」（『北斉書』巻三十高徳政伝）と叱責しているほどである。高洋自身も周囲から即位に反対されることを自覚していた。しかし、父兄に及ばないからこそ早く即位すべきだ、という漢人官僚の意見を採用し、即位に踏みきったのである。

孝文帝路線の継承と『魏書』の編纂

勲貴からの支持が薄かった文宣帝は、漢人官僚の楊愔を宰相に任命し、東魏と同様に孝文帝路線（北魏後期の制度）を継承して制度を整備した。また、北魏→北斉の正統性と孝文帝路線の正当性を主張するため、漢人官僚の魏収《ぎしゅう》に命じて、孝文帝改革を全面的に肯定する『魏書』の編纂を命じた（五五四年完成）。

もともと北魏の孝文帝以後、漢人官僚が国史を編纂し、孝文帝の中国化政策を正当化していた。しかし、第4章で論じたように、五二〇年代半ばには孝文帝路線に反発する爾朱栄が北魏の実権を掌握し、北魏前期の体制を志向するようになった。これに合わせて、史官にも北族が就任するようになったため、一時、国史の編纂は停滞してしまった。こうした状況を受けて、文宣帝は再び史書編纂事業を孝文帝路線に戻そうとしたのである。

文宣帝の目的を果たすため、『魏書』は孝文帝の中国化政策を絶賛している。さらに『魏書』は、遊牧民由来の北魏前期の官名をできるだけ削り、北魏の遊牧的要素を希薄化している（佐川英治、二〇〇五）。そのほか、『魏書』は北魏を中華王朝として宣揚するため、列伝に五胡諸政権と併せて東晋・南朝を収録している。北斉は、西晋→北魏（東魏も含む）→北斉という正統観を抱いていた。この正統観によれば、五胡諸政権と東晋・南朝は非正統王朝となる。そこで『魏書』は列伝を立てる際に、東晋を「僭晋《せんしん》」（偽りの晋）・南朝を「島夷」

（南方の野蛮人）と呼んで貶めたのである。『魏書』は、漢人貴族に関する叙述をめぐって、多くの批判が寄せられ、「穢史《わいし》」とも呼ばれ、後に改訂されている。しかし、文宣帝は『魏書』の内容に不満を抱いておらず、魏収を罰することはなかった。

暴君への変貌

このように孝文帝路線を継承した文宣帝だが、一方で勲貴の支持を獲得する必要があった。そのため自ら軍を率いて、たびたび北方に遠征している。例えば五五三年（天保四年）には突厥を撃破して講和を結んでいる。ほかにも東北辺に勢力を張っていた契丹や柔然の残存勢力にも親征し、軍事的成果をあげた。以後、北斉の歴代皇帝は親征を行い、勲貴に対して軍事的カリスマ性をアピールしている。また、第5章でも触れたが、侯景の乱に端を発する梁の混乱につけこんで南方に派兵し、長江北岸まで領土を広げている。さらには東魏時代に捕虜とした蕭淵明を建康に送り込み、傀儡政権の樹立も図ったが、これには失敗した。

制度面では、北魏末と同様、勲貴への王爵賜与を行っている。さらに五五九年（天保十年）には、皇后の号を「可賀敦《かがとん》皇后」に改めている。可賀敦とは遊牧民の君主の妻を意味する言葉である。即位当初、文宣帝は、勲貴の娘を立后するようすすめられたが、あえて正妃であった漢人の李氏を皇后とした。にもかかわらず、勲貴に配慮して称号を改めたのである。ただし、この称号は、文宣帝の死後、継承されなかった。

さて、建国当初、政治・軍事に励み、漢人官僚・勲貴双方の支持を取りつけようと努めた文宣帝だが、そのストレスからか酒に溺れて暴君に変貌してしまった。五五四年（天保五年）以降、次々に酔った勢いや猜疑心に駆られて勲貴や漢人官僚を殺害している。また、父高歓の側室であった爾朱氏（爾朱栄の娘）に関係を迫って拒まれると殺害し、兄高澄の正妃であった元氏（東魏の孝静帝の妹）ともむりやり関係を持っている。遊牧民の風習であるレヴィレート婚（父や兄の妻妾を娶ること）を行い、父・兄の権威をまとおうとしたとも解されているが、その手法は拙劣であるといわざるを得ない。五五八年（天保九年）には人望の厚かった弟の高浚《こうしゅん》・高渙《こうかん》を鉄籠にいれて自らめった刺しにした上で焼き殺している。さらに、五五九年（天保十年）には東魏の皇族であった元氏も虐殺し、斬殺された者七二一人、その他の死者三千人に及んだと伝えられている。

こうした行為の一方で、文宣帝は僧侶と交遊し、菩薩戒を受け、多くの仏寺を建立し、座禅に励んだ熱心な仏教信者でもあった。信仰と行動のギャップには戸惑うばかりである。ただし、勲貴の殺害については、裏で楊愔ら漢人官僚が動いており、高歓・高澄から続く勲貴抑圧の流れと解釈することもできる。また、弟や元氏の殺害を皇帝権力の安定を図ったものと捉える研究者もいる。文宣帝の行動に一貫性を見出すことはなかなか難しいが、確かに皇族・勲貴の力を削ぐことで帝権強化を図った可能性はある。

孝昭帝の即位と晋陽

五五九年（天保十年）十月、過度の飲酒が原因で文宣帝は没した。享年三十一。すぐさま皇太子の高殷《こういん》（廃帝）が晋陽で即位した。楊愔ら漢人官僚は、廃帝のもとに権力を集中させようとしたが、これに反発した文宣帝の弟の高演《こうえん》が五六〇年（乾明《けんめい》元年）二月に鄴でクーデターを起こし、楊愔を殺害した。晋陽に向かった高演は、母親の婁太后と勲貴の支持を得て実権を掌握し、八月に帝を廃して即位した（孝昭帝《こうしょうてい》：図6-2）。なお、廃帝は翌年九月に殺害された。享年十七。

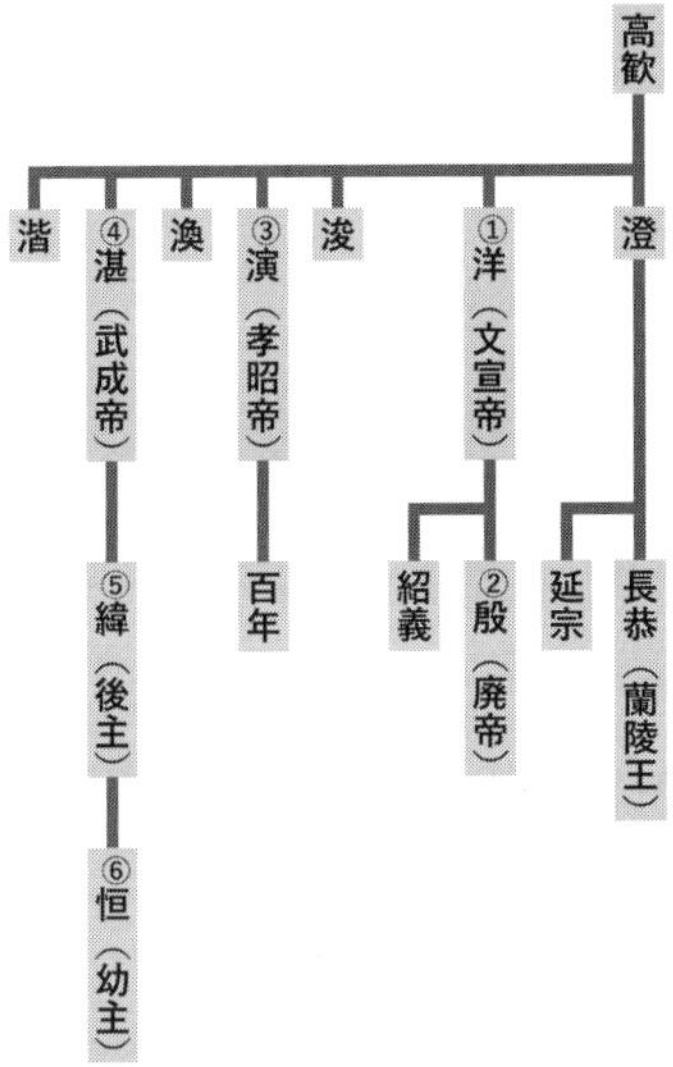

図6-2●北斉皇帝系図
出典：筆者作成

このように、当時、勲貴の拠点となっていたのが晋陽である。第4章で述べたとおり、北魏末の晋陽には多数の六鎮由来の兵士が居住し、軍事拠点として機能していた。そのため高歓は晋陽に覇府を置いたのである。北斉も晋陽を副都とし、晋陽と鄴の二元体制が続いていた。高演はこの晋陽の軍事力を背景にして帝位簒奪に成功したのである。

鄴を弟の高湛《こうたん》に任せた孝昭帝は、勲貴を重んじて晋陽に滞在し、東北辺に割拠していた庫莫奚《こばくけい》に親征するなど精力的に活動した。しかし、五六一年（皇建《こうけん》二年）十一月、落馬事故の負傷がもとで孝昭帝は没してしまった。享年二十七。かわって即位したのは、弟の高湛（武成帝《ぶせいてい》）である。臨終の床にあった孝昭帝は、婁太后の圧力で皇太子の高百年《こうひゃくねん》にかわって弟の高湛を後継者に選び、息子を殺さないよう遺言を書き残した。しかし、その願いもむなしく、五六四年（河清《かせい》三年）に高百年は九歳の若さで殺されてしまった。

武成帝と「恩倖」

即位した武成帝は、皇帝権力を掣肘する婁太后や勲貴・皇族に不満を抱いていた。五六二年（河清元年）に婁太后が没した際には、酒を飲みながら音楽を聞き、喪服である白袍を投げ捨てて解放感にひたっている。この後、武成帝は皇帝権強化のために、君命に忠実な勲貴の子弟の一部などを重用した。なかでも絶大な信任を得たのが和士開《かしかい》である。

従来、彼らは皇帝の恩寵によって台頭した「恩倖」とみなされてきた。しかし、近年、少しずつ歴史像が変わってきている。例えば和士開は、唐初に編纂された『北斉書』では西域商人の子孫とされていた。しかし、和士開本人とその親族の墓誌から、爾朱栄・高歓に仕えた北族の勲貴の子であることが明らかとなった。彼は武成帝が即位する前から幕僚として仕え、主衣都統（皇帝の衣服・器物を統括）や中書監などを経て皇帝の信任を受けて出世したのである。田熊敬之《たくまよしゆき》（二〇二〇）は、北魏後期・東魏・北斉に見える主衣都統や嘗食典御（皇帝の食事を統括）が遊牧的な制度の影響で置かれた皇帝側近官であり、勲貴や漢人貴族の子弟のみならず、漢人寒門層やソグド人などにも開かれた出世ルートの一つであったことを指摘している。平田陽一郎（二〇二一）も、「庫真」「烏賀真《うがしん》」「大賢真《だいけんしん》」といった鮮卑語由来の侍衛が皇帝に重用されて出世したとする。北斉にも遊牧由来の側近官から出世するルートが存在していたようである。

第2章で紹介したように南朝の恩倖は、詔勅起草を担当する重要官職であるものの官品の低い中書舎人に、皇帝の恩寵を受けた寒人・庶人が就任して辣腕を振るった。しかし、和士開に代表される北斉の「恩倖」は勲貴の子弟であり、皇帝側近官から正式に宰相に上り詰めており、南朝の恩倖のあり方とは異なっている。ただし、北斉の政治や制度については、いまだ研究途上であり、「恩倖」にかわる用語も提案されていない。そこで、ここでは便宜的に「恩倖」とかぎかっこをつけて用いることとする。

武成帝期の諸政策

武成帝は、五六五年（河清四年）に二十九歳の若さで、十歳の皇太子緯《い》（後主）に譲位して太上皇帝となった。第1章で紹介した北魏の献文帝に続く二例目の太上皇帝である。和士開が皇帝二代にわたって恩寵を受けられるように、漢人官僚が提案したとされている。しかし、それだけではなく、文宣帝以来、弟による事実上の帝位簒奪が続いていたことを踏まえ、帝位継承の安定化を図って行われたのである。

この武成帝期には、皇帝の意向を汲んだ和士開と、祖珽《そてい》をはじめとする漢人官僚が手を組んで政務にあたった。史書には和士開による乱脈政治が記されている。例えば、シルクロード貿易を担っていたソグド人らは、和士開とつながることで北斉全域に活動の場を広げ、淮南では徴税を担っている。しかし、群臣の多くが和士開と結びついたこともあって、北斉の政局自体は比較的安定していた。この時期には、律令の制定・『周礼』を踏まえた後宮制度の確立・南朝の影響を受けた雅楽整備（宗廟と郊祀の舞楽・歌曲通用）などが進められ、中華帝国としての体裁が整えられている。

ただし、朝廷内では鮮卑語が飛び交ったほか、文宣帝の皇后李氏や孝昭帝の皇后元氏などを後宮に収めるレヴィレート婚も行われており、北族の気風も色濃く残っていた。五六三年（河清二年）には北周が突厥と連合して晋陽に来襲し、翌年には北周が洛陽に侵攻してきたが、いずれも撃退に成功している。特に洛陽の戦いで活躍したのが勲貴の斛律光《こくりつこう》（娘は後主の皇后）や皇族の高長恭《こうちょうきょう》（高澄の子：蘭陵《らんりょう》王）である。北斉の国力・軍事力はまだまだ健在だったのだ。しかし、五六八年（天統四年）に武成帝が三十二歳の若さで没すると、勲貴と漢人官僚と「恩倖」による複雑な権力闘争が続き、徐々に北周に対する優位は失われていくことになる。

過熱する権力闘争

武成帝は、臨終の床で和士開の手をつかみ、後主のことを託して没した。そのため和士開の専権は続いた。彼は胡太后（武成帝の皇后・漢人）と私通し、その支持も得ていた。この状況に不満を抱いたのが十四歳の高儼《こうげん》である。彼は後主の同母弟であり、父の武成帝に寵愛されて、首都である鄴の軍事を統括していた。五七一年（武平《ぶへい》二年）、和士開によって軍権を剥奪《はくだつ》されそうになった高儼はクーデターを起こして、和士開を殺害した。これを知った北斉随一の名将で後主の舅でもある斛律光は大笑いし、「龍の子がついにやった。誠に凡人ではないな」（『北斉書』巻十二高儼伝）と述べ、事を穏便に済ませるため、高儼を説得して軍隊を解散させている。

これに対し、漢人官僚の祖珽は、後主の重用する「恩倖」らと結んで高儼を殺害し、さらには祖珽に敵意を向けていた斛律光を死に追いやった。勲貴の代表格である斛律光の誅殺は、勲貴抑圧・皇帝権強化の一環に位置づけられる。しかし、その結果、北周に対する防衛力も低下してしまった。

行政・軍事に大きな影響力を持った祖珽は、五七三年（武平四年）二月に多くの文人を集めて文林館《ぶんりんかん》を設立した。この文林館では、南朝の梁で編纂された『華林遍略』をもとに、中華の歴史を継承する正統国家として北斉を位置づけた類書の『修文殿御覧《しゅうぶんでんぎょらん》』三六〇巻が編纂された。祖珽は文化政策面でも北斉の中華化を進めたのである。

そして祖珽は「恩倖」との対決に踏みきった。ところが、この対決は皇帝の寵愛を受けている「恩倖」が勝利を収めた。五七三年（武平四年）五月、祖珽は失脚して病死し、十月には文林館に集った漢人官僚の多くも殺害された。この間、名将として知られる蘭陵王高長恭も、後主の猜疑心によって死を賜っている。

北斉が権力闘争に明け暮れている間、南朝の陳が淮南に兵を進めてきた。北斉は、これに対応できず、淮南は五七三年（武平四年）に陳に奪われてしまった。一方、突厥との関係は改善傾向にあった。もともと突厥は、北周との関係を重視していたが、五七二年（武平三年）に華北情勢に通じていた他鉢可汗《タトバル》が即位すると、北周・北斉の対立構造を維持して、突厥優位の状況を確立するため、徐々に北斉寄りの姿勢を見せるようになったのである。

北斉の滅亡

漢人官僚に勝利した「恩倖」は、ついに北斉の軍事・行政を掌握した。いわば後主は「恩倖」を通じて権力の一元化に成功したのである。しかし、その代償は大きかった。皇族・勲貴が抑圧されて軍事力が低下しただけでなく、「恩倖」による乱脈政治が続き、宦官やソグド商人の子弟などが官位や王爵を得て権勢を誇り、あげくのはてには後主が可愛がっていたペルシャ犬にも官位を与える始末であったといわれている。

このような状況下、五七五年（武平六年）に北周の武帝が自ら軍隊を率いて洛陽に侵攻してきた。しかし、洛陽の守りは堅く、北周軍撃退に成功した。翌年（武平七年）十月、北周の武帝は河東から晋陽に向かって侵攻してきた。十二月、後主は晋州（現在の山西省臨汾市）まで親征し、武帝率いる北周軍と後主率いる北斉軍は衝突した。後主も武帝も軍事経験は少なく、一進一退の攻防が続いた。この段階でも晋陽を中心とする北斉の軍事力は衰えていなかったのである。しかし、後主が「恩倖」の穆提婆《ぼくていば》の撤退の進言を受け入れ、愛妾とともに晋陽に逃走した結果、北周軍が大勝した。北周の武帝が晋陽に向かって進撃を開始すると、後主に見切りをつけた将帥たちが次々と降伏してきた。敗戦のきっかけを作った穆提婆もその列に加わっている。

後主は晋陽を高延宗《こうえんそう》（高澄の子）に任せ、突厥への亡命を図ったが、部下の反対にあって鄴に向かった。残された高延宗は皇帝を自称し、武帝を迎え撃ったものの力及ばず、晋陽は陥落した。翌五七七年（武平八年）正月、後主は八歳の皇太子恒《こう》（幼主）に譲位し、太上皇帝を称した。このときすでに北周の軍勢が迫っており、鄴を離れた後主と幼主は、瀛州《えいしゅう》刺史の高湝《こうかい》（高歓の子）に詔を送って譲位し、後主は無上皇《むじょうこう》、幼主は守国天王《てんおう》と称した。ただし、使者が北周に降伏したため、譲位の詔は高湝のもとには届かなかった。

北周の武帝は正月に鄴を落とし、同月中に内通してきた「恩倖」の高阿那肱《こうあなこう》の手引きで逃亡中の後主・幼主を捕えた。事実上の北斉滅亡である。二月には山西北部で抵抗していた高《こう》紹義《しょうぎ》（文宣帝の子）も突厥に亡命し、三月に残存勢力が降伏したことで北周による華北統一が果たされた。その後、北周に降伏した穆提婆に謀反の噂が流れたため、後主と幼主は連座して自殺させられた。後主の享年は二十二、幼主の享年は九である。

さて突厥に亡命した高紹義は、文宣帝を「英雄天子」と称える突厥の他鉢可汗に受け入れられた。北斉の残存勢力は高紹義のもとに集まり、五八〇年（大象《だいしょう》二年）まで北周に抵抗を続けた。しかし、最後は北周との関係改善を図った突厥に裏切られ、北周に引き渡され、五八一年（開皇元年）に配流先の四川で没した。これで完全に北斉は滅びたのである。

北斉の政治動向を端的に要約すると、複雑な権力闘争が続いた果てに、北周に滅ぼされたということになろう。ただし、その背景には、強力な軍隊を率いる勲貴と北魏以来の漢人貴族そして皇帝のライバルとなりうる皇族を抑え込み、皇帝権強化を図る動きが常に存在していたのである。また、北斉については、北族的要素が強調されがちであるが、制度面では主に北魏の孝文帝路線を継承しており、中華皇帝として君臨していたことを忘れてはならない。実際、後の隋・唐は北斉の制度を軸に諸制度の整備を進めている。

＊

2　北周——華北統一への道程

北周の建国

次に北周に目を向けたい。第4章で述べたように、北魏の東西分裂後、関中を支配する西魏の実権を握っていたのは宇文泰である。西魏では北魏の孝文帝路線に反発して、国姓再興（北族の姓をもとに戻す）・六官制（『周礼』の官制を採用）といった復古的な政策が次々に施行

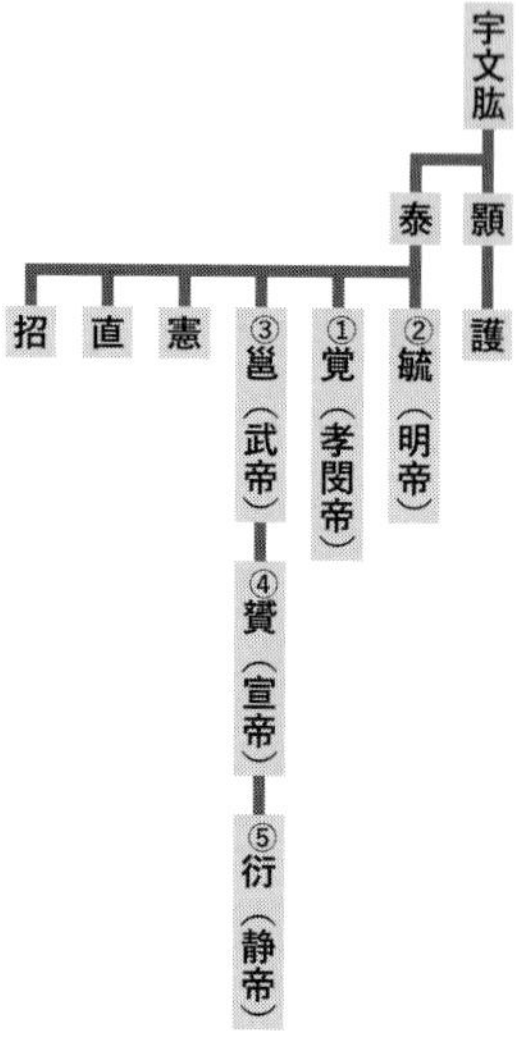

図6-3●北周皇帝系図
出典：筆者作成

された。宇文泰は帝位簒奪も視野に入れていたと考えられるが、実行に移すことなく、五五六年（恭帝三年）十月に五十二歳で没した。宇文泰の生前、後継者に選ばれていたのは、宇文泰とその正妃（北魏の孝武帝の妹）の間に生まれた宇文覚《うぶんかく》（宇文泰の第三子）である。しかし、まだ十五歳の宇文覚では、当然、並みいる元勲を抑え込むことはできない。そこで宇文泰は臨終の床で、甥の宇文護に後事を託した。

このとき宇文護は四十四歳。元勲に比べれば功績は劣っていたものの、軍事・行政の経験を積んでいて、親族の少ない宇文泰からすると頼りになる存在であった。宇文護は、軍事を統括する都督中外諸軍事府を掌握し、元勲の万紐于謹（『周書』では于謹）らの協力を取りつけ、不満を抱く一部の元勲を抑え込み、五五七年（孝閔帝《こうびんてい》元年）正月に宇文覚を天王に擁立して北周を建国することに成功した。皇帝ではなく天王を称したのは、『周礼』に依拠したためである。秦の始皇帝が前二二一年に創出した「皇帝」という君主号は、西周（前十一～前八世紀）の制度を伝えるとされていた『周礼』には出てこないからである。

北周建国直後の二月、宇文護は反抗的な態度をとっていた元勲の乙弗貴《おつふつき》（『周書』では趙《ちょう》貴《き》）・独孤信《どっこしん》を粛清した。このとき譲位したばかりの恭帝（享年二十一）とわずか三歳のその息子も殺されている（「拓跋初墓誌」参照）。宇文護は天官府長官の大冢宰《だいちょうさい》（行政長官）に就任して、北周の実権を掌握した。ところが今度は天王である宇文覚が不満を抱いてしまった。彼は親政を望み、側近とともに宇文護誅殺を図ったのである。これを知った宇文護は、同年九月に群臣の賛同を得て、宇文覚を廃して殺害した。享年十六。彼は後に孝閔帝と諡された。

かわりに擁立されたのが宇文泰の長子の宇文毓《うぶんいく》（明帝）である。明帝は有能な人物であったので、宇文護は五五九年（明帝三年）正月に行政権を返上し、明帝による親政が始まった。明帝は同年八月に皇帝号・年号を復活させ、側近官（内史・御正）の地位を向上させるなど、徐々に皇帝権の強化を図った。そのため宇文護は、五六〇年（武成二年）四月に明帝を毒殺したといわれている。享年二十七。明帝の子を後継者に推す意見も出たが、宇文護は明帝の遺詔を尊重して、宇文泰の第四子の宇文邕《うぶんよう》（武帝：図6-3）を擁立した。

宇文護執政期の実像

武帝即位後の五六一年（保定《ほてい》元年）正月、宇文護は正式に都督中外諸軍事に就任し、同州に覇府を置き、天官府に他の五府を隷属させ、軍事・行政の実権を掌握した。本書では、北周建国から五七二年（天和《てんわ》七年）の宇文護誅殺までを宇文護執政期と呼ぶ。

従来、宇文護執政期は、唐初に編纂された『周書』の記述に依拠して、元勲を抑圧し、腐敗人事が横行し、「宇文護派」と「親周帝派」が暗闘した時代として認識されてきた。しかし、実際には、官職や婚姻の面で元勲に対する配慮を欠かさず、元勲の多くも宇文護の行動（孝閔帝の廃位や明帝・武帝の擁立）を支持している。また宇文護は、漢人も積極的に側近や行政官僚に登用していた。南朝系官僚の登用も進み、庾信《ゆしん》のように文学面で高く評価され、皇族の文学の師となる者もいた。そのためか北周では、「島夷」のように南朝を夷狄扱いする用語はあまり使われていない。

北周の皇族も重要拠点に派遣して経験を積ませたのち、中央に呼び戻して官僚・将軍として活躍させている。例えば宇文憲（宇文泰の第五子）は、宇文護に信任されて要職を歴任し、しばしば北斉と戦っている。そのほか西魏時代と同様に仏教も厚く保護し、仏教信仰を利用して地方に北周の影響力浸透を図っていた。こうした配慮の結果、北周建国当初を除き、皇族・群臣による反乱や、諸勢力の深刻な対立は発生していない。ほとんどの北族・漢人が宇文護に協力して政権を支えていたのである。従来の宇文護執政期像は、『周書』が生み出した虚像なのである（会田大輔、二〇〇七）。

次に制度面に注目してみよう。宇文護は西魏時代の制度を継承しつつ、積み残された諸制度（官制・兵制・法制・礼制・楽制など）の整備を進めていった。ここでは官制にしぼって一つだけ紹介したい。それは皇帝の侍衛（宮伯・諸侍：護衛&相談役）を群臣子弟の入官コースの一つとして機能させたことである。これは第1章で紹介した北魏前期の遊牧的官制である内朝官に類似している。ただし、幅広い職掌を持ち、軍事・行政を支えた北魏前期の内朝官と異なり、北周の侍衛の職掌は護衛と相談役程度にすぎない。なおかつ就任者の一部には宇文護の息がかかっており、皇帝の監視役としても機能していた。復古政策を展開した西魏・北周でも、北魏前期の制度を完全に再現できたわけではなかったのである。なおこの制度は隋・唐の官僚の仕官経路の一つである衛官コースとして継承された（会田大輔、二〇一五）。

対外政策では、突厥との通婚に成功したことが大きな成果としてあげられる。五五〇年代に柔然にかわってモンゴル高原の覇者となった突厥は、五五八年にイランを支配するサーサーン朝と連合して中央アジアのエフタルを撃破し、ソグディアナまで支配下に置いた。五六〇年代半ばにはエフタルを滅ぼし、中央ユーラシアを手中に収めた。急激に膨張した突厥は、アルタイ山脈を境に、東は第三代目の木杆《ムカン》可汗（東突厥：初代の伊利可汗の子・在位五五三〜五七二）、西は室点蜜《イステミ》可汗（西突厥：伊利可汗の弟）が治めた。

この突厥と宇文氏との婚姻は、西魏時代から計画されていたが、突厥の変心により先延ばしになり、北斉との激しい駆け引きが行われていた。宇文護は、粘り強く交渉を進め、突厥と連携して北斉の晋陽に侵攻するなど同盟の実績を重ねた。そして五六八年（天和三年）に木杆可汗の娘を武帝の皇后（阿史那皇后）に迎えることに成功したのである。

そのほか宇文護は、青海を支配する吐谷渾に進攻して領土を獲得している。また、北斉や南朝の陳にしばしば侵攻したものの、こちらはいずれも敗北に終わり、領土拡張には失敗した。このことは北周の国力・軍事力がいまだ十分ではなかったことを意味している。

武帝の親政

さて、宇文護執政期に問題がなかったわけではない。仏教を厚く保護した結果、寺院・僧侶の数が増え、財政上の問題になっていた。また、北族の元勲・功臣のなかには横暴な振舞いをするものも存在していた。宇文護は、彼らの支持を得るために、そうした行為を黙認していたのである。そして、誰よりも不満を抱いていたのが実権を奪われていた武帝本人である。彼は兄たちの末路を見て警戒し、即位後は祭祀と学術のみに関心を寄せるふりをしていた。しかし、その陰で宇文護誅殺の機会をうかがっていたのである。

そして、ついに五七二年（天和七年）三月十八日、武帝は弟の宇文直や少数の側近とともに宇文護誅殺に成功した。このとき宇文護六十歳、武帝は三十歳。酒びたりになっている叱《しっ》奴《ど》太后（武帝の生母）を諫《いさ》めてほしいと宮中に宇文護を呼び出し、皇太后に向かって諫言《かんげん》す

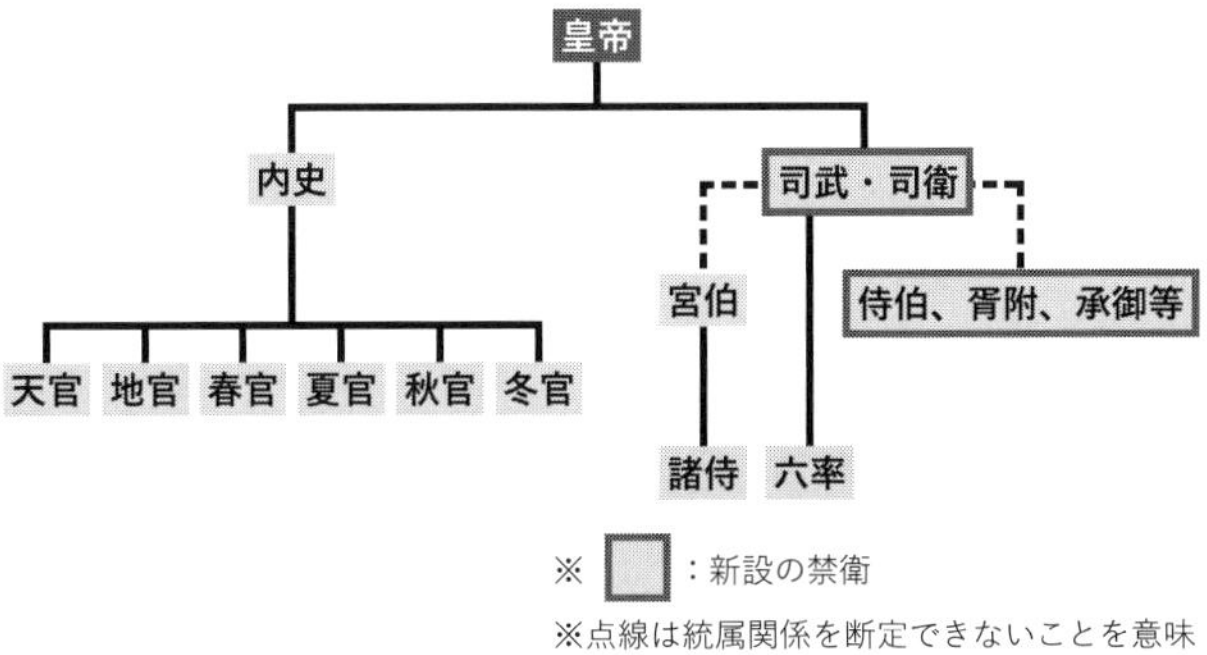

図 6-4 ●北周武帝親政期の官制構造
出典：筆者作成

る宇文護の後方から武帝自ら玉珽《ぎょくてい》（玉製の笏）で殴打し、宇文直にとどめを刺させたのである。成功した理由は、時間をかけて少数の信頼できる側近を獲得したことと、情報漏れを警戒して侍衛にすら計画を知らせていなかったことである。宇文護誅殺後、武帝はただちに侍衛を掌握し、宇文護の息子と側近を排除（誅殺・除名）した。このとき、元勲を含む群臣は、武帝に抵抗することなく、即座に従っている。群臣からすれば、武帝と宇文護の対立は親族間の内輪もめにすぎず、勝者につけばよかったからである。

宇文護誅殺後、武帝は親政を開始した。まず、天官府と五府を同格化し、天官府長官の大冢宰の権限を縮小した。そして側近官である内史（北魏の中書に相当：職掌は詔勅起草）の権限を強化して六府を統括させた。これによって武帝が行政の実権を完全に掌握したのである。同年四月には長子の宇文贇《うぶんいん》を皇太子とし、帝位の兄弟継承に終止符を打った。

軍事面では、都督中外諸軍事を廃止して、皇帝直属の禁衛官（司武・司衛など）を多数設置した。五七四年（建徳《けんとく》三年）十二月には、募兵を進めると同時に二十四軍の軍士を侍官と改称し、禁衛という位置づけを与えた。この改革は、擬制的部落兵制の要素のあった二十四軍を禁衛に位置づけることで、皇帝の影響力を強めようとしたものである。こうして武帝は、北魏末より続いた二重権力構造を解消し、皇帝自身が軍事・行政を掌握する皇帝専権体制を構築したのである（図6－4）。

また南朝の文学・学術を学んでいた武帝は、南朝の楽制（宗廟と郊祀の舞楽や歌曲の通用）の導入を進め、礼楽面で中華皇帝たらんと努めた。婚姻や人事面でも、元勲の子弟を重視して政権の安定化を図る一方で、禁衛長官の一部に漢人を登用するなど徐々に北族重視路線を改めていった。そして節倹・減税などの詔を出し、富国強兵政策を推進して北斉侵攻の準備を進めた。

五七四年（建徳三年）五月には富国強兵政策の一環として、仏教・道教の廃毀政策を断行している。このとき武帝は寺院や仏像を破壊させ、僧侶・道士を還俗させる一方で、通道観という儒・仏・道三教の研究機関を設けている。また、彼自身は道教に肩入れしており、道教類書の『無上秘要《むじょうひよう》』の編纂を命じ、道教に基づく儀礼も行っている。すなわち、大々的に弾圧されたのは仏教なのである。当時、仏教は人々の間に広く浸透しており、仏教信者の皇族・功臣・地方豪族・民衆などが不満を抱いた可能性は高い。武帝は人々の不満をそらすためにも北斉侵攻を進めなければならなかったのである。

華北統一への道程

武帝は華北統一に向けて外交に努めた。まず、敵国である北斉とも五七五年（建徳四年）まで連年使節をかわした。遣使を通じて北斉を油断させ、軍備を整える時間を稼ごうとしたのである。また、宇文護執政期に衝突を繰り返した南朝の陳との関係回復も進め、ともに北斉を討つことを図った。その結果、陳は五七三年（建徳二年）に北斉に侵攻し、淮南を獲得している。また、宇文護執政期にたびたび圧力を加えた稽胡《けいこ》（北周・北斉の国境地帯に散在していた牧畜民）とも本格的な戦闘は避けている。

一方、五七二年（建徳元年）に他鉢可汗が即位した突厥は、徐々に北斉寄りの姿勢を見せるようになっていた。そこで武帝は突厥に歳幣（毎年の贈り物）を送り、長安に滞在する突厥人を優遇した。その結果、他鉢可汗は「南の二人の孝順な子（北斉・北周）を生かしておけば、貧乏を憂うことはない」（『周書』巻五十突厥伝）と豪語するに至った。武帝は北斉侵攻のために、突厥に対して辞を低くして接したのである。

北斉侵攻に向けて着々と準備を進めた武帝だが、彼には大きな問題が一つあった。それは戦場経験がなかったことである。北朝では、北族が軍事の中核を占めていたため、軍事能力を備えた戦う皇帝像が求められた。北周でも北族の元勲・功臣の影響力が強く、同様の状態にあったと考えられる。武帝は皇帝専権体制を正当化し、北斉侵攻を進めるためにも、積極的に軍事能力をアピールしなければならなかった。そこで武帝は、講武（閲兵式&軍事訓練）や兵法講義を通じて、将兵との関係強化を図った。

そして、ついに五七五年（建徳四年）七月、武帝は洛陽に侵攻した。これに対して一部の臣下は、洛陽は北斉の迎撃態勢が整っており、過去の洛陽攻撃も失敗していることを踏まえ、河東から晋陽に進むべきであると進言している。武帝は反対を押し切り、自ら六万の兵を率いて河陽に向けて進撃したが、案の定、洛陽を落とすことはできなかった。武帝は発病を理由に九月に撤兵した。武帝の初陣は、失敗に終わったのである。

翌年武帝は内紛が発生した吐谷渾に皇太子贇を派遣して攻撃させた。北周軍は吐谷渾の可汗である夸呂《こりょ》を遁走させ、根拠地の伏俟《ふくし》城を占領した。この遠征は、皇太子に軍事経験を積ませると同時に、北斉侵攻に向けて後背地を固める目的があったと思われる。

そして前年の失敗を反省し、五七六年（建徳五年）十月に并州（晋陽）を目指して河東から晋州（平陽）に進軍することを決定した。渋る諸将を尻目に、武帝は宇文憲をはじめとする親族に軍を統率させ、親征を開始した。武帝が晋州を占領すると、北斉の後主も親征し、十二月に両軍は激突した。先に述べたように、互角の戦いであったにもかかわらず、北斉の後主が逃走した結果、北周軍が大勝した。武帝が晋陽に向かうと、北斉に見切りをつけた将帥が次々と降伏してきた。北斉の後主が鄴に逃れると、残された高延宗は皇帝を自称して晋陽城外で武帝を迎え撃った。戦局は北周軍優位に進んだが、焦った武帝が自ら晋陽城内に突入した結果、北斉軍の反撃を受けてしまった。このとき武帝は侍臣の大半を失う大敗を喫し、命からがら脱出するはめに陥った。最終的には晋陽陥落に成功したものの薄氷を踏むような戦いだったのである。

翌五七七年（建徳六年）正月には鄴を落とし、逃亡中の後主・幼主を捕え、三月に残存勢力も降伏させて華北統一を達成した。このころの北斉の人口は約二千万人、北周の人口は約一千万人で、いまだに人口も経済力も北斉が北周を上回っていた。そのため北斉が短期間で滅びるとは予想されておらず、周辺勢力に与えた衝撃は大きかった。北周の強大化を恐れた突厥は北斉の亡命政権を擁立して敵対し、陳も淮南をめぐって北周と干戈《かんか》を交えている。稽胡も突厥と連携して反乱を起こした。一方、青海の吐谷渾や朝鮮半島の百済・高句麗は北周に遣使している。北周の華北統一を境にユーラシア大陸東部に変動が生じ始めたのである。

その後、突厥討伐を決めた武帝であったが、遠征途上の五七八年（建徳七年）六月に病死してしまった。享年三十六。

天元皇帝の挫折

武帝の跡を継いだのは皇太子の宇文贇（宣帝）である。彼は皇帝権強化を図って叔父の宇文憲や武帝側近の一部を粛清し、元勲を尊崇しつつ中央から遠ざけ、鄭訳《ていやく》をはじめとする漢人官僚を中心に側近政治を展開した。また、華北統一によって旧北斉官僚が大量に流入したことを受けて、北斉系も視野に入れた人事・婚姻・制度改革（服制・楽制）を実施し、洛陽の再建を命じて副都とした。武帝が廃した仏教も部分的に復活させている。

ところが彼は、五七九年（大象元年）二月に、二十一歳の若さで、突如わずか七歳の皇太子衍《えん》（静帝）に譲位し、天元《てんげん》皇帝を自称した。一見、北魏の献文帝や北斉の武成帝の称した太上皇帝に似ているが、実際は大きく異なっている。天元皇帝は正式に百官を統べただけでなく、礼制面で皇帝を上回る権威を示し、さらには「天」を自称して自身を「上帝」になぞらえたのである。どうやら彼は、南北統一が視野に入ってくるなか、中華皇帝としての正当性を強化するため、新たな権威創出を図って、昊天上帝《こうてんじょうてい》（天の最高神）と同一化した天元皇帝を自称したようである。いわば、皇帝よりも上の称号を創出したわけである。実際、五七

九年（大象元年）に仏教・道教の造像を解禁した後、

帝は二像（仏像・天尊像）とともに南面して座し、大いに雑技を行わせ、都の人々に自由に鑑賞させた。（『周書』巻七宣帝紀・大象元年十月条）

とあるように、仏教・道教の至尊とともに天元皇帝（昊天上帝＝儒教の至尊）が南面する様子を人々に公開し、その権威を誇示している。五八〇年（大象二年）三月に五人の皇后を置いたのも、昊天上帝をとりまく「五帝」（五人の天神：青帝・赤帝・黄帝・白帝・黒帝）になぞらえた可能性がある。

従来、彼は常軌を逸した暴君として語られてきた。しかし、武帝親政期と宣帝期の政策（皇帝専権体制の構築）や側近官の人的構成には連続性がうかがえ、華北統一にふさわしい制度作りにも励んでいる。中華皇帝としての意識も明確化し、陳を夷狄扱いするようになった。外交・軍事面でも、陳との戦いに勝利して淮南を獲得し、稽胡の反乱も鎮圧したほか、突厥との和親を図って公主降嫁の交渉を行っており、単なる暴君というわけではない。一見、突飛な天元皇帝自称も、彼なりの意味があったのである。しかし、中国の伝統から見ても、遊牧民の価値観から見ても、天と君主の同一化は異様であった。そのため、天元皇帝の試みは、群臣には理解されず、徐々に孤立を深めてしまった。理解されないいらだちからか、ささいな言動を理由に群臣や后妃を「天杖」で打つようになり、文字通りの暴君になってしまったのである（会田大輔、二〇一六）。

そして、五八〇年（大象二年）五月、天元皇帝は二十二歳の若さで急死した。彼の死により、天元皇帝号は自然消滅した。幼少の静帝にかわって実権を握ったのは宣帝の舅である普《ふ》六茹堅《りくじょけん》、すなわち隋を建国することとなる楊堅《ようけん》である。

北周の滅亡

普六茹堅は、西魏・北周の元勲である普六茹忠の嫡子であり、その妻は北周初に粛清された独孤信の娘である。宇文護執政期に禁衛官や地方長官などを歴任したものの、大した功績をあげておらず、数多くいる元勲子弟の一人にすぎなかった。そんな彼に転機が訪れたのは、五七三年（建徳二年）のことである。元勲子弟との関係強化を図った武帝が普六茹堅の娘麗華を皇太子妃に選んだのである。その後、彼は北斉進攻に功績を立てたものの、武帝生存中は突出した地位に就くことはなかった。

しかし、宣帝が即位し、娘が皇后となると、司武上大夫（禁衛長官）や四輔官（宣帝が設置した最高顧問官）である大後丞・大前疑などを歴任し、権威が増大化した。ただし、このころの彼は北周の実権を握っていない。それどころか宣帝に猜疑の目を向けられていた。そこで彼は難を逃れるため、地方長官への転任を願い出ていたのだが、出立する直前に宣帝が急死したのである。

宣帝が没するやいなや、普六茹堅は宣帝の側近だった鄭訳らの手を借りて遺詔を偽造し、左大丞相・都督中外諸軍事となって行政・軍事の実権を掌握した。すると、旧北斉領の河北を統括していた尉遅迥《うっちけい》が反乱を起こした。尉遅迥は、宇文泰の甥で、宇文泰・宇文護・武帝を支えた元勲である。また、孫娘は宣帝の皇后の一人（天左大皇后）となっている。宣帝は普六茹堅と緊張関係にあったため、あえて元勲である尉遅迥の孫娘を皇后の一人に迎えたのである。しかし、すでに夫のいた彼女にむりやり関係を迫った上に、その夫を誅殺して後宮に入れたと伝えられており、事実であれば、非道といわざるを得ない。

ともあれ宇文氏と深い関係にあった尉遅迥は、普六茹堅の実権掌握を苦々しく思って挙兵したのである。かつて北斉に仕えていた人々も反乱に加わったほか、静帝の舅である司馬消難《しょうなん》（北斉の勲貴の子）も鄖州《うんしゅう》（現在の湖北省安陸）で挙兵するなど、各地で反乱が相次いだ。尉遅迥は陳や突厥に遣使して連携を図り、普六茹堅を包囲しようとした。しかし、普六茹堅は、并州（山西省北部）・幽州《ゆうしゅう》（河北省北部）・洛陽などを治めていた元勲たちを味方につけることに成功した。北魏末から続く動乱を生き抜いた北族出身の元勲たちは、生存に必要などドライな感覚を忘れておらず、北周の命脈が尽きていると判断したのである。さらに普六茹堅は、突厥の王族に北周の千金公主《せんきんこうしゅ》（武帝の弟宇文招《うぶんしょう》の娘）を嫁がせることで和親を結び、その介入を防いだ。

有利な情勢を築いた彼は、名将の韋孝寛《いこうかん》を派遣して尉遅迥を破り、各地の反乱軍を各個撃破して鎮圧に成功した。さらに武帝の弟たちを粛清し、朝廷内からも反対勢力を消し去った。また、西魏・北周で行われていた国姓再興を取り消し、漢姓の復活を認めた。北周において、既に弘農の楊氏（関中の漢人豪族）を称していた普六茹堅も楊堅と姓を改めている。実権を握った楊堅に、元勲・漢人官僚の多くが従った。武帝・宣帝と続いた皇帝専権体制に対する不安、廃仏による人心の離反、華北統一後の北斉系官人の流入による混乱と危機感、突厥や陳との対立といった緊迫する国際情勢、幼君のカリスマ不足などの理由が重なったためである。そして、五八一年（大定元年）二月、楊堅は静帝から禅譲を受けて皇帝に即位し、開皇と改元して隋を建国し、北周の皇族を粛清した。それから三か月後、静帝も九歳の若さで殺された。

＊

北周は、西魏の六官制や北族重視路線を継承した。しかし、北周でも華北統一や中華統一が視野に入ってくると、徐々に復古政策・北族重視路線からの脱却を図る動きが出てきた。ただし、完全に脱却が果たせたのは、次の隋代のことである。とはいえ、隋・唐が西魏・北周の支配者層や兵制・官制の一部などを継承したことも間違いない。ユーラシア大陸東部に大帝国を築いた隋・唐は、孝文帝路線を継承した北斉と復古政策を展開した北周の双方を継承して成立したのである。

3　陳――南朝最後の王朝

武帝の苦悩

最後に南朝の陳に目を向けたい。第5章で述べたように、五五七年（永定《えいてい》元年）十月に陳覇先は五十四歳で皇帝（武帝）に即位して陳を建国した。しかし、その前途は多難であった。四川は北周に占拠されたままであり、長江中流域の江陵には北周の傀儡である後梁が存在していた。さらにその東には、梁末の名将である王琳が反陳勢力を糾合し、北斉の支援を受けて蕭荘《しょうそう》（梁の元帝の孫）を「梁主」に擁立して割拠していたのである。また、陳は、名目上、華中・華南も支配していたが、実際には地方勢力が割拠しており、実効統治できていなかった。例えば福建の陳宝応《ちんほうおう》は、周囲の蛮の風習を受け入れ、その支持を集めていた。このように陳の領土はきわめて小さく、江南周辺を保持するにすぎなかった。

国内では、侯景の乱に始まる動乱の結果、一流貴族層が衰退し、寒門・寒人層や地方の土豪、非漢人（蛮など）が功臣として台頭し、陳代半ばまで高官に就任した。生き延びた一部の一流貴族は、お飾りとして高官となったものの、政策に影響力を持つことはなかった。むしろ陳では、功臣の支持を得るために、貴族でなくとも高官になりさえすれば、その子に貴族の起家官とされていた官職を与えている。これを任子《にんし》制という。斉・梁でも行われていたが、陳代に初めて法制化されたのである。また、寒門層が皇帝側近として活躍するためのポストであった中書舎人を拡充して、中書舎人省を置いて国政を担わせている。

江南の土豪出身で、個人的能力によって皇帝にまで上り詰めた武帝は、内外に問題を抱えるなか、新王朝の正統性を確保するために苦心した。数多くの瑞祥を捏造したほか、仏教の権威を利用しようとした。荒廃した建康の仏教寺院の再興や、仏牙（仏骨）の公開、在家・出家および男女を問わない無遮大会の開催、さらには捨身も行っている。陳の武帝は、皇帝菩薩と称された梁の武帝の崇仏策を継承することで、支配の正統性をアピールしたのである。

なお、陳では後述する文帝・後主も捨身しているが、梁の武帝と異なり、その日程は一日程度、場所も宮中の太極殿であり、内容も簡易化している。また、皇帝が懺悔《ざんげ》することで民衆の救済を求める形式に重きがおかれた。

奮闘する文帝

武帝は五五九年（永定三年）六月に没した。享年五十六。建国からわずか二年後のことである。このとき武帝の息子の陳昌《ちんしょう》は、北周に抑留されていた。梁末の江陵陥落時に拉致されてしまったからである。そのため、武帝の皇后章氏と群臣は武帝を支えてきた陳蒨《ちんせん》（武帝の甥）を皇帝（文帝）に推戴した。文帝は、五六〇年（天嘉元年）二月に建康に攻め込んできた王琳を奇跡的に撃破して、北斉への亡命に追い込み、長江中流域まで勢力を伸ばすことに成功した。これを見た北周は、陳の混乱を狙って、武帝の息子の陳昌を返還することにした。しかし、陳昌は帰国途中に船が沈み、溺死してしまった。いうまでもなく帰国を嫌った文帝の差し金である。

この後、文帝は北周との対決に踏みきった。少し前、王琳と後梁・北周のせめぎ合いの過程で、長沙《ちょうさ》一帯（現在の湖南省長沙市）が後梁に支配されてしまった。そこで文帝は、王琳打倒を機に領土拡張を図ったのである。五六一年（天嘉二年）には、後梁・北周軍を撤退に追い込み、長沙を陳の支配下に入れることに成功した。この敗退を受けて、北周は陳との関係改善を図って、文帝の弟の陳頊《ちんぎょく》とその家族を返還している。それと引き換えに、陳は北周が四川および漢東を全域支配することを正式に認めた。以後、しばらくの間、北周と陳の関係は安定することとなる。さらに文帝は、華中・華南に割拠していた地方勢力を次々に倒し、陳の領域を広げることに成功している。内政にも励んだ結果、徐々に江南の経済は回復していった。また、貴族との関係も重んじ、王氏（琅邪）から皇太子妃を迎えている。

拡張路線をとった宣帝

五六六年（天康元年）四月、文帝は四十四歳で亡くなった。跡を継いだのは十三歳の皇太子伯宗《はくそう》（廃帝）である。皇太子が幼いことを不安に思った文帝は、自身の側近とともに弟の陳頊に輔政を委ねた。すると陳頊は、文帝側近の粛清を進め、実権を掌握してしまった。陳伯宗を守るため、生母の沈《しん》太后（文帝の皇后）もクーデターを企てたが失敗に終わっている。

これに不安を覚えたのが、文帝の信任を得て長江中流域を任されていた湘州刺史の華皎《かこう》である。彼は五六七年（光大《こうだい》元年）四月に反乱を起こし、後梁に帰属して北周に救援を求めた。陳は北周と再び干戈を交えることとなったのである。

陳はすぐさま呉明徹《ごめいてつ》らに八万の軍隊を率いさせ、華皎討伐に出撃させた。後梁の二代目皇帝である蕭巋は、ただちに北周に遣使して援軍を要請した。北周の宇文護は陳との対決に踏みきって救援軍を送ったが、同年九月に北周・後梁・華皎の水軍は陳軍に大敗を喫してしまった。勝利の勢いに乗った呉明徹は、後梁の首都である江陵に攻め込んだ。後梁と北周は、どうにか撃退に成功したものの、一連の戦役によって多くの将兵を失い、長江中流域における軍事的主導権を陳に奪われてしまった。

五六八年（光大二年）十一月、ついに陳頊は太皇太后章氏（武帝の皇后）の命令と称して陳伯宗を廃し、翌年正月に皇帝（宣帝：図6-5）に即位し、五七〇年（太建《たいけん》二年）四月に廃帝を殺害した（享年十七）。宣帝は広州の地方勢力をつぶして陳領内を完全に固めると、同年七月に五万の兵を派遣して再び江陵に侵攻した。北周はからくも撃退に成功したものの、南進するための艦船と拠点を失ったため、再び陳との関係改善を図った。

一方、宣帝は五七一年（太建三年）四月に北斉に遣使し、連合して北周を攻撃しようと持ちかけている。しかし、北斉が拒絶したため、宣帝は北周と同盟を結ぶことにした。五七三年（太建五年）には、呉明徹に北伐を命じて淮南の奪還に成功している。このとき陳軍を迎え撃ったのは北斉に亡命した王琳である。王琳が陳の捕虜となると、陳軍に多くいた王琳の元部下たちは、嗚咽して助命を嘆願した。その強い思いに危機感を抱いた呉明

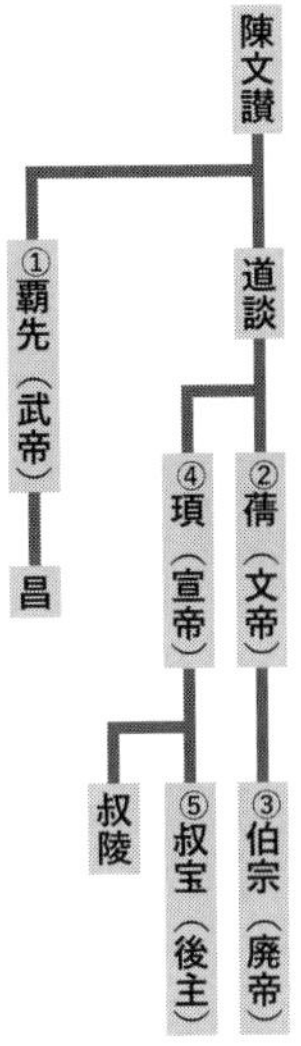

図6-5●陳皇帝系図
出典：筆者作成

徹は、かえって王琳を処刑してしまった。なお、かつて王琳が擁立した蕭荘は、北斉から梁王に封ぜられていたものの特に梁復興の支援をうけておらず、北斉滅亡後に鄴で没した。享年三十一。拡張路線をとった宣帝期には新羅や高句麗が朝貢している。

さて、領土拡張に成功した宣帝であったが、一つ誤算があった。それは北周の武帝が五七七年（太建九年）に華北統一を達成してしまったことである。宣帝は、北周による旧北斉領の統治が安定する前に領土を拡張しようと考え、北周と対決姿勢をとってしまった。これによって状況は一変することになる。北伐軍を率いていた呉明徹は、五七八年（太建十年）に北周軍に大敗を喫し、捕えられてしまった。さらに五七九年（太建十一年）には名将の韋孝寛率いる北周軍に攻め込まれ、陳は再び淮南を失ってしまった。

陳の後主と隋の文帝

五八〇年（太建十二年）五月に北周の天元皇帝が急死し、楊堅が実権を掌握すると、尉遅迥の乱が発生した。このとき陳は尉遅迥に呼応して江北に進攻したが撃退されている。その後も陳が北伐を図ったため、五八一年（太建十三年／隋の開皇元年）二月に隋を建国した楊堅（文帝）は、陳への攻撃を命じた。

しかし、五八二年（太建十四年）正月に宣帝が五十三歳で没し、その子の叔宝《しゅくほう》（後主）が即位すると、隋は喪中の討伐は礼に合わないとして南伐を中止した。ただし、中止の本当の理由は、隋国内が不安定だった上に、突厥も南下姿勢を見せており、陳攻撃の時機が熟していなかったからである。以後、隋の文帝は、あえて低姿勢で陳と通交している。

例えば、五八二年（太建十四年／隋の開皇二年）六月に弔問の使者を派遣したところ、後主は返礼の書状の末尾に「そちらは内を治めてよろしくおやりください、こちらは天下安泰です」（『南史』巻十陳本紀下）と上から目線で書き、文帝を不快にさせている。群臣の間からは陳伐を求める声もあがったが、文帝はこれを押さえ、その後も陳との通交関係を続けた。さらには陳から隋への寝返りを求める将帥が現れても、陳との友好関係を理由に拒否している。これらは攻撃の準備が整うまで、陳を油断させることを狙ったものである。

さて、その陳の後主であるが、即位からして波乱含みであった。宣帝が亡くなった翌日、つっぷして涙にくれる後主の背後から、帝位を狙う弟の叔陵《しゅくりょう》が小刀で襲い掛かったのである。首に怪我を負ってあわてふためく後主を助けるために、柳《りゅう》太后（宣帝の皇后）・弟・乳母などが割って入り、叔陵を捕えて柱に縛りつけたおかげで後主は一命を取り留めた。その後、隙を見て脱出した陳叔陵は挙兵を図ったが、千人程度しか兵が集まらず、すぐに鎮圧されてしまった。この珍事を経て後主は即位したのである。

即位後、後主は、減税や農業振興の詔を出すなど、政務に努めており、必ずしも無能だったわけではない。しかし、徐々に政務を厭い、壮麗な宮殿を建て、寵妃《ちょうひ》たちの間を渡り歩くようになり、寵愛する張貴妃を膝に抱き、宦官が伝える百官の上奏を聞くようになったという。また、文学に才能を発揮した後主は、宰相の江総《こうそう》も含めた文人たちと遊宴にいそしみ、詩の贈答を楽しみ、艶やかな作品には曲をつけて、後宮の美女たちに詠わせたと伝えられている。そのなかには、

妖姫瞼《まぶた》は花の露を含むに似て、玉樹光を流して後庭を照らす。

と妖艶な張貴妃の美貌をうたいあげた後主の代表作「玉樹後庭花」もある。

陳の滅亡

宰相ですら政務を放擲《ほうてき》するなか、後主は信任する恩倖に朝政を委ねた。恩倖は、宣帝期の北伐や後主による宮殿造営で悪化していた陳の財政を立て直すべく、商業に関与していた高官・将軍からも商税をとりたてたため、反発を買ってしまった。しかし、より大きな問題は、朝廷内で深刻な衝突が発生したことである。

陳では廃帝・宣帝期ころに、梁末陳初に台頭した土豪出身の中央高官が病死などで退場す

る一方、斉・梁までは中下級貴族や寒門であった官僚たちの間に貴族意識が芽生えてきていた。彼らは宣帝期の北伐の過程で、再び台頭した土豪出身の将軍を警戒して不仲になってしまった。そこに恩倖との対立も加わり、文官・武官が協力する雰囲気が失われてしまったのである。

その間、隋は着々と陳平定の準備を進めていった。五八七年（禎明元年／隋の開皇七年）に後梁を併合して長江中流域の重要拠点である江陵を確保すると、五八八年（禎明《ていめい》二年／隋の開皇八年）三月に、陳の後主を暴君として激しく批判して陳伐を宣言し、十月に文帝の次男の楊広《ようこう》を最高司令官として正式に陳伐の命令を下した。隋は約三十万の大軍を派遣して一気に淮南や長江中流域から進軍した。五八九年（禎明三年／隋の開皇九年）正月、あっさりと建康は陥落し、陳は滅亡した。後主は井戸のなかに寵妃とともに隠れているところを捕えられたと伝えられている。長安に連行された後主は殺されることなく、六〇四年（仁寿《じんじゅ》四年）に天寿を全うした。享年五十二。

こうして、三国時代から数えて約四〇〇年続いた分裂時代は終わりを迎え、中華は再び統一されたのである。

＊

陳は、梁末の動乱で混沌を極めた江南をなんとかまとめあげ、北周・北斉と対抗した。また没落した一流貴族にかわって、中下級貴族・寒門層が貴族としての自意識を持ち、南朝の貴族社会・文化の継承を図った。しかし、新たな社会・制度・文化を創りあげるだけの時間は残されていなかった。とはいえ中華統一を果たした隋は、陳に伝えられていた南朝文化を積極的に摂取し、煬帝期にその成果が花開くこととなる。

終　章　南北朝時代のダイナミズム

本書は序章〜第6章を通じて、北朝・南朝の歴史を概観してきた。それを踏まえ、終章では南北朝全体を視野に入れて、この時代のダイナミズムについて簡潔にまとめたい。

ユーラシア大陸東部の連動性

ユーラシア大陸東部では、南匈奴の後漢服属（一世紀）から北魏の華北統一（五世紀）まで遊牧民（特に匈奴・鮮卑）の流入・挙兵が続いた。南北朝時代はその帰結といって過言ではない。遊牧民と華北の漢人が衝突から融合に転じた北朝、江南に逃れた漢人によって伝統

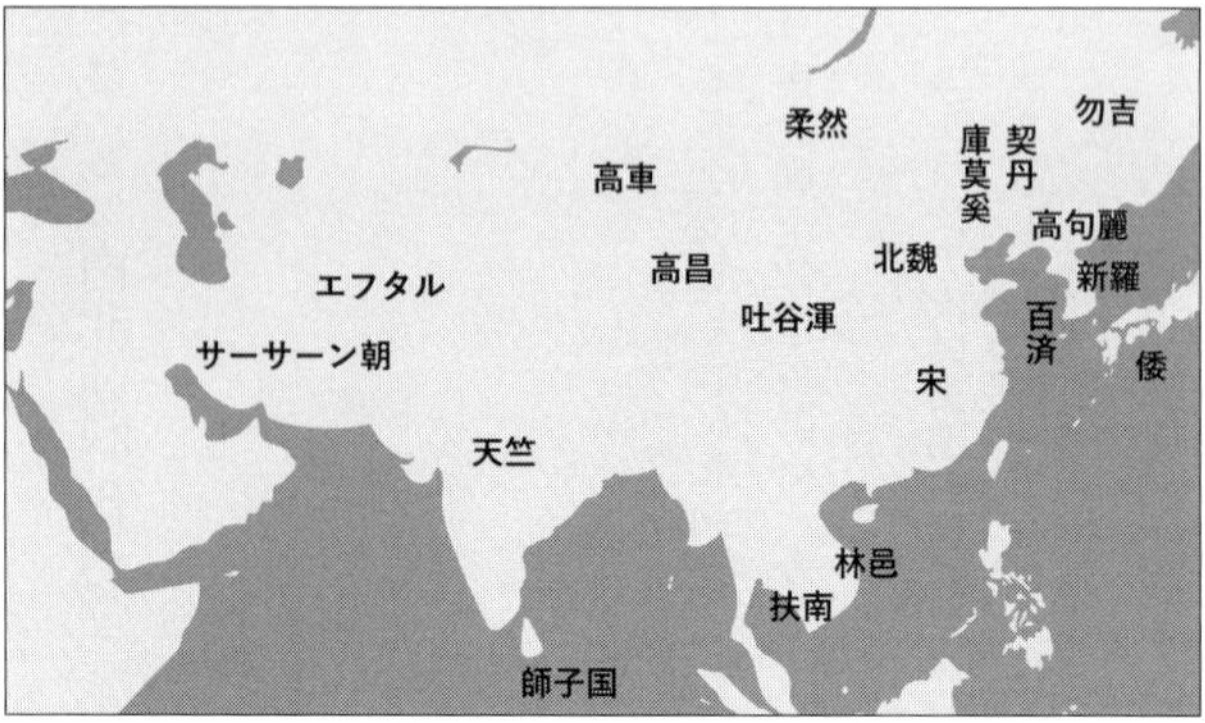

図 7-1●ユーラシア大陸東部の勢力図（5 世紀）
出典：窪添慶文 2020、115 頁をもとに作成

の再構築がなされた南朝、そしてモンゴル高原を支配した柔然・突厥。南北朝時代は華北・江南・モンゴル高原が衝突と交渉を繰り返し、ダイナミックに連動した時代なのである（図7-1）。

その代表的事例には、草原と華北の中間地帯（農牧境界地帯）である六鎮に生まれ、柔然と北魏のせめぎ合いの過程で発生した六鎮の乱を生き抜き、北魏末・東魏の動乱のなかのしあがり、梁に亡命した後に反乱を起こして貴族社会を崩壊に導いた侯景があげられよう。

さらに視野を広げれば、高車やエフタルといった中央ユーラシアの遊牧民の興衰と連動していたほか、朝貢国である高句麗・百済・倭といった東アジア諸国、林邑をはじめとする東南アジア諸国などとも結びつきをもっていたのである。南北朝時代は中国国内だけでなく、ユーラシア大陸東部全体を視野に入れて論じる必要があるのだ。

また、近年はこれら諸勢力をつないだ存在として、シルクロード貿易を担ったソグド人に注目が集まっている。南北朝時代のソグド人は、シルクロードにつながる河西（現在の甘粛省北西部）、北朝の重要都市である洛陽・長安・晋陽・鄴、南朝の重要都市である襄陽・成都《せいと》（現在の四川省成都市）などに集落を形成しただけでなく、遊牧民（柔然→突厥）の懐にも入り、商業ネットワークを構築していた。北朝のソグド人集落では、ソグド人が薩保《さっぽ》（ソグド人集落の統括官）に就任し、一定の自治を行っていた。東魏・北斉のソグド人は、貿易の利益を活かして官界にも進出し、「恩倖」の一部を輩出した。一方、西魏・北周ではソグド人郷兵を率いて軍事の一端を担うとともに、商業ネットワークを維持して交易活動にいそしみ、ときに突厥との橋渡し役を担った。

制度や文化の伝播・融合

この連動性の影響は制度・文化面にもうかがえる。第1章で見たように北魏前期は中国の制度・文化を導入する一方で、遊牧由来の内朝官・西郊祭祀・風習などを固持していた。孝文帝改革によって中国化が進んだ後も、遊牧的要素の一部は中国的制度（官制・兵制・服飾・都城など）に溶け込む形で隋・唐に受け継がれた。また、中国文化と遊牧民が接触・融合するなかで、意外な化学反応が生じ、それまで遊牧世界にも中国にも存在していなかった太上皇帝・子貴母死・天元皇帝なども出現した。そのなかには後世に受け継がれなかった制度もあるが、彼らの模索と苦闘のあとを物語っており、時代のダイナミズムを感じさせる。

一方、南朝では、華中・華南に居住する諸民族（百越《ひゃくえつ》・蛮など）を討伐・同化の対象と見ており、漢人と諸民族の間の制度・文化面での融合は起きなかった。しかし、第2章で述べたように、西晋末に失われた礼楽を再構築する過程で、江南土着の漢人の文化・習俗を取り込み、新たな「伝統」が創出された。また、建康を天下の中心とする動きも進んだ。南朝でも魏晋期の制度・文化をそのまま継承したわけではないのである。

さらに北朝と南朝も、使者・亡命者の往来を通じて相互に影響を与え合っていた。例えば、第3章で詳述した北魏の孝文帝改革では、中国化を進めるにあたって、南朝の制度・文化を伝えた亡命者が大きな役割を果たしていた。そして、この北魏後期の制度は遊牧民にも影響を与え、六世紀前半の柔然・吐谷渾は中国的官名の一部を導入している。南朝でも北朝からの投降者・亡命者が軍事の一部を担ったほか、梁の武帝は孝文帝改革に刺激を受けて天監の改革を進めた。南朝における貴族社会の維持や仏教の流行（梁の武帝の崇仏など）も、南朝国内だけでなく、北朝とのせめぎ合いのなかで理解すべきなのである（第5章参照）。

南北統一を果たした隋そして唐は、中国化を進めた北魏後期および北斉の制度・儀礼を国制の基軸に据え、遊牧的要素のある北周の制度も一部で取り入れた。さらに南朝の儀礼・学術・文化の影響も受けている。いわば南北朝の制度・文化が融合して成立した王朝なのである。近年、北魏前期から隋・唐までを「拓跋国家」と呼び、遊牧的要素の連続性を過度に強調する向きがあるが、それは実態に即していないといわざるを得ない。

　また、東アジア諸国は、北朝と南朝の双方から制度・文化を摂取し、それぞれ国造りを進めていった。このうち倭・日本が南朝文化の影響を強く受けていることは、すでに多くの研究者が指摘している。しかし、意外なところで北朝の影響も受けている。例えば「太上天皇」である。六九七年に持統《じとう》天皇が直系継承を実現するため、十五歳の孫の軽皇子《かるのみこ》（文武《もんむ》天皇）に譲位して「太上天皇」（上皇）となり、譲位後も天皇を支えて大権を有した。以後、日本では譲位が盛んに行われることとなる。このとき持統天皇が参考にしたのは、北魏の献文帝の事例だったと考えられる。なぜならば、同時代の唐朝には太上皇の事例（高祖李淵）はあっても太上皇帝の事例がなく、律令にも規定がなかったからである。

　古代日本は七世紀に徐々に中国の制度を導入していったが、その過程で漢籍輸入を通じて『魏書』に記されていた「太上皇帝」の知識を入手したのであろう。そして、唐の律令をもとに独自の律令を編纂して天皇制を確立するなか、時代状況に合わせて「太上天皇」制を創出したのである。すなわち、日本の「太上天皇」制は、中国文化と遊牧民の接触のなかで生まれた「太上皇帝」を日本の天皇制に巧みに取り込むことによって成立したのである。

南北朝時代のダイナミズムは、ユーラシア規模の連動性や制度・文化の融合・伝播だけではない。北朝・南朝ともに社会内の下から湧き上がるエネルギーが時代を動かしたこともあげられよう。

下からのエネルギー

南朝は一見固定的な貴族社会が存在していたが、第2章で紹介したように実際には流動的な面もあり、王朝交替の際に寒門から貴族にのし上がる事例も散見された。さらには帝権強化を図る皇帝たちによって、中書舎人などの皇帝側近に寒人が登用され、貴族・寒門と連携して政治をとっていた。寒門・寒人も地方長官となった皇族や有力な将軍のもとに積極的に結集し、皇室間の闘争や王朝交替の原動力ともなっていた。貴族社会のもと寒門・寒人はたえず地位向上を図って苦闘していたのである。

しかし、梁の武帝のように能力を重視して寒門・寒人層の取り込みを図る動きも存在していたものの、総じていえば南朝は下からのエネルギーをうまく掬い取れなかったように思われる。侯景の乱に端を発する梁末の動乱で貴族社会が崩壊し、それまで中央の視野に入ってこなかった地方の土豪や諸民族（蛮など）が台頭した陳朝も、貴族社会の価値観から抜け出ることができないまま同じ轍《てつ》を踏んでいる。ただし、南朝後期には、梁の射策（試験による官僚登用）のように貴族社会からの脱却の兆しは存在していた。

一方の北朝はどうか。そもそも鮮卑の拓跋部が建国した北魏は、魏晋以来の貴族社会とは無縁であり、華北統一を果たした原動力も北族の軍事力であった。北魏前期は、部族解散を段階的に進める一方で、官制・儀礼面での北族重視や遊牧的習俗の維持により、北族を巧みに統治していた。また、漢人豪族は北魏前期を通じて北族の下位に置かれていた。

しかし、中国化を進める孝文帝改革によって、王朝主導で貴族制が導入された結果、中下層の北族の不満が高まり、六鎮の乱に端を発する大動乱が起きてしまった。一方、漢人貴族・豪族は、中央にあっては権力者に近づき、地方にあっては影響力を行使し、地位向上を図った。北魏末以降、中下層の北族と漢人豪族はせめぎ合いつつ、高歓・宇文泰のもとに集い、東魏・北斉、西魏・北周を樹立していった。北斉と北周では権力闘争の激しさが大きく異なるものの、両政権ともに中下層北族・漢人豪族が台頭したことは共通する。

特に国力・軍事力の面で劣勢にあった西魏・北周では、人材を重視せざるを得なかった。宇文泰に仕えた蘇綽《そしゃく》が起草した地方官心得の「六条詔書」第四条に「今の選挙（人材登用）はまさに資蔭（親や先祖の功労によって官位につくこと）に限らず、ただ人を得るに在るべし」（『周書』巻二十三蘇綽伝）とあるように、西魏では能力に応じて様々な人々が官職に就く機会を得た。もちろん任官の基本は任子（官僚の子を登用）であり、元勲・功臣子弟が幅をきかせていたが、軍功をあげた兵士や文才を持つ庶民が官職を得られる可能性もあったのである。

こうした気風は隋に受け継がれ、中国統一後の科挙創出につながっていく。また、隋・唐では、魏晋以来の貴族が官界に占める割合は激減し、北魏末以降に台頭した人々（特に西魏・北周に仕えた元勲・功臣）の子孫が多数派となった。ただし、隋・唐でも官僚登用の基本は任子であり、科挙官僚が台頭してくるのは七世紀末の聖神皇帝武照《せいしんこうていぶしょう》（いわゆる則天武后《そくてんぶこう》）の時代である。また、北魏後期に貴族と認定された華北の名族に対する尊崇の念も維持されており、貴族の影響が完全に消え去ったわけではない。

宗教の活性化

南北朝時代には宗教面でも大きな変化が起きた。仏教と道教が人々の間に浸透したのである。このうちインド由来の仏教が北朝・南朝の皇帝権力と密接な関係を持ったことについては、第1章・第3章・第5章などで言及してきた。また、仏教は、北朝・南朝の双方で皇帝から庶民まで広く信仰されただけでなく、儒者との議論の応酬や、インド僧が次々に到来して経典翻訳を進めた結果、教学面も深化して諸学派が精緻な理論を競うようになった。さらにはインド由来の仏教を根付かせるために、盛んに偽経が編纂されて仏教の中国化も進められた。例えば先祖供養の仏教行事である盂蘭盆会《うらぼんえ》（すなわちお盆）は、儒教の孝の精神を仏教に取り込んだ偽経『盂蘭盆経』に基づいている。この仏教行事の早期の事例には、梁の武帝が五三八年（大同四年）に同泰寺で行った盂蘭盆斎があげられる。

一方、道教については、本文中では北朝の事例（第1章・第6章）に触れるにとどまったが、実際には南朝でも隆盛していた。特に宋の明帝に尊崇された陸修静《りくしゅうせい》と、梁の武帝と親交があり、書簡で相談に応じて「山中宰相」と称せられたという陶弘景《とうこうけい》は、道教経典・理論の体系化を進め、道教の発展に大きく貢献した。また、道教の教理教説は仏教の漢訳経典に触発されて深化していった。こうして道教も民衆の間に広く流布していったのである。北朝では道教造像碑も各地で作られ、なかには仏教の尊像と道教の尊像を並べて刻むものもあった。

その一方で、道教と仏教は激しい論戦を繰り返した。例えば宋の道士である顧歓《こかん》は、「夷《い》夏論《かろん》」を著して、道教も仏教も人々の本性を完成させるという教化の目的は同じだが、「夷」（西域）と「夏」（中国）では風俗が異なっているので、道教のみを信奉すればよく、仏教など必要ないと主張した。これに対して仏教徒から激しい反論が寄せられている。こうした交渉と衝突を繰り返しつつ、仏教と道教は中国に根付いていったのである。

女性の活発化

もう一つ南北朝時代のダイナミズムを感じさせる事象がある。それは女性の活躍である。本書でも北魏の馮太后（第1章・第3章）・胡太后（第3章・第4章）、北斉の婁太后（第4章・第6章）の事例をあげたように、北朝では女性権力者がたびたび出現した。儒教的価値観に基づく正史は彼女たちに批判的であるが、実際のところ、その能力は男性権力者となんら遜色ない。さらには権力者だけではなく、官僚の妻たちも実に活動的であった。南朝の梁と北朝の西魏・北斉・北周・隋に仕えた顔之推は、その著書の『顔氏家訓』治家篇で、北斉の女性について次のように記している。

鄴の風習では、家はもっぱら婦人の力で維持されている。訴訟を起こして曲直を争い、始末をつけるために有力者を訪問・応接するので、婦人の乗る馬車が街路に満ち、綺麗な衣装が役所にあふれる。息子にかわって職を求め、夫のために出世の遅れを訴えたりもする。……夫婦の間柄にしてみても、互いに「お前」と呼び合うこともあるのだ。

また、もともと中国の官僚の婚姻形態は一夫一妻多妾であったが、北族の間では多くの場合、一夫一妻であった。そのため妾に対して激しく嫉妬する正妻（妬婦《とふ》）の存在も指摘されている。さらには騎乗して弓矢を巧みにあやつる女性の姿も史料に散見される。その背景として指摘されているのが、遊牧民の女性の家族・社会内での発言権の大きさである（序章参照）。北朝では遊牧民の風習を継承し、女性が活発化したのである。こうした気風は隋・唐にも引き継がれ、七世紀末には中国唯一の女性皇帝である聖神皇帝武照が登場することになる。ただし、唐代には儒教倫理が再び厳しくなり、唐代後期になると徐々に女性の闊達な姿は見えなくなっていく。

一方の南朝では、北朝のような女性権力者は現れなかった。しかし、皇帝の娘（公主）が政治に関与する事例や儒教的道徳から外れた行動をとる事例も存在する。例えば宋の文帝は、姉の劉興弟《りゅうこうてい》（会稽公主）を敬い、皇帝の家に関わることは必ず姉に相談していた。また、宋の劉楚玉《りゅうそぎょく》（山陰《さんいん》公主）は、同母兄弟の前廃帝が即位すると、

わたくしと陛下とは、男女の違いはあっても、ともに先代皇帝の子です。陛下の後宮には何万という女性がおりますのに、わたくしにはただ駙馬《ふば》（婿）が一人だけです。この不公平なこと、一体どうしてでしょうか。（『宋書』巻七前廃帝紀）

と述べ、「面首《めんしゅ》」（容貌の美しい男子）の付き人三十人を与えられている。そのほか皇帝の娘

である公主が嫉妬などの理由で夫を虐待することもあった。その背景には、公主が一般の女性とは異なる特殊な地位にあったことがあるが、それに加えて川合安（二〇一五）は、東晋末に女性が反乱軍によって将軍に任命された事例や、東晋南朝の道教において女性も仙界や道観で男性と同じ地位に立ちうる存在とみなされたことなどをあげて、東晋南朝で既成の秩序や倫理規範にとらわれない風潮が出てきたことを指摘している。

このように南北朝時代に女性が活発化したことは事実である。ただし、その一方で過酷な現実も存在した。北朝では、北族の婚姻年齢は男女ともに十代前半であり、若いうちに妊娠・出産を繰り返すこととなった。そのため産褥で亡くなる女性も多かった。また、ひとたび戦乱が起これば、女性は性暴力の対象ともなった。決して女性にとって暮らしやすい時代だったわけではない点に注意が必要である。

＊

南北朝時代は、ユーラシア大陸東部の諸勢力が連動し、制度や文化が融合・伝播した時代である。さらには下からのエネルギーが社会を揺り動かし、仏教と道教が相互に影響を与え合って活性化し、時代のうねりのなかで女性が活発化した時代でもあったのだ。

南北朝時代というと、隋・唐に継承された制度・文化に焦点があたりがちである。本書でもそうした事例を紹介しており、そのこと自体に異論はない。しかし、北朝・南朝を生きた人々は、激動の時代を生き抜くために試行錯誤を重ねていたのであり、当然のことながら隋・唐に制度を伝えるために生きていたわけではない。数多《あまた》の可能性のなかから、人々が選びとった道の先が隋・唐だったのである。本書を通じて、そうした人々の模索や苦闘のあとを感じ取っていただければ幸いである。

あとがき

「南北朝時代の概説を書きませんか?」

二〇一七年十一月三十日、神保町の喫茶店で、中公新書の編集者藤吉亮平(現在は文芸編集部)氏に、こう切り出された時、心拍数が跳ね上がり、半分パニックになりながら承諾したことを覚えている。

ただ、引き受けたのはいいものの、内心は不安でいっぱいだった。なぜならば南北朝時代の概説書といえば、名著の誉れ高い川勝義雄『魏晋南北朝』や川本芳昭『中華の崩壊と拡大 魏晋南北朝』がそびえたっており、一介の若手研究者(この業界では三〇代半ばでも若手)には荷が重すぎるように感じたからだ(さらに執筆中に窪添慶文『北魏史』も出た)。

しかし、一度きりの人生、このような機会は二度とないかもしれない、書かずに後悔するなら、書いて後悔した方がいいと考え、執筆に努めることにした。新型コロナウイルスの流行がとどまるところを知らず、病や死が今までよりもずっと身近に感じられるようになってしまった現在、その気持ちはますます強くなっている。

とはいえ、筆者のこれまでの研究成果は、北朝後期の政治史・制度史の範疇にとどまっており、川勝氏・川本氏・窪添氏が自身の研究成果を存分に活かして概説書を執筆したようにはいかないことも事実である。そこで本書では、世代や所属などを意識せず、近年の優れた研究成果を積極的に紹介する形をとった。

筆者は指導教授である氣賀澤保規先生のもと学部・大学院と明治大学で学び、博士号取得後は、東京大学の佐川英治先生の研究室を受け入れ先として日本学術振興会特別研究員（PD）となった（二〇一三年～二〇一六年）。現在は複数の大学で非常勤講師をつとめている。この間、窪添慶文先生から石刻研究のイロハを学んだことは大きな財産となった。魏晋南北朝史研究会・唐代史研究会といった学会や、五胡の会・北朝史研究会・若手アジア史論壇といった小さくとも濃密な研究会、院生主導で行っていた石刻勉強会のような自主ゼミを通じて、世代・所属を問わず、多くの研究者と交流する機会を得たことも幸いだった。また、大学院の先輩・後輩や同世代の研究者仲間との交友のおかげで、先が見えず苦しい日々を乗り越えて研究を続けることができた。近年は、より下の世代の研究者から刺激を受けることも増えてきた。そもそも面識がなくても、たとえ故人であっても、論文・著作を読むことで有形無形の影響を受けることになる。

このように筆者は多くの研究者との交流を通じて、研究を積み重ねることができたのである。その学恩は測りしれない。そこで本書を執筆する際には、筆者個人のみならず、学界の成果もあわせて社会に発信したいという思いを込めた。本書を読まれた方々に、南北朝時代とともに南北朝史研究の魅力の一端を伝えられたならば、それ以上の喜びはない。

もちろん、本書で触れることのできなかった優れた研究成果も数多い。紙幅の関係があるとはいえ、各時代の政治・制度・軍事の詳細や、社会経済史、考古学、宗教・文学・美術といった文化史の成果を十分盛り込むことができなかったのは、端的に言って筆者の力不足のためである。本書を読まれた方々には、本書の背後により豊かな研究の世界が広がっていることを意識していただければ幸いである。

最後に謝辞を。南北朝というマイナーな時代を題名に冠した本書を手に取ってくださった読者の方々には、ただただ感謝の一言である。また、執筆期間中、明治大学文学部と東洋大学文学部で、本書の概要を講義する機会を得た。多くの質問を寄せてくれた学生の皆さんにも感謝したい。

本書刊行の立役者といえば、知名度ゼロの筆者に声をかけ、一章書きあげるごとに、多くの鋭いコメントをつけ、武骨な草稿を各段に読みやすいものにしてくれた編集担当の藤吉亮平氏である。藤吉氏から多くの助力を得たにもかかわらず、完成まで四年もかかってしまったのは、ひとえに筆者の遅筆に起因する。その間に藤吉氏は中公新書編集部から文芸編集部に異動してしまい、後を引き継がれた中公新書編集部長の田中正敏氏の励ましによって、何とか書きあげることができた。この場を借りて藤吉氏と田中氏に謝意を示したい。

本書の執筆中、私生活面でも大きな変化が起きた。それは次男が生まれたことである。日々、両親を振り回しつつ癒しにもなっている長男・次男と、研究や執筆についてついつい饒舌になる筆者の話を聞き、時に草稿を読んで的確なアドバイスをくれた妻に感謝したい。

最後の最後は、中国史研究の道に進んだ筆者を温かく見守ってくれた父と母に。新書の企画が決まってすぐに伝えたところ、「それはすごい」と喜んでくれた父と母。しかし、執筆に予想以上に時間がかかってしまい、ようやく出版のめどが立ったこの夏、父は急な病で入院してしまった。父を見舞い、やせ細った手を握りながら、「十月に本当に中公新書が出るよ」と伝えたときの「そうか」という声が忘れられない。その一週間後、父は他界してしまい、本書そのものを見せることは叶わなかった。これほど己の遅筆を悔やんだことはない。万感の思いを抱きつつ、本書を父和彦に捧げたい。

二〇二一年八月十六日

会田大輔

本書はＪＳＰＳ科研費ＪＰ１８Ｋ１２５２７による研究成果の一部である。

参考文献（著者五十音順）

南北朝時代の概説書（本書全体の参考書）

川勝義雄『中国の歴史3 魏晋南北朝』（講談社学術文庫、二〇〇三年、初版一九七四年）
川本芳昭『中国の歴史5 中華の崩壊と拡大 魏晋南北朝』（講談社学術文庫、二〇二〇年、初版二〇〇五年）
窪添慶文『北魏史―洛陽遷都の前と後』（東方書店、二〇二〇年）
谷川道雄『隋唐世界帝国の形成』（講談社学術文庫、二〇〇八年、初版一九七七年）
松丸道雄ほか編『中国史2―三国～唐』（山川出版社、一九九六年）
宮崎市定『大唐帝国―中国の中世』（中公文庫、一九八八年、初版一九六八年）
宮崎市定『九品官人法の研究―科挙前史』（中公文庫、一九九七年、初版一九五六年）
譚其驤主編『中国歴史地図集』第四冊（中国地図出版社、一九八二年）

はしがき

赤上裕幸『「もしもあの時」の社会学―歴史にｉｆがあったなら』（筑摩書房、二〇一八年）
妹尾達彦『長安の都市計画』（講談社、二〇〇一年）
妹尾達彦『グローバル・ヒストリー』（中央大学出版部、二〇一八年）
南川高志編『歴史の転換期2 378年 失われた古代帝国の秩序』（山川出版社、二〇一八年）

序　章

【日本語】
赤木崇敏「ソグド人と敦煌」（森部豊編『ソグド人と東ユーラシアの文化交渉』勉誠出版、二〇一四年）
板橋暁子「西晋愍帝政権再攷―長安からの「中興」と秩序形成」（『東方学』一三二、二〇一六年）
小野響「前趙と後趙の成立―五胡十六国時代における匈奴漢崩壊後の政治史的展開」（『立命館東洋史学』三六、二〇一三年）
川本芳昭『東アジア古代における諸民族と国家』（汲古書院、二〇一五年）
佐川英治「漢帝国以後の多元的世界」（南川高志編『歴史の転換期2 378年 失われた古代帝国の秩序』山

川出版社、二〇一八年）
佐藤賢「鮮卑拓跋氏の南下伝説と神獣」（『九州大学東洋史論集』三八、二〇一〇年）
曽布川寛・吉田豊編『ソグド人の美術と言語』（臨川書店、二〇一一年）
田中一輝『西晋時代の都城と政治』（朋友書店、二〇一七年）
田村實造『中国史上の民族移動期―五胡・北魏時代の政治と社会』（創文社、一九八五年）
福原啓郎『西晋の武帝 司馬炎』（白帝社、一九九五年）
船木勝馬『古代遊牧騎馬民の国―草原から中原へ』（誠文堂新光社、一九八九年）
松下憲一「北魏部族解散再考―元萇墓誌を手がかりに」（『史学雑誌』一二三-四、二〇一四年）
松下憲一「北魏の後宮制度」（『北大史学』五六、二〇一六年）
三﨑良章『五胡十六国の基礎的研究』（汲古書院、二〇〇六年）
三﨑良章『五胡十六国―中国史上の民族大移動［新訂版］』（東方書店、二〇一二年）
エチエンヌ・ドゥ・ラ・ヴェシエール（影山悦子訳）『ソグド商人の歴史』（岩波書店、二〇一九年）

【中国語】
王安泰『再造封建 魏晋南北朝的爵制与政治秩序』（台大出版中心、二〇一三年）
胡鴻『能夏則大与漸慕華風―政治体視角下的華夏与華夏化』（北京師範大学出版集団、二〇一七年）
周偉洲『漢趙国史』（広西師範大学出版社、二〇〇六年）
張金龍『北魏政治史』一（甘粛教育出版社、二〇〇八年）

第1章

【日本語】
内田吟風『北アジア史研究（匈奴篇、鮮卑 柔然 突厥篇）』（同朋舎、一九七五年）
内田昌功「北燕馮氏の出自と『燕志』、『魏書』」（『古代文化』五七-八、二〇〇五年）
岡田和一郎「前期北魏国家の支配構造―西郊祭天の空間構造を手がかりとして」（『歴史学研究』八一七、二〇〇六年）
岡田和一郎「「征服」から専制へ―中国史上における北魏国家の形成」（渡辺信一郎・西村茂雄編『中国の国家体制をどうみるか―伝統と近代』汲古書院、二〇一七年）
岡村秀典『雲岡石窟の考古学―遊牧国家の巨石仏をさぐる』（臨川書店、二〇一七年）
川本芳昭『魏晋南北朝時代の民族問題』（汲古書院、一

九九八年）
川本芳昭『東アジア古代における諸民族と国家』（汲古書院、二〇一五年）
窪添慶文『魏晋南北朝官僚制研究』（汲古書院、二〇〇三年）
窪添慶文『墓誌を用いた北魏史研究』（汲古書院、二〇一七年）
佐川英治『中国古代都城の設計と思想―円丘祭祀の歴史的展開』（勉誠出版、二〇一六年）
佐川英治「北魏道武帝の「部族解散」と高車部族に関する羈縻支配」（宮宅潔編『多民族社会の軍事統治―出土史料が語る中国古代』京都大学学術出版会、二〇一八年）
佐川英治「漢帝国以後の多元的世界」（南川高志編『歴史の転換期2　378年 失われた古代帝国の秩序』山川出版社、二〇一八年）
佐藤智水『北魏仏教史論考』（岡山大学文学部、一九九八年）
佐藤賢「北魏前期の「内朝」・「外朝」と胡漢問題」（『集刊東洋学』八八、二〇〇二年）
佐藤賢「崔浩誅殺の背景」（『歴史』一〇三、二〇〇四年）
佐藤賢「北魏内某官制度の考察」（『東洋学報』八六-一、二〇〇四年）
佐藤賢「もうひとつの漢魏交替―北魏道武帝期における「魏」号制定問題をめぐって」（『東方学』一一三、二〇〇七年）
徐沖「赫連勃勃―「五胡十六国」史への省察を起点として」（窪添慶文編『魏晋南北朝史のいま』勉誠出版、二〇一七年）
春名宏昭「太上天皇制の成立」（『史学雑誌』九九-二、一九九〇年）
堀内淳一『北朝社会における南朝文化の受容―外交使節と亡命者の影響』（東方書店、二〇一八年）
町田隆吉「北魏太平真君四年拓跋燾石刻祝文をめぐって」（『アジア諸民族における社会と文化―岡本敬二先生退官記念論集』国書刊行会、一九八四年）
松下憲一『北魏胡族体制論』（北海道大学出版会、二〇〇七年）
松下憲一「北魏崔浩国史事件―法制からの再検討」（『東洋史研究』六九-二、二〇一〇年）
松下憲一「北魏部族解散再考―元萇墓誌を手がかりに」（『史学雑誌』一二三-四、二〇一四年）
松下憲一「北魏の後宮制度」（『北大史学』五六、二〇一六年）
三﨑良章『五胡十六国―中国史上の民族大移動〔新訂版〕』（東方書店、二〇一二年）

【中国語】
張金龍『北魏政治史』二（甘粛教育出版社、二〇〇八年）
張金龍『北魏政治史』三（甘粛教育出版社、二〇〇八年）
張金龍『北魏政治史』四（甘粛教育出版社、二〇〇八年）
張金龍『北魏政治史』五（甘粛教育出版社、二〇〇八年）
羅新『中古北族名号研究』（北京大学出版社、二〇〇九年）
羅新『王化与山険—中古辺裔論集』（北京大学出版社、二〇一九年）

第2章

【日本語】
石見清裕「梁への道—「職貢図とユーラシア交通」」（鈴木靖民・金子修一編『梁職貢図と東部ユーラシア世界』勉誠出版、二〇一四年）
榎本あゆち『中国南北朝寒門寒人研究』（汲古書院、二〇二〇年）
小尾孝夫「劉宋前期における政治構造と皇帝家の姻族・婚姻関係」（『歴史』一〇〇、二〇〇三年）
小尾孝夫「劉宋孝武帝の対州鎮対策と中央軍改革」（『集刊東洋学』九一、二〇〇四年）
小尾孝夫「建康とその都市空間」（窪添慶文編『魏晋南北朝史のいま』勉誠出版、二〇一七年）
小尾孝夫「義熙土断における劉裕の政治的意図—僑豫州および僑淮南郡の実土化をめぐって」（『東洋史研究』七七-一、二〇一八年）
川合安『南朝貴族制研究』（汲古書院、二〇一五年）
川合安「南朝の士庶区別」（『東北大学東洋史論集』一二、二〇一六年）
河内春人『倭の五王』（中公新書、二〇一八年）
佐川英治『中国古代都城の設計と思想—円丘祭祀の歴史的展開』（勉誠出版、二〇一六年）
佐川英治「六朝建康城と日本藤原京」（黄暁芬・鶴間和幸編『東アジア古代都市のネットワークを探る—日・越・中の考古学最前線』汲古書院、二〇一八年）
塩沢裕仁『後漢魏晋南北朝都城境域研究』（雄山閣、二〇一三年）
洲脇武志「王倹の学術」（榎本淳一・吉永匡史・河内春人編『中国学術の東アジア伝播と古代日本』勉誠出版、二〇二〇年）
戸川貴行『東晋南朝における伝統の創造』（汲古書院、二〇一五年）
戸川貴行「東晋南朝における民間音楽の導入と尺度の関係について」（『東洋史研究』七三-四、二〇一五年）

戸川貴行「漢唐間における郊廟雅楽の楽曲通用—皇統と天の結びつきからみた」（川原秀城編『中国の音楽文化—三千年の歴史と理論』勉誠出版、二〇一六年）
戸川貴行「南北朝における天下の中心について—影長との関係からみた」（『唐代史研究』二一、二〇一八年）
中村圭爾『六朝貴族制研究』（風間書房、一九八七年）
中村圭爾『六朝江南地域史研究』（汲古書院、二〇〇六年）
藤井律之「江南開発と南朝中心の世界秩序の構築」（南川高志編『歴史の転換期2 378年 失われた古代帝国の秩序』山川出版社、二〇一八年）
堀内淳一『北朝社会における南朝文化の受容—外交使節と亡命者の影響』（東方書店、二〇一八年）
安田二郎『六朝政治史の研究』（京都大学学術出版会、二〇〇三年）
吉川忠夫『劉裕—江南の英雄宋の武帝』（中公文庫、一九八九年、初版人物往来社、一九六六年）
渡邉将智「范曄『後漢書』の人物評価と後漢中後期の政治過程」（『古代文化』六九-一、二〇一七年）

【中国語】

北村一仁「論南北朝時期的〝亡命〟—以社会史側面為中心」（『魏晋南北朝隋唐史資料』二二、二〇〇五年）

第3章

【日本語】

会田大輔「北魏後半期の州府僚佐—「山公寺碑」を中心に」（『東洋学報』九一-二、二〇〇九年）
岡部毅史『魏晋南北朝官人身分制研究』（汲古書院、二〇一七年）
角山典幸「北魏洛陽城—住民はいかに統治され、居住したか」（窪添慶文編『魏晋南北朝史のいま』勉誠出版、二〇一七年）
梶山智史「北朝の墓誌文化」（窪添慶文編『魏晋南北朝史のいま』勉誠出版、二〇一七年）
川本芳昭『魏晋南北朝時代の民族問題』（汲古書院、一九九八年）
窪添慶文『魏晋南北朝官僚制研究』（汲古書院、二〇〇三年）
窪添慶文『墓誌を用いた北魏史研究』（汲古書院、二〇一七年）
小林聡「北朝時代における公的服飾制度の諸相—朝服制度を中心に」（『大正大学東洋史論集』三、二〇一〇年）
佐川英治「三長・均田両制の成立過程—『魏書』の批判的検討をつうじて」（『東方学』九七、一九九九年）
佐川英治「北魏の編戸制と徴兵制度」（『東洋学報』八一-一、一九九九年）

佐川英治「北魏均田制の目的と展開―奴婢給田を中心として」（『史学雑誌』一一〇‐一、二〇〇一年）
佐川英治『中国古代都城の設計と思想―円丘祭祀の歴史的展開』（勉誠出版、二〇一六年）
佐藤智水『北魏仏教史論考』（岡山大学文学部、一九九八年）
鈴木真「礼制改革にみる北魏孝文帝の統治理念」（『社会文化史学』三七、一九九七年）
関尾史郎「北魏における勧農政策の動向―均田制発布以前を中心として」（『史学雑誌』九一‐一一、一九八二年）
長堀武「北魏の俸禄制施行とその意義」（『集刊東洋学』四七、一九八二年）
堀内淳一『北朝社会における南朝文化の受容―外交使節と亡命者の影響』（東方書店、二〇一八年）
松岡弘「北魏漢化政策の一考察―皇太子恂の反乱」（『駿台史学』九八、一九九六年）
松下憲一『北魏胡族体制論』（北海道大学出版会、二〇〇七年）
松下憲一「北魏の後宮制度」（『北大史学』五六、二〇一六年）
松下憲一「李沖」（窪添慶文編『魏晋南北朝史のいま』勉誠出版、二〇一七年）
山下洋平「北魏文明太后崩御時における孝文帝の服喪儀礼」（『東方学』一三五、二〇一八年）
吉田愛「北魏雁臣考」（『史滴』二七、二〇〇五年）
吉田愛「北朝後期の軍馬供給―洛陽遷都後の北魏から北斉期を中心に」（鶴間和幸・村松弘一編『馬が語る古代東アジア世界史』汲古書院、二〇一八年）
李貞徳著、大原良通訳『中国儒教社会に挑んだ女性たち』（大修館書店、二〇〇九年）

【中国語】
張金龍『北魏政治史』六（甘粛教育出版社、二〇〇八年）
張金龍『北魏政治史』七（甘粛教育出版社、二〇一一年）
張金龍『北魏政治史』八（甘粛教育出版社、二〇〇八年）
羅新『王化与山険―中古辺裔論集』（北京大学出版社、二〇一九年）

第4章

【日本語】
会田大輔「北周宗室の婚姻動向―「楊文愻墓誌」を手がかりとして」（『駿台史学』一四四、二〇一二年）
会田大輔「北周武帝の華北統一」（窪添慶文編『魏晋南北朝史のいま』勉誠出版、二〇一七年）

榎本あゆち『中国南北朝寒門寒人研究』（汲古書院、二〇二〇年）
岡田和一郎「北斉国家論序説―孝文体制と代体制」（『九州大学東洋史論集』三九、二〇一一年）
窪添慶文『魏晋南北朝官僚制研究』（汲古書院、二〇〇三年）
小林安斗「鮮卑のえがいた理想国家と華夷観―六世紀中国における胡漢問題についての一試論―」（『千葉史学』四一、二〇〇三年）
佐川英治「孝武西遷と国姓賜与―六世紀華北の民族と政治」（『岡山大学文学部紀要』三八、二〇〇二年）
谷川道雄『増補 隋唐帝国形成史論』（筑摩書房、一九九八年）
津田資久「侯景―南北朝を駆け抜けた六鎮武人の挽歌」（鶴間和幸編『俠の歴史 東洋編』上、清水書院、二〇二〇年）
平田陽一郎『隋唐帝国形成期における軍事と外交』（汲古書院、二〇二一年）
堀井裕之「西魏・北周政権の北辺経営―オルドス地域を中心に」（『明大アジア史論集』二三、二〇一九年）
堀内淳一『北朝社会における南朝文化の受容―外交使節と亡命者の影響』（東方書店、二〇一八年）
前島佳孝『西魏・北周政権史の研究』（汲古書院、二〇一三年）
室山留美子「出土刻字資料研究における新しい可能性に向けて―北魏墓誌を中心に」（『中国史学』二十、二〇一〇年）
山下将司「西魏・恭帝元年「賜姓」政策の再検討」（『早稲田大学大学院文学研究科紀要』四五-四、一九九九年）
山下将司「唐初における『貞観氏族志』の編纂と八柱国家の誕生」（『史学雑誌』一一一-二、二〇〇二年）
吉田愛「北魏雁臣考」（『史滴』二七、二〇〇五年）

【中国語】
長部悦弘「北魏孝荘皇帝時期的洛陽政界与爾朱氏軍閥集団」（『張広達先生八十華誕祝寿論文集』新文豊出版公司、二〇一〇年）
佐川英治「北魏六鎮史研究」（『中国中古史研究』五、二〇一五年）
佐川英治「北魏末期的北辺社会与六鎮之乱―以楊鈞墓誌和韓買墓誌為線索」（『魏晋南北朝隋唐史資料』三六、二〇一七年）
張金龍『北魏政治史』九（甘粛教育出版社、二〇〇八年）
呂春盛『関隴集団的権力結構演変―西魏北周政治史研究』（稲郷出版社、二〇〇二年）

第5章

【日本語】

榎本あゆち『中国南北朝寒門寒人研究』（汲古書院、二〇二〇年）

岡部毅史「梁簡文帝立太子前夜―南朝皇太子の歴史的位置に関する一考察」（『史学雑誌』一一八-一、二〇〇九年）

岡部毅史「陳の武帝とその時代」（窪添慶文編『魏晋南北朝史のいま』勉誠出版、二〇一七年）

川合安「北魏・孝文帝の官制改革と南朝の官制」（『特定研究報告書 文化における「北」』弘前大学人文学部人文学科、一九八九年）

河上麻由子『古代アジア世界の対外交渉と仏教』（山川出版社、二〇一一年）

河上麻由子「「職貢図」とその世界観」（『東洋史研究』七四-一、二〇一五年）

河上麻由子『古代日中関係史―倭の五王から遣唐使以降まで』（中公新書、二〇一九年）

倉本尚徳「南朝仏教と社会―王法と仏法の関係」（窪添慶文編『魏晋南北朝史のいま』勉誠出版、二〇一七年）

小林聡「泰始礼制から天監礼制へ」（『唐代史研究』八、二〇〇五年）

小林聡「晋南朝における宮城内省区域の展開―梁陳時代における内省の組織化を中心に」（『九州大学東洋史論集』三五、二〇〇七年）

小林聡「晋南朝における宮城の構造と政治空間―入直制度と「内省」に関する一試論」（『近世・近代日本社会の展開と社会諸科学の現在』新泉社、二〇〇七年）

津田資久「侯景―南北朝を駆け抜けた六鎮武人の挽歌」（鶴間和幸編『俠の歴史 東洋編』上、清水書院、二〇二〇年）

戸川貴行「南北朝の雅楽整備における『周礼』の新解釈について」（窪添慶文編『魏晋南北朝史のいま』勉誠出版、二〇一七年）

平田陽一郎『隋唐帝国形成期における軍事と外交』（汲古書院、二〇二一年）

付晨晨「斉梁類書の誕生―初期類書の系譜と南朝士人」（『史学雑誌』一二八-一、二〇一九年）

船山徹『六朝隋唐仏教展開史』（法藏館、二〇一九年）

堀内淳一「「魯国」か「虜国」か」（鈴木靖民・金子修一編『梁職貢図と東部ユーラシア世界』勉誠出版、二〇一四年）

堀内淳一『北朝社会における南朝文化の受容―外交使節と亡命者の影響』（東方書店、二〇一八年）

森三樹三郎『梁の武帝―仏教王朝の悲劇』（法蔵館文庫、二〇二一年、初版平楽寺書店、一九五六年）

安田二郎『六朝政治史の研究』（京都大学学術出版会、

二〇〇三年）
吉川忠夫『侯景の乱始末記―南朝貴族社会の命運』（志学社、二〇一九年、初版中公新書、一九七四年）

第6章

【日本語】
会田大輔「北周宇文護執政期再考―宇文護幕僚の人的構成を中心に」（『集刊東洋学』九八、二〇〇七年）
会田大輔「北周宗室の婚姻動向―「楊文愻墓誌」を手がかりとして」（『駿台史学』一四四、二〇一二年）
会田大輔「北周侍衛考―遊牧官制との関係をめぐって」（『東洋史研究』七四-二、二〇一五年）
会田大輔「北周天元皇帝考」（『東方学』一三一、二〇一六年）
会田大輔「北周武帝の華北統一」（窪添慶文編『魏晋南北朝史のいま』勉誠出版、二〇一七年）
稲住哲朗「北斉祖珽考―その政治姿勢を中心として」（『東洋学報』八九-二、二〇〇七年）
岩本篤志「徐顕秀墓出土貴石印章と北斉政権」（『史滴』二七、二〇〇五年）
岩本篤志『唐代の医薬書と敦煌文献』（角川学芸出版、二〇一五年）
榎本あゆち『中国南北朝寒門寒人研究』（汲古書院、二〇二〇年）
岡田和一郎「北斉国家論序説―孝文体制と代体制」（『九州大学東洋史論集』三九、二〇一一年）
梶山智史「魏収『魏書』の時代認識」（榎本淳一・河内春人・吉永匡史編『中国学術の東アジア伝播と古代日本』勉誠出版、二〇二〇年）
古勝隆一「衰世の菩薩戒弟子皇帝―南朝陳における王権と仏教」（『東方学報』〔京都〕九五、二〇二〇年）
佐川英治「東魏北斉革命と『魏書』の編纂」（『東洋史研究』六四-一、二〇〇五年）
田熊敬之「北斉「恩倖」再考―君主家政官としての嘗食典御・主衣都統を中心に」（『史学雑誌』一二九-七、二〇二〇年）
谷川道雄『増補 隋唐帝国形成史論』（筑摩書房、一九九八年）
津田資久「王琳―南朝梁の残光」（鶴間和幸編『俠の歴史 東洋編』上、清水書院、二〇二〇年）
戸川貴行「大中小祀の成立―北朝の楽曲編成からみた」（『中国―社会と文化』三一、二〇一六年）
戸川貴行「華北における中国雅楽の成立―五～六世紀を中心に」（『史学雑誌』一二九-四、二〇二〇年）
平田陽一郎『隋唐帝国形成期における軍事と外交』（汲古書院、二〇二一年）
付晨晨「『修文殿御覧』編纂再考―南朝類書の北伝と北朝類書の誕生」（『東方学』一四〇、二〇二〇年）

前島佳孝『西魏・北周政権史の研究』（汲古書院、二〇一三年）
松下憲一「后妃のゆくえ―北斉・北周の後宮」（『愛知学院大学文学部紀要』四六、二〇一六年）
横山裕男「北斉の恩倖について」（中国中世史研究会編『中国中世史研究 続編』京都大学学術出版会、一九九五年）

【中国語】

会田大輔「北周政治史与六官制」（『中国中古史研究』七、二〇一九年）
王怡辰『東魏北斉的統治集団』（文津出版社、二〇〇六年）
張金龍『治乱興亡―軍権与南朝政権演進』（商務印書館、二〇一六年）
呂春盛『北斉政治史研究―北斉衰亡原因之考察』（国立台湾大学文学院、一九八七年）
呂春盛『陳朝的政治結構与族群問題』（稲郷出版社、二〇〇一年）

終　章

【日本語】

荒木敏夫「「譲位」の誕生」（歴史学研究会編『天皇はいかに受け継がれたか―天皇の身体と皇位継承』績文堂出版、二〇一九年）
大澤正昭『唐宋時代の家族・婚姻・女性―婦は強く』（明石書店、二〇〇五年）
川合安「南朝の公主―貴族社会のなかの皇帝の娘たち」（小浜正子編『ジェンダーの中国史』勉誠出版、二〇一五年）
神塚淑子『道教思想10講』（岩波新書、二〇二〇年）
山下将司「漢文墓誌より描く六世紀華北分裂期のソグド人」（『日本女子大学紀要 文学部』六九、二〇二〇年）

主要人物紹介

序章

劉淵：生没年?～三一〇。五胡諸政権の漢の初代皇帝（在位三〇八～三一〇）。匈奴の有力者の息子。八王の乱の最中、匈奴の独立を図って山西で挙兵し、漢王を称した。三〇八年に皇帝に即位した。

拓跋什翼犍：生没年三一八～三七六。五胡諸政権の代の王（在位三三八～三七六）。代王の拓跋鬱律の子。三三八年の代王即位後、勢力を拡大し、君主権強化をはかって制度整備を進めた。北魏建国後、廟号（高祖）と謚号（昭成皇帝）を追号された。

第1章

拓跋珪（道武帝）：生没年三七一～四〇九。北魏の初代皇帝（在位三八六～四〇九）。拓跋什翼犍の孫。三八六年に魏王を称し、後燕との死闘を制し、河北・山西に侵出した。三九八年に皇帝に即位し、国号を魏とした。遊牧的制度・儀礼を維持しつつ、中国的官制を導入した。

崔浩：生没年三八一～四五〇。魏晋以来の名門漢人。北魏の明元帝・太武帝に仕え、華北統一や皇帝権強化に貢献し、名門漢人の起用を積極的に進めた。北魏の正統性強化のために道教に傾倒し、仏教弾圧を提案した。四五〇年に発生した国史事件によって誅殺された。

第2章

劉裕（武帝）：生没年三六三～四二二。宋の初代皇帝（在位四二〇～四二二）。寒門出身。東晋末の孫恩の乱鎮圧に活躍して名をあげた。五胡諸政権の南燕・後秦を滅ぼして権威を高め、四二〇年に禅譲を受けて皇帝に即位し、宋を建国した。

劉駿（孝武帝）：生没年四三〇～四六四。宋の第四代皇帝（在位四五三～四六四）。文帝の第三子。文帝が皇太子に殺害されると、ただちに挙兵して皇帝に即位した。寒門・寒人を側近として帝権強化につとめ、建康を天下の中心とみなし、礼楽改革も行った。

第3章

馮太后：生没年四四二～四九〇。五胡諸政権の北燕の君主の孫。北魏の文成帝の皇后。献文帝即位後、一時的に臨朝したほか、孝文帝期にも実権を掌握して政治を執り、三長制や均田制などを導入した。

拓跋宏（孝文帝）：生没年四六七～四九九。北魏の第七代皇帝（在位四七一～四九九）。献文帝の長子で、四七一年に譲位されて即位した。四九〇年の馮太后の死を契機に親政を開始した。礼制・官制・風習など多方面に及ぶ中国化政策を推進し、四九四年には洛陽に遷都した。

第4章

爾朱栄：生没年四九三～五三〇。契胡の部族長の子。北魏が六鎮の乱（五二三年発生）で混乱状態に陥った際に台頭し、五二八年に河陰の変を起こして皇太后・官僚らを虐殺し、北魏の実権を握った。各地の反乱集団を撃破したが、孝荘帝に誅殺された。

高歓：生没年四九六～五四七。懐朔鎮出身。六鎮の乱後、爾朱栄に仕えて活躍。爾朱栄没後、五三二年に爾朱氏を倒して北魏の実権を握った。五三四年の孝武帝の関中亡命後、孝静帝を擁して鄴に遷都した（＝東魏の成立）。北魏の孝文帝路線を継承し、西魏と死闘を展開した。

宇文泰：生没年五〇五～五五六。武川鎮出身。六鎮の乱後、爾朱栄に仕えた。北魏末に関中を支配し、孝武帝の亡命を受け入れた。西魏の実権を握り、東魏との死闘を繰り広げた。国姓再興や六官制の施行といった復古政策を行った。

第5章

蕭衍（武帝）：生没年四六四～五四九。梁の初代皇帝（在位五〇二～五四九）。斉の建国者蕭道成の遠縁。斉の東昏侯の虐政に立ちあがり、五〇二年に皇帝に即位して梁を建国した。天監の改革を行い、貴族社会の立て直しに努めた。仏教に傾倒した皇帝としても知られている。

侯景：生没年五〇三～五五二。懐朔鎮出身。爾朱栄・高歓に仕えて活躍。東魏では河南を任された。

高歓没後に挙兵したが、敗れて梁に亡命した。しかし、五四八年に梁でも反乱を起こし、長江下流域に大打撃を与えた。五五一年に漢を建国したが、翌年敗死した。

陳霸先（武帝）：生没年五〇三～五五九。陳の初代皇帝（在位五五七～五五九）。地方の土豪出身。広州の地方官として力を蓄え、侯景の乱鎮圧のために北上して活躍。梁末に実権を掌握し、五五七年に皇帝に即位して陳を建国した。

第6章

高洋（文宣帝）：生没年五二九～五五九。北斉の初代皇帝（在位五五〇～五五九）。高歓の第二子。五五〇年に皇帝に即位して北斉を建国した。当初は行政・軍事に励んだが、治世の後半には皇族・勲貴・漢人官僚を無闇に殺害するようになった。

宇文邕（武帝）：生没年五四三～五七八。北周の第三代皇帝（在位五六〇～五七八）。宇文泰の第四子。兄の明帝没後、宇文護に擁立されて即位した。五七二年に宇文護を誅殺して親政を開始し、皇帝権力の強化に努めた。五七七年に北斉を滅ぼして華北統一を果たした。

陳頊（宣帝）：生没年五三〇～五八二。陳の第四代皇帝（在位五六九～五八二）。陳の武帝の甥。梁末に西魏に拉致され、北周に抑留されていたが、文帝即位後に帰還した。廃帝即位後、実権を握り、五六九年に皇帝に即位した。たびたび北斉・北周と戦った。

582		宣帝没。陳叔宝即位（後主）
587	隋、後梁を併合	
588	隋、陳に進攻	
589	隋、建康占領。隋による中国統一	隋の攻撃で建康陥落＝陳滅亡

560	北周の明帝没。宇文護、宇文邕（武帝）を擁立 北斉の高演、高殷を廃して皇帝即位（孝昭帝）	文帝、王琳を撃破
561	北斉の孝昭帝没。高湛即位（武成帝）	文帝、後梁・北周軍を撃破して長沙獲得
565	北斉の武成帝、高緯（後主）に譲位し太上皇帝を称す	
566		文帝没。陳伯宗即位（廃帝）。陳頊が実権掌握
567		陳頊、華皎の乱を鎮圧
568	北斉の武成帝没 北周の武帝、突厥の木杆可汗の娘を皇后に迎える	陳頊、陳伯宗を廃して即位（宣帝）
571	北斉の高儼、和士開を殺害	
572	北周の武帝、宇文護を誅殺して親政開始 突厥の木杆可汗没し、他鉢可汗即位	
573	北斉の後主、高長恭・漢人官僚を粛清 北斉、陳の攻撃で淮南喪失	呉明徹の北伐で淮南獲得
574	北周の武帝、廃仏を断行	
576	北周の武帝、北斉に進攻して晋陽占領	
577	北周の武帝、鄴占領。北斉の後主捕縛。北周による華北統一	
578	北周の武帝没。宇文贇即位（宣帝）	呉明徹、北周軍に大敗
579	北周の宣帝、宇文衍（静帝）に譲位し、天元皇帝を称す	北周の攻撃で淮南喪失
580	北周の宣帝没。普六茹（楊）堅が北周の実権を掌握し、尉遅迥の乱を鎮圧 北周、漢姓の復活を認める 楊堅、隋王となる	
581	楊堅、静帝から受禅して皇帝即位（文帝）＝隋建国	

535	宇文泰、元宝炬を擁立（文帝）＝**西魏成立**	
537	沙苑の戦い	
538	河橋の戦い	
543	邙山の戦い	
546	突厥、柔然と対立 玉壁城の戦い	陳覇先、李賁の乱を一旦鎮圧 武帝、捨身
547	東魏の高歓没。河南で侯景反す	武帝、侯景を支援。武帝、捨身
548	侯景、梁に亡命	侯景の乱勃発
549	東魏の高澄、刺殺される 西魏、漢姓を胡姓に戻す	侯景の攻撃で建康陥落 武帝没。蕭綱即位（簡文帝）
550	東魏の高洋、孝静帝より受禅して皇帝即位（文宣帝）＝**北斉建国**	侯景、漢王となる
551	西魏の文帝没。拓跋欽即位（廃帝）	侯景、簡文帝を廃して蕭棟擁立 侯景、皇帝即位＝**漢建国**
552	突厥、柔然撃破。阿那瓌自殺	王僧辯・陳覇先、侯景を討滅 梁の蕭繹、皇帝即位（元帝）
553	西魏、四川を占領	元帝、西魏に四川攻撃を要請
554	宇文泰、拓跋欽を廃して拓跋廓を擁立（恭帝） 西魏、梁に進攻して江陵占領	西魏の攻撃で江陵陥落。元帝没
555	西魏、江陵に傀儡政権の後梁を樹立 北斉、建康に蕭淵明を擁立	梁の蕭方智（敬帝）即位 北斉が蕭淵明を梁主に擁立 陳覇先、王僧辯を殺害し、蕭淵明を廃し、再び蕭方智（敬帝）を擁立
556	西魏、六官制施行。宇文泰没	
557	西魏の宇文覚、恭帝から受禅して天王即位（孝閔帝）＝**北周建国** 北周の宇文護、孝閔帝を廃して宇文毓擁立（明帝）	陳覇先、敬帝から受禅して皇帝即位（武帝）＝**陳建国**
559	北周の明帝、皇帝号を復活 北斉の文宣帝没。高殷即位（廃帝）	武帝没。陳蒨即位（文帝）

499	孝文帝没。元恪即位（宣武帝）	
500		蕭衍挙兵
501	洛陽の外郭城を造営し、円丘を移築	蕭衍、蕭宝融を擁立（和帝）。東昏侯、部下に殺される
502	洛陽に太極殿を竣工	蕭衍、和帝より受禅して皇帝即位（武帝）＝**梁建国**
508		官制改革（天監の改革）
515	宣武帝没。元詡即位（孝明帝）。胡太后が北魏の実権掌握	
516		『華林遍略』完成
519	羽林の変	武帝、菩薩戒を受戒
520	元叉、胡太后を幽閉して実権掌握 柔然の可汗の阿那瓌、北魏に投降	
523	阿那瓌、可汗に返りざく 六鎮の乱勃発	鉄銭鋳造
525	胡太后、再び北魏の実権掌握	
526		梁、北魏軍を撃破して寿春を獲得
527		同泰寺完成。武帝、捨身
528	孝明帝、胡太后に毒殺される。元釗即位（幼主） 爾朱栄、元子攸を擁立（孝荘帝）し、胡太后・幼主らを殺害（河陰の変）	
529	梁に擁立された元顥が洛陽占領 爾朱栄、洛陽奪還	元顥を魏主に擁立して洛陽占領 武帝、捨身
530	孝荘帝、爾朱栄を誅殺 爾朱兆、孝荘帝を殺害	
531	爾朱兆、元恭（節閔帝）を擁立 高歓、河北で挙兵	蕭統（昭明太子）没
532	高歓、爾朱氏を撃破 高歓、元脩を擁立（孝武帝）	
534	孝武帝、関中に亡命 高歓、元善見を擁立（孝静帝）＝**東魏成立**。鄴に遷都 宇文泰、孝武帝を暗殺	

450	崔浩誅殺される。太武帝の南伐	文帝、北伐に失敗
451	太武帝、皇太子の拓跋晃を粛清	文帝、劉義康を粛清
452	宦官の宗愛、太武帝を暗殺 拓跋濬即位（文成帝）	文帝、北伐に失敗
453		文帝、皇太子に暗殺される 劉駿、皇太子を討って即位（孝武帝）
455		孝武帝、雅楽を整備
464		孝武帝没。劉子業即位（前廃帝）
465	文成帝没。拓跋弘即位（献文帝）。馮太后の臨朝	前廃帝暗殺される。劉彧即位（明帝）
469	北魏、宋に進攻して山東・淮北獲得	北魏の攻撃で山東・淮北喪失
471	献文帝、譲位して太上皇帝を称す。拓跋宏（孝文帝）即位	
472		明帝没。劉昱即位（後廃帝）
476	献文帝没。馮太后が北魏の実権掌握	
477		蕭道成、劉昱を廃し、劉準擁立（順帝）
479		蕭道成、順帝より受禅して皇帝即位（高帝）＝**斉建国**
482		高帝没。蕭賾即位（武帝）
484	俸禄制施行	
485	三長制・均田制施行	
490	馮太后没。孝文帝、親政開始	
491	廟号を変更	
492	徳運を変更。封爵改革	
493	孝文帝、洛陽遷都の詔発布	武帝没。蕭昭業即位（廃帝）
494	洛陽遷都	蕭鸞、蕭昭業・蕭昭文を廃立して即位（明帝）
495	朝廷内での鮮卑語の使用を禁じる	
496	北族の姓を漢姓に改称 姓族分定。元恂の乱鎮圧。穆泰・陸叡らの反乱未遂	
498	北魏、斉に進攻して河南西南部獲得	北魏の攻撃で河南西南部喪失 明帝没。蕭宝巻即位（東昏侯）

398	拓跋珪、皇帝即位（道武帝）	
399		孫恩の乱勃発
402	柔然の社崙、可汗を称す	孫恩の乱鎮圧。桓玄、東晋の実権を掌握
403		桓玄、東晋の安帝から受禅して皇帝即位＝**楚建国**
404		劉裕のクーデター。桓玄敗死。**東晋再興**
407	**後燕滅亡** 赫連勃勃、**夏を建国**	
409	道武帝、子貴母死制を創出 道武帝、息子に暗殺される 拓跋嗣即位（明元帝）	
410		劉裕、**南燕を滅ぼす**
411		劉裕、盧循の乱を鎮圧
413		劉裕、土断を施行
416		劉裕、北伐して洛陽を占領
417		劉裕、長安を占領して**後秦を滅ぼす**
418	夏、東晋軍を撃破して長安占領	劉裕、宋公となる。安帝を殺害し、司馬徳文を擁立（恭帝） 夏の攻撃で長安陥落
419		劉裕、宋王となる
420		劉裕、恭帝から受禅して皇帝即位（武帝）＝**宋建国**
422		武帝没。劉義符即位（少帝）
423	北魏、宋軍を撃破して洛陽占領 明元帝没。拓跋燾即位（太武帝）	
424		少帝廃され、劉義隆即位（文帝）
425	夏の赫連勃勃没	文帝、親政開始
427	太武帝、夏の首都の統万城占領	
431	吐谷渾の攻撃で**夏滅亡**	
436	北魏、**北燕を滅ぼす**	
439	北魏、**北涼を滅ぼす**。事実上の華北統一	
440		劉義康、左遷される
442	北魏、**後仇池を滅ぼす**	
446	太武帝、廃仏を断行	

『南北朝時代』年表

西暦	事　項
220	曹丕、後漢の献帝より受禅して皇帝即位（文帝）＝**魏建国**
	拓跋力微（神元帝）、拓跋部の首長となる（伝説）
258	拓跋力微、部族連合確立
263	**魏、蜀漢を滅ぼす**
265	司馬炎、魏の元帝より受禅して皇帝即位（武帝）＝**西晋建国**
277	拓跋力微没
280	西晋、**呉を滅ぼして**中国統一
291	八王の乱勃発
304	劉淵、漢王を称す＝**漢建国**
306	八王の乱終結
308	漢の劉淵、皇帝即位
310	漢の劉淵没。劉聡即位
	西晋、拓跋猗盧（穆帝）を代公に封建＝**代の成立**
311	漢、洛陽を占領
315	西晋、拓跋猗盧を代王に封建
316	拓跋猗盧没
	漢、長安を占領＝**西晋滅亡**

	五胡諸政権（主に代）→北朝	東晋→南朝
317	拓跋鬱律、代王即位	司馬睿、晋王を称す＝**東晋成立**
318		司馬睿、皇帝即位（元帝）
321	拓跋鬱律没	
338	拓跋什翼犍、代王即位	
370	前秦の苻堅、**前燕を滅ぼす**	
373		東晋の実権を握った桓温没
376	前秦、**前涼を滅ぼす** 前秦、代を攻撃。拓跋什翼犍、息子に暗殺される＝**代滅亡**	
383	前秦、淝水の戦いで東晋に大敗	前秦軍を淝水の戦いで撃破
385	前秦の苻堅、姚萇に殺される	
386	拓跋珪、代王即位。魏王に改称＝**北魏の建国**	
395	北魏、参合陂の戦いで後燕軍撃破	

会田大輔（あいだ・だいすけ）

1981年生まれ．東京都出身．2013年，明治大学大学院文学研究科博士後期課程修了．博士（史学）．日本学術振興会特別研究員（PD）を経て，現在，明治大学・東洋大学・山梨大学等非常勤講師．専攻は中国史（南北朝隋唐史）．第35回東方学会賞受賞．

論文「北周政治史与六官制」（『中国中古史研究』7，2019年：中国語）
「北周武帝の華北統一」（『魏晋南北朝史のいま』〈アジア遊学213〉勉誠出版，2017年）
「北周天元皇帝考」（『東方学』131，2016年）
「北周侍衛考—遊牧官制との関係をめぐって」（『東洋史研究』74-2，2015年）
「北周司会考—六官制と覇府の関係をめぐって」（『東洋学報』96-4，2015年）
ほか

南北朝時代《なんぼくちょうじだい》
—五胡十六国《ごこじゅうろっこく》から隋《ずい》の統一《とういつ》まで

中公新書 *2667*

2021年10月25日初版
2024年6月5日3版

著　者　会田大輔
発行者　安部順一

本文印刷　暁印刷
カバー印刷　大熊整美堂
製　　本　小泉製本

発行所　中央公論新社
〒100-8152
東京都千代田区大手町1-7-1
電話　販売 03-5299-1730
　　　編集 03-5299-1830
URL https://www.chuko.co.jp/

Published by CHUOKORON-SHINSHA, INC.
Printed in Japan　ISBN978-4-12-102667-5 C1222

中公新書刊行のことば

いまからちょうど五世紀まえ、グーテンベルクが近代印刷術を発明したとき、書物の大量生産は潜在的可能性を獲得し、いまからちょうど一世紀まえ、世界のおもな文明国で義務教育制度が採用されたとき、書物の大量需要の潜在性が形成された。この二つの潜在性がはげしく現実化したのが現代である。

いまや、書物によって視野を拡大し、変りゆく世界に豊かに対応しようとする強い要求を私たちは抑えることができない。この要求にこたえる義務を、今日の書物は背負っている。だが、その義務は、たんに専門的知識の通俗化をはかることによって果たされるものでもなく、通俗的好奇心にうったえて、いたずらに発行部数の巨大さを誇ることによって果たされるものでもない。現代を真摯に生きようとする読者に、真に知るに価いする知識だけを選びだして提供すること、これが中公新書の最大の目標である。

私たちは、知識として錯覚しているものによってしばしば動かされ、裏切られる。私たちは、作為によってあたえられた知識のうえに生きることがあまりに多く、ゆるぎない事実を通して思索することがあまりにすくない。中公新書が、その一貫した特色として自らに課すものは、この事実のみの持つ無条件の説得力を発揮させることである。現代にあらたな意味を投げかけるべく待機している過去の歴史的事実もまた、中公新書によって数多く発掘されるであろう。

中公新書は、現代を自らの眼で見つめようとする、逞しい知的な読者の活力となることを欲している。

一九六二年一一月

中公新書 RC 1886

日本史

d1

- 2189 歴史の愉しみ方 磯田道史
- 2455 日本史の内幕 磯田道史
- 2295 天災から日本史を読みなおす 磯田道史
- 2729 日本史を暴く 磯田道史
- 2579 米の日本史 佐藤洋一郎
- 2389 通貨の日本史 高木久史
- 2321 道路の日本史 武部健一
- 2494 温泉の日本史 石川理夫
- 2671 親孝行の日本史 勝又基
- 2500 日本史の論点 中公新書編集部編
- 1617 歴代天皇総覧（増補版） 笠原英彦
- 2302 日本人にとって聖なるものとは何か 上野誠
- 2619 もののけの日本史 小山聡子
- 1928 物語 京都の歴史 脇田修 脇田晴子
- 2345 京都の神社と祭り 本多健一
- 2654 日本の先史時代 藤尾慎一郎
- 2709 縄文人と弥生人 坂野徹
- 482 倭国 岡田英弘
- 147 騎馬民族国家（改版） 江上波夫
- 2164 魏志倭人伝の謎を解く 渡邉義浩
- 1085 古代朝鮮と倭族 鳥越憲三郎
- 2533 古代日中関係史 河上麻由子
- 2470 倭の五王 河内春人
- 2095 『古事記』神話の謎を解く 西條勉
- 1502 日本書紀の謎を解く 森博達
- 2362 六国史《りっこくし》—古代の「正史」日本書紀に始まる 遠藤慶太
- 2673 国造—大和政権と地方豪族 篠川賢
- 804 蝦夷《えみし》 高橋崇
- 1041 蝦夷《えみし》の末裔 高橋崇
- 2699 大化改新（新版） 遠山美都男
- 1293 壬申の乱 遠山美都男
- 2636 古代日本の官僚 虎尾達哉
- 2371 カラー版 古代飛鳥を歩く 千田稔
- 2168 飛鳥の木簡—古代史の新たな解明 市大樹
- 2353 蘇我氏—古代豪族の興亡 倉本一宏
- 2464 藤原氏—権力中枢の一族 倉本一宏
- 2563 持統天皇 瀧浪貞子
- 2725 奈良時代 木本好信
- 2457 光明皇后 瀧浪貞子
- 2648 藤原仲麻呂 仁藤敦史
- 2452 斎宮—伊勢斎王たちの生きた古代史 榎村寛之
- 2783 謎の平安前期—桓武天皇から『源氏物語』誕生までの200年 榎村寛之
- 2559 菅原道真 滝川幸司
- 2281 怨霊とは何か 山田雄司
- 2662 荘園 伊藤俊一

中公新書

世界史

2683 人類の起源 篠田謙一
1353 物語 中国の歴史 寺田隆信
2780 物語 江南の歴史 岡本隆司
2392 中国の論理 岡本隆司
2728 孫子—「兵法の真髄」を読む 渡邉義浩
7 宦《かん》官《がん》（改版） 三田村泰助
15 科《か》挙《きょ》 宮崎市定
12 史記 貝塚茂樹
2099 三国志 渡邉義浩
2669 古代中国の24時間 柿沼陽平
2303 殷—中国史最古の王朝 落合淳思
2396 周—理想化された古代王朝 佐藤信弥
2542 漢帝国—400年の興亡 渡邉義浩
2667 南北朝時代—五胡十六国から隋の統一まで 会田大輔
2769 隋—「流星王朝」の光芒 平田陽一郎

2742 唐—東ユーラシアの大帝国 森部豊
2804 元朝秘史—チンギス・カンの一級史料 白石典之
1812 西《せい》太《たい》后《こう》 加藤徹
2030 上海 榎本泰子
1144 台湾 伊藤潔
2581 台湾の歴史と文化 大東和重
925 物語 韓国史 金両基
2748 物語 チベットの歴史 石濱裕美子
1367 物語 フィリピンの歴史 鈴木静夫
1372 物語 ヴェトナムの歴史 小倉貞男
2208 物語 シンガポールの歴史 岩崎育夫
1913 物語 タイの歴史 柿崎一郎
2249 物語 ビルマの歴史 根本敬
1551 海の帝国 白石隆
2518 オスマン帝国 小笠原弘幸
2323 文明の誕生 小林登志子
2727 古代オリエント全史 小林登志子

2523 古代オリエントの神々 小林登志子
1818 シュメル—人類最古の文明 小林登志子
1977 シュメル神話の世界 岡田明子 小林登志子
2613 古代メソポタミア全史 小林登志子
2661 アケメネス朝ペルシア—史上初の世界帝国 阿部拓児
1594 物語 中東の歴史 牟田口義郎
2496 物語 アラビアの歴史 蔀勇造
1931 物語 イスラエルの歴史 高橋正男
2067 物語 エルサレムの歴史 笈川博一
2753 エルサレムの歴史と文化 浅野和生
2205 聖書考古学 長谷川修一
2647 高地文明 山本紀夫
2253 禁欲のヨーロッパ 佐藤彰一
2409 贖罪のヨーロッパ 佐藤彰一
2467 剣と清貧のヨーロッパ 佐藤彰一
2516 宣教のヨーロッパ 佐藤彰一
2567 歴史探究のヨーロッパ 佐藤彰一

中公新書

言語・文学・エッセイ

j2

2608 万葉集講義 上野誠
1656 詩歌の森へ 芳賀徹
1729 俳句的生活 長谷川櫂
1891 漢詩百首 高橋睦郎
2412 俳句と暮らす 小川軽舟
824 辞世のことば 中西進
3 アーロン収容所（改版） 会田雄次
1702 ユーモアのレッスン 外山滋比古
2053 老いのかたち 黒井千次
2289 老いの味わい 黒井千次
2548 老いのゆくえ 黒井千次
2805 老いの深み 黒井千次
220 詩経 白川静